JOHN BOARDMAN

GRIECHISCHE PLASTIK

Die klassische Zeit

KULTURGESCHICHTE DER ANTIKEN WELT

BAND 35

VERLAG PHILIPP VON ZABERN · MAINZ AM RHEIN

JOHN BOARDMAN

GRIECHISCHE PLASTIK

DIE KLASSISCHE ZEIT

Ein Handbuch

Übersetzt von
WASSILIKI UND FLORENS FELTEN

VERLAG PHILIPP VON ZABERN · MAINZ AM RHEIN

323 Seiten mit 412 Abbildungen, 8 Farbtafeln
Printed on fade resistant and archival quality (PH 7 neutral)

Umschlagbild: Detail der Bronzestatue eines Kriegers aus Riace (s. Farbtaf. 4 und Abb. 38).

CIP-Kurztitelaufnahme der Deutschen Bibliothek

Boardman, John:
Griechische Plastik, die klassische Zeit : e. Handbuch / John Boardman. Übers. von Wassiliki u. Florens Felten. – Mainz am Rhein : von Zabern, 1987.
(Kulturgeschichte der antiken Welt ; Bd. 35)
Einheitssacht.: Greek sculpture: the classical period ⟨dt.⟩
ISBN 3-8053-0818-3

NE: GT

First published by Thames and Hudson, London, as
GREEK SCULPTURE: THE CLASSICAL PERIOD

ISBN 3-8053-0818-3
Satz: Karin Geiss, Tutzing

Printed in West Germany by Philipp von Zabern

INHALT

Olympia, Zeustempel, Westgiebel; s. Abb. 21.3

VORWORT

Dieses Buch ist eine Fortsetzung von „Griechische Plastik. Die archaische Zeit" (Originaltitel: *Greek Sculpture. The Archaic Period*; im folgenden abgekürzt GPAZ) aus dem Jahr 1978 (deutsche Übersetzung 1981). Ursprünglich war beabsichtigt gewesen, neben einer Darstellung der frühklassischen Plastik auch einen Überblick über die griechische Plastik in den Kolonien zu geben, doch schien es zweckmäßiger, sich auf das griechische Mutterland zu beschränken und das gesamte 5. Jh. zu behandeln, das die Blütezeit der klassischen Plastik in der allgemein üblichen Bedeutung des Terminus einschließt. In diesen Jahren verfeinerten die griechischen Bildhauer ihre Arbeitstechniken und stellten ihre Fähigkeit unter Beweis, wirklichkeitsgetreue Abbilder des bewegten oder ruhenden menschlichen Körpers zu schaffen, ohne deswegen ihr tiefverwurzeltes Interesse an Proportion und Gestaltungsformel preiszugeben. Spätere Jahrhunderte schöpften die Möglichkeiten des Realismus weiter aus, und die Bewunderung der Römer für alles Griechische sorgte dafür, daß dessen Charakteristika für die künftige Entwicklung der abendländischen Kunst maßgebend blieben. Aber die Vertrautheit mit diesen Charakteristika macht uns das Verständnis oder die Beurteilung nicht einfacher. Wir sollten nie vergessen, daß es zum erstenmal in der Menschheitsgeschichte in diesem Jahrhundert und in Griechenland Künstlern gelang, ein ausgeprägtes Formgefühl mit vollkommener Wirklichkeitstreue in Einklang zu bringen; daß sie ganz bewußt nicht nur das Ideal in der figürlichen Darstellung anstrebten, sondern auch die Möglichkeiten erforschten, Gemütsbewegung, Stimmung, ja sogar die Individualität eines Porträts wiederzugeben. Mit dieser Leistung wird ein kritisches Stadium markiert, in dem sich entschied, daß zumindest eine Kultur in der Geschichte der Menschheit einen völlig neuen Weg zu Funktion und Ausdruck ihrer bildenden Künste einschlug.

Es war dies eine Zeit der Unruhe und Aufregung in der gesamten griechischen Welt: in diese Phase fällt die Drohung der Eroberung Griechenlands durch die Perser und die Schaffung eines Reiches und dessen Verlust durch eine Demokratie – jene Athens. Aischylos, Sophokles, Euripides und Aristophanes schenkten den Bürgern von Athen ihre Darstellung der griechischen Mythen-Geschichte, um sie zu beraten und zu unterhalten. Geschichtsschreibung im eigentlichen Sinne des Wortes wurde geboren und eine Philosophie, die nicht nur die Welt rings um den Menschen, sondern auch das Funktionieren des menschlichen Intellektes erforschte. Auch die bildenden Künste reagierten, soweit sie es vermochten, auf die Stimmung der Zeit, aber ihre Botschaft ist nicht so deutlich lesbar wie die Texte der Philosophen, Geschichtsschreiber und Dichter – und sie ist viel schwerer zu verstehen.

Unsere Belege für das fünfte Jahrhundert unterscheiden sich so stark von denen für die archaische Zeit, daß ein Teil des ersten Kapitels den Quellen gewidmet ist. Das mag zur Erklärung beitragen, warum dieses Buch in einer Hinsicht nicht ganz so angelegt ist wie die meisten Handbücher über griechische Plastik. Ich habe im folgenden die (vermuteten) römischen Kopien strikt von den klassischen Statuen getrennt, sofern ihre Originale aus dem fünften Jahrhundert nicht sicher oder nahezu sicher identifiziert werden können. Versuche einer solchen Identifizierung mit einer speziellen Statue gründen sich, wie sich meist herausstellt, auf die bloße Erwähnung eines Werkes, dessen Thema und erschließbares Schicksal zu passen scheinen; und Zuweisungen an namentlich bekannte Bildhauer beruhen meist auf vorwiegend subjektiven Kriterien, die ihrerseits wiederum aus ebenso zweifelhaften Identifizierungen abgeleitet sind. Es überrascht nicht, daß praktisch über kein einziges Werk Einmütigkeit herrscht, und die Wahrscheinlichkeit, daß sich über die meisten von ihnen je ein Konsens herstellen ließe, wird immer geringer. Natürlich ist es sinnvoll, die verschiedenen Kopien, die auf ein und dasselbe Original zurückzugehen scheinen, zu sammeln, sie zu vergleichen und ihr Verhältnis zueinander zu definieren. Aber die Schlußfolgerungen aus solchen Untersuchungen führen zu Zuweisungen, die dann ihrerseits dazu benützt werden, die Entwicklung und Geschichte der klassischen Plastik aufzuzeigen, und gerade das entrückt den Gegenstand unversehens aus dem Bereich des rational Belegbaren in jenen der reinen Spekulation und potentiellen Irreführung. Die gelehrte Findigkeit und die Zeit, die für solche Kopienforschung aufgewandt wird, scheint im Verlauf der Jahre zuzunehmen, obwohl die Ergebnisse immer spärlicher werden; vielleicht ist dies das merkwürdigste Phänomen in dem gesamten Forschungsgebiet der klassischen Altertumswissenschaften. Nur bedeutende neue Funde geben Anlaß zu neuer Hoffnung. Es scheint mir nicht gerechtfertigt, daß solchen Spekulationen dieselbe Wertigkeit zugebilligt werden sollte wie der Besprechung originaler Werke, aber in manchen Handbüchern über griechische Plastik wird sogar darauf verzichtet, die Kopien ausdrücklich von den Originalen abzusetzen. Höchstwahrscheinlich lassen sich in der Tat unter den vielen erhaltenen Kopien, die im Auftrag römischer Patrone in Italien, im Römischen Reich und im griechischen Osten angefertigt wurden, verlorene, nur namentlich bekannte Kunstwerke identifizieren – und es ist verständlich, daß die Gelehrten solche Identifizierungen versuchen –, aber bei einem derartigen allgemeinen Mangel an Übereinstimmung ist es wohl sicherer zuzugeben, daß wir noch immer das nicht Wißbare erforschen, statt dem Studierenden durch ungerechtfertigte Bewertung der Kopien die Beurteilung der Originale zu erschweren. Wir brauchen uns nicht zu beeilen, die ganze Wahrheit herauszufinden, und wir brauchen auch nicht enttäuscht zu sein, wenn sie sich uns entzieht. Es ist zu Recht bemerkt worden, daß die einzige Kopie, die in den letzten Jahren auf Grund der Neufunde von Fragmenten des Originals mit Sicherheit identifiziert wurde, von keinem der Experten je ihrem tatsächlichen Schöpfer zugewiesen worden war. Allerdings möchte ich mich auch nicht jener anderen Extremposition anschließen, die mancherorts in Mode gekommen ist, und viele allgemein als klassische Originale und Kopien anerkannte Werke zu späten Pasticci deklarieren.

Die Originalskulpturen, die erhalten geblieben sind, gehören jedoch selten zum Allerbesten. Was wir aus Olympia und vom Parthenon besitzen, stellt sicherlich die beste Möglichkeit der Architekturplastik der Zeit dar, aber die Spitzenwerke wurden aus Bronze gefertigt, und die wenigen erhaltenen Beispiele leisten kaum mehr, als daß sie uns daran erinnern, wieviel uns verlorengegangen ist. Natürlich gab es auch bedeutende Marmorwerke, und manche von ihnen können wir heute noch bewundern, aber nur selten sind sie vollständig und immer fehlt ihnen die ursprüngliche Bemalung. Es ist so, als wollten wir Shakespeares Genie als Bühnenschriftsteller nach „Wie es euch gefällt", ein paar Sonetten und den Nacherzählungen von Charles Lamb beurteilen.

Wie GPAZ soll auch dieser Band den Studierenden und den allgemein interessierten Leser mit dem Material vertraut machen, das uns für das Erscheinungsbild und die Entwicklung der Plastik im 5. Jh. zur Verfügung steht. Zwischen Text, Abbildungen und Dokumentation war ein ausgewogenes Verhältnis herzustellen, damit alles, was sich sinnvollerweise im Rahmen der Bände dieser Reihe, deren Umfang begrenzt bleiben soll, unterbringen ließ, zu seinem Recht kommt. Die Legenden der Abbildungen enthalten deshalb Informationen, die den Text vielleicht unnötig belastet hätten. Die Maße sind in Metern angegeben; das Material ist, wenn nicht anders angegeben, Marmor; die Daten sind alle v.Chr. Die Photographien sind zahlreich und zum Teil – notgedrungen – klein. Ergänzt werden sie durch Zeichnungen, die Marion Cox für dieses Buch angefertigt hat. Wo es gelegen kam, wurden Photographien von Gipsabgüssen verwendet. Abgüsse geben das Aussehen genau wieder, jedoch ohne die Verunstaltungen, die oft die Originale entstellen. Und in einer Sammlung von der Art der Cast Gallery des Ashmolean Museums in Oxford lassen sich Blickwinkel und Beleuchtung ungehinderter wählen als in den meisten Museen. Es gibt gute Abgußsammlungen in England – vor allem in Oxford und Cambridge –, und der interessierte Leser kann in ihnen mehr lernen als aus den großformatigen Phototafeln eines Kunstbandes. Atelierbeleuchtung ist nicht immer das Beste für

Marmorstatuen. Um Originale zu sehen, wenden wir uns außerhalb Griechenlands vor allem an das British Museum, den Louvre, Berlin, München und Rom; andere Museen in Europa und den Vereinigten Staaten sind gut mit römischen Kopien ausgestattet, doch bei diesen hat uns der moderne Restaurator gelegentlich vielleicht noch einen Schritt weiter vom Original weggeführt als der römische Kopist.

Kapitel 1

TECHNIKEN UND QUELLEN

Techniken

Es heißt, ein Mann müsse ein Jahr lang arbeiten, um eine lebensgroße Marmorfigur fertigzustellen – gerechnet vom Brechen des Blocks aus dem Steinbruch bis zur letzten Vollendung der Statue. Das Material mag in der Antike nicht als besonders wertvoll gegolten haben, denn Griechenland besaß Berge aus schönem weißen Marmor in Attika und auf den Inseln, aber der Abbau erforderte einige Geschicklichkeit, beträchtlichen Zeitaufwand und viel Mühe. Die griechischen Bildhauer waren im 7. Jh. v.Chr. vom leichter zu bearbeitenden Kalkstein auf Marmor übergegangen, und im 5. Jh. bestanden die meisten ihrer Arbeiten in Stein aus Marmor; Ausnahmen gab es nur, wo der Zugang zu den entsprechenden Steinbrüchen Schwierigkeiten bereitete oder wo man nicht unbedingt auf das beste Material aus war. Die plastischen Hauptwerke anderer früher Kulturen bestanden manchmal aus noch härteren Materialien (Granit oder Porphyr in Ägypten), die aber in der Regel nicht weiß waren und, mit Ausnahme des Alabasters, der nicht oft für große Figuren verwendet wurde, auch nicht jene Qualität der Lichtdurchlässigkeit besaßen, wie sie dem Marmor zu eigen ist. Daß das für die griechischen Werkstätten am leichtesten zugängliche dauerhafte Gestein gerade solche Eigenschaften hatte, die sich für die realistische Nachahmung des menschlichen Fleisches anboten, mag keine geringe Rolle dabei gespielt haben, in welche Richtung, mit welcher Geschwindigkeit, welcher Durchschlagskraft sich die Plastik in den griechischen Gebieten während der Klassik und später entwickelte.

Die Techniken der Marmorbearbeitung waren unkompliziert. Innerhalb von hundert Jahren seit Beginn der Bearbeitung dieses

Materials stand bereits fast der gesamte einschlägige Werkzeugsatz zur Verfügung. Ein neues Gerät wurde noch erfunden (das Zahneisen) und der einzige bedeutsame Fortschritt sollte sich auf dem Gebiet der einfallsreicheren Verwendung des Bohrers abspielen.

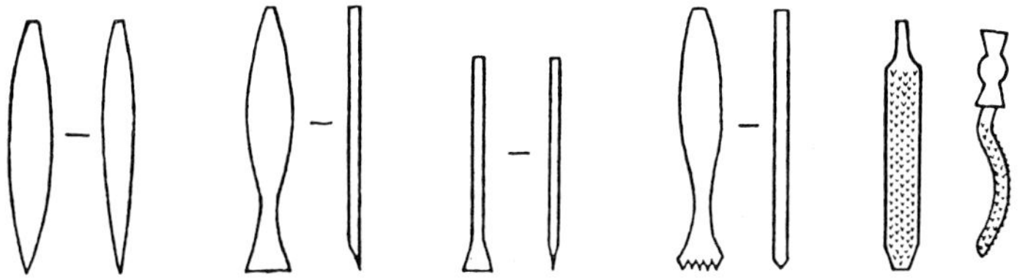

Die frühen Techniken und Werkzeuge — Spitzmeißel, Breiteisen, Flachmeißel, Zahneisen, Raspeln — sind in GPAZ 24—26, 100—103 beschrieben. Der Bohrer wurde vor allem dann verwendet, wenn es um vertiefte Flächen ging — insbesondere bei Gewandfalten, doch wurde er senkrecht zur zu bearbeitenden Steinoberfläche eingesetzt, um so einfach durch Abschleifen Masse zu entfernen oder um eine Lochreihe herzustellen, die dann mit dem Meißel zu einer fortlaufenden Furche verbunden werden konnte. Erst nach dem in diesem Band behandelten Zeitabschnitt setzte man den Bohrer schräg zur Steinoberfläche an, um so eine fortlaufende Furche herzustellen (der „laufende Bohrer"). Mit Spitzmeißel und Breiteisen entfernte man die großen Flächen vom Block, bei denen keinerlei Gefahr bestand; mit Zahneisen, Raspel und Flachmeißel näherte man sich der endgültigen Oberfläche, die dann durch leichtes Abschmirgeln den letzten Schliff erhielt. Die griechischen Bildhauer — ja, eigentlich die meisten griechischen Künstler — waren darauf bedacht, Spuren der Arbeitsweise zu beseitigen, und bei Werken des 5. Jhs., bei denen man sich in der Regel rundherum um Perfektion bemühte, sind solche nur in ganz versteckten Winkeln zu finden. Es gibt jedoch einige wenige Ausnahmen.

Es ist schwer zu beurteilen, wie fein die Oberfläche hergerichtet wurde; im allgemeinen heißt es, Hochglanzpolitur der Oberfläche sei ein Merkmal der römischen und nicht der griechischen Zeit. Polierter und gewachster Marmor eignet sich ganz hervorragend zur Nachahmung des menschlichen Fleischs, aber dieser Effekt wurde wohl kaum vor der hellenistischen Zeit angestrebt, und selbst in klassischer Zeit noch konnten Fleischpartien an Marmorstatuen bemalt werden. Wir übertragen allzu leicht Erwartungen auf die Marmorplastik der klassischen Antike, die sich auf Grund des Vorgehens von Künstlern der Renaissance und des Klassizismus herausgebildet haben; diese aber sahen die griechische Plastik in polierten römischen Versionen, denen die Zeit alle Farbigkeit oder Zufügungen geraubt hatte, die das ursprüngliche atmende Weiß beflecken könnten. Die Entdeckung einer hochpolierten Fläche an einer geschützten Stelle einer Giebelfigur des Parthenons mag uns vor Verallgemeinerungen bezüglich der Oberflächenbehandlung wie der Farbgebung warnen.

Haare, Augen, Lippen und Gewand waren an klassischen Statuen mit Sicherheit bemalt; weitgehend ungewiß bleibt nur, ob oder wie oft Fleischpartien ebenfalls getönt waren (sonnengebräunte Männer und Götter, blasse Frauen und Göttinnen). Manche Ausstattungsgegenstände, besonders Waffen oder Rüstungen, konnten in Bronze zugefügt werden. Bei Reliefs wurde der Hintergrund dunkel – rot oder blau – getönt, aber es konnten auch Gegenstände oder Details der Umgebung oder von Architektur, ja sogar Teile der Figuren oder Gewänder, die plastisch darzustellen nicht möglich oder nicht nötig war, in Farbe wiedergegeben sein.

Ein Ausnahmetypus der Marmorstatue ist der Akrolith, bei dem die Fleischteile – Kopf, Hände, Füße – in Marmor gearbeitet und an einen hölzernen Körper angefügt waren (der natürlich nirgends mehr vorhanden ist). Es gibt einige wenige Beispiele dafür im klassischen Griechenland. Diese Vorgangsweise ist äußerst wirtschaftlich und sie mag bis zu einem gewissen Grad auch durch den primitiveren Brauch angeregt sein, einen Pfeiler mit einem Kopf oder einer Maske zu schmücken und ihn dann zu bekleiden (vgl. RVAAZ Abb. 311; und Hermen GPAZ Abb. 169). Unter diesem Aspekt scheint sich diese Gattung am ehesten für

Kultstatuen zu eignen, die anläßlich von Festen oft mit rituellen Gewändern beschenkt wurden, aber die wenigen Akrolithe aus dem klassischen Griechenland sind ziemlich klein, und der einzige kolossale, den Plinius beschreibt – die Athena Areia des Phidias in Plataiai –, hatte einen vergoldeten Körper aus Holz. Sparsam war das nur insofern, als kein Elfenbein für die Fleischteile benötigt wurde, wie das bei den großen klassischen chryselephantinen (aus Gold und Elfenbein bestehenden) Kultstatuen wie etwa der Athena Parthenos der Fall war. Wir wissen von kleineren Goldelfenbeinfiguren aus archaischer Zeit (GPAZ 101, 115, Abb. 127), aber unsere Kenntnisse darüber aus klassischer Zeit sind, wie wir sehen werden, noch geringer als die über Akrolithe; allerdings hat uns die Entdeckung der Werkstatt, in der Phidias den Goldelfenbein-Zeus für den Tempel in Olympia schuf (s. Kap. 4), etwas von ihrer Technik verraten. Das Atelier hatte die Größe des Tempelinneren (der Cella), in dem die Statue aufgestellt werden sollte, und die Statue muß dort so errichtet worden sein, wie sie schließlich dann am endgültigen Standort neu zusammengefügt wurde. Wie es scheint, wurde von einem im Maßstab 1:1 hergestellten Modell ein Satz von aneinander passenden Terrakottamodeln hergestellt, in denen Goldfolien zur richtigen Größe und Form gepreßt werden konnten. Offenbar wurden sie also nicht an einem vollständig ausgeschnitzten Holzkörper befestigt, wie man hätte erwarten können, denn damit wäre ja das Zwischenstadium der Tonformen überflüssig. Man hat auch Formen für farbige Glaseinlagen in Möbelstücke (Zeus saß auf einem Thron) und Gewänder, einfache Elfenbeinwerkzeuge zur Bearbeitung des Goldes und einen Goldschmiedehammer gefunden. Pausanias erwähnt bei seiner Beschreibung der Statue Einlagen aus anderen Metallen, Elfenbein, Ebenholz und Stein, ferner figürliche Malerei auf den Möbelstücken. Auf dem Fußboden vor der Statue befand sich ein seichter Tümpel aus Öl, und einen ähnlichen aus Wasser gab es in Athen vor der Athena im Parthenon. Öl und Wasser spielten eine Rolle bei der Konservierung des Elfenbeins (sie verstopften die Poren und bewahrten die Feuchtigkeit), und wahrscheinlich schätzte man auch ihre Spiegelungseigenschaften. In einer Ecke seiner Werkstatt ließ Phidias ein athenisches Tonkännchen liegen, auf dessen Boden eingeritzt war: „Ich gehöre dem Phidias" – ein unerwartetes persönliches Erinnerungsstück.

Die vorzüglichsten klassischen Statuen waren aus Bronze gearbeitet. Herstellungstechniken für den Hohlguß lebensgroßer Figuren waren bereits mit Ende der archaischen Zeit bis zur Perfektion gebracht worden (GPAZ 102), doch fehlen uns wissenschaftliche Untersuchungen zu den meisten der sehr wenigen erhaltenen Großbronzen, und über manche Details des Verfahrens besteht bis heute noch keine Klarheit. Die meisten großen Figuren wurden in Teilen gegossen, die dann zusammengelötet wurden; so besteht der Wagenlenker von Delphi [*34*] aus sieben Stücken: Kopf, Ober- und Unterkörper, Arme und Füße. Insbesondere war diese Technik notwendig für angefügte Spirallocken, die nicht ohne weiteres in einem Stück mit dem Kopf gegossen werden konnten: z.B. [*12*]. Es war jedoch auch nicht unmöglich, die gesamte Figur im direkten Gußverfahren herzustellen.

Es gab zwei Herstellungsweisen, die, wie es scheint, beide in dem hier behandelten Zeitabschnitt angewandt wurden, die sich aber nicht leicht identifizieren lassen und über die bis heute lebhaft diskutiert wird. Wollte man das direkte Verfahren anwenden, so wurde die Figur in Ton, wenn nötig auf einem Metallgerüst, modelliert. Die Oberfläche wurde mit allen gewünschten Details in hartem Wachs aufgelegt und das Ganze dann in Ton eingehüllt. Kern und Formmantel wurden mittels durchgestoßener Stifte in der richtigen Position gehalten, dann wurde das Wachs ausgeschmolzen und durch die geschmolzene Bronze ersetzt. Anschließend brach man den Mantel weg und schlug, wenn möglich, den Kern heraus. Das fertige Stück mußte dann noch abgekratzt und poliert werden, Fehlstellen waren auszuflicken und oft bedurfte es dann noch der Kaltarbeit mit Meißel und Stichel auf der gegossenen Oberfläche. Der spätarchaische Kuros vom Piräus (GPAZ Abb. 150) wurde auf diese Weise hergestellt; man hat in ihm noch das Eisengerüst und den Tonkern gefunden. Es ist zweifelhaft, ob eine Statue im direkten Verfahren ohne weiteres stückweise gegossen werden konnte, denn in diesem Fall hätte ja entweder das mit Wachs überzogene Modell in Stücke geschnitten werden müssen, was nahezu unmöglich scheint, oder es hätte jeder Teil getrennt für sich und nicht als ein Ganzes modelliert werden müssen, was dem Künstler kaum geholfen und ihn wohl auch nicht befriedigt haben würde.

Bei dem Alternativverfahren, der indirekten Methode, wird gewissermaßen von außen nach innen gearbeitet. Hierbei werden Teilformen von der vollständig ausmodellierten Tonfigur abgenommen; diese werden innen mit Wachs ausgelegt und dann zu größeren Partien, die gegossen werden sollen, zusammengesetzt; schließlich wird noch ein Tonkern eingepaßt. Dann erfolgt der Guß in „verlorener Form" nach der üblichen Art. Bei diesem Verfahren blieben das Originalmodell und wahrscheinlich auch die Teilformen erhalten. Mit dem direkten Verfahren ließen sich keine Repliken gießen, und in dem hier behandelten Zeitabschnitt lassen sich auch keine solchen finden. Die Anwendung des indirekten Verfahrens läßt sich nur dadurch feststellen, daß man das Innere der fertigen Bronzestatue nach Anzeichen dafür untersucht, daß das exakt durch die Bronze ersetzte Wachs von innen aufgetragen wurde. Die Hinweise sind manchmal keineswegs eindeutig, denn wenn die Originalfigur sehr sorgfältig für den direkten Guß hergerichtet worden war, so zeigen die aufgelegten Wachstafeln durchaus glatte Unterseiten, die sich als die Innenseite der Bronze darstellen. Finden sich dort Fingerabdrücke oder Tropfen, so ist das ein klarer Beweis für das indirekte Verfahren, während glatt aneinandergefügte Tafeln nichts darüber aussagen. Die indirekte Methode scheint für manche klassischen Bronzen belegt zu sein, aber wenn dabei Teilformen verwendet wurden, so ist es bemerkenswert, daß die Nahtstellen zwischen den Einzelstücken immer so perfekt geglättet wurden (vgl. das Netz von Graten auf der Oberfläche von Gipsabgüssen klassischer Statuen; sie bezeichnen die Verbindungsstellen von Teilformen und werden nicht immer abgearbeitet). Kleine Bronzefiguren wurden im Gußverfahren der „verlorenen Form" aus massiven Wachsmodellen, gelegentlich aber auch mit Hilfe von Teilformen hergestellt.

Bei den größeren Statuen waren die Augen mit Glas oder Stein eingelegt; Lippen, Brustwarzen und Zähne hoben sich vom übrigen Körper durch Einlagen aus rötlichem Kupfer oder Silber ab, und gleiche Einlagen konnten auch für Gewandverzierungen herangezogen werden. Die Körper der Statuen glänzten einst hell, wobei der Farbton von der verwendeten Legierung abhing; so ließen sich bewußt Färbungen von rot bis messingfarben herstellen. Inschriften bezeugen, daß es in den großen Heiligtümern Leute gab, die sich ständig um die Statuen kümmerten, sie reinigen und polieren mußten. Mag auch jene Patina, die wir heute so sehr bewundern, bei alten Bronzen auch das Gefallen mancher römischer Sammler gefunden haben, so hat man sie doch in griechischer Zeit vermieden und beseitigt. Der Zustand, in dem römische Bronzen aufgefunden wurden, und die Nachricht bei Plinius, daß man zu seiner Zeit Bronzen mit Asphalt behandeln konnte, haben dazu geführt, daß man in der Renaissance schwarze Bronzen herstellte, und dieser Eindruck ist uns selbst bei antiken Bronzen vertrauter geblieben als jener, den der griechische Metallhandwerker beabsichtigt hatte.

Das Modell für eine Bronzestatue wurde aus Ton und Wachs in der Größe und mit all den Details hergestellt, die die fertige Statue besitzen sollte, die unmittelbar nach oder auf ihm gegossen wurde. Der Marmorbildhauer bedurfte einer Führung hin zu jener Form, die er aus dem Steinblock herausholen wollte. Unvollendete Statuen zeigen uns, daß der Bildhauer von allen Seiten des Blockes her arbeitete, so daß jede Art detaillierter Zeichnungen, die auf die Oberfläche des Blockes aufgetragen gewesen wären, sofort zerstört worden wäre; man kann sich kaum vorstellen, daß sie auf den immer wieder neu hergestellten, dabei aber immer unregelmäßiger werdenden Oberflächen des Steins jeweils von neuem aufgetragen worden wären. Denkbar wären Zeichnungen der Figuren im Maßstab 1:1, an denen sich der Bildhauer orientieren konnte, und im Falle der schlichteren, symmetrischen archaischen Skulpturen mochten solche Zeichnungen oder Vorzeichnungen auf dem Block und die Verwendung eines Rasters, der die Plazierung der wichtigen Züge festlegte, durchaus ausgereicht haben (s. GPAZ 27 ff.). Für die komplizierter bewegten klassischen Figuren konnte dergleichen sicher nicht genügen, und wir müssen irgendeine Art von plastischem Modell annehmen. Die Tatsache, daß die Statuen im Grunde immer noch auf eine einzige Ansichtsseite hin konzipiert wurden, vereinfacht das Problem nicht wesentlich. Wenn heute ein Bildhauer eine klassische Figur aus Stein in Angriff nimmt, arbeitet er nach einem gleich großen Modell aus Ton oder Gips. Diese Figur kann in einen Steinblock hineinprojiziert werden, indem mit Hilfe eines festen Rasters oder Rahmens einzelne Meßpunkte auf den Block übertragen und bis in die entsprechende Tiefe eingebohrt werden. Dieses „Punktierverfahren" wurde in den Werkstätten der Kopisten seit dem 2. Jh. v.Chr. angewendet. Es kann auch dazu benutzt werden, die Dimensionen des Modells bei der herzustellenden Statue zu vergrößern oder zu reduzieren. Eine derart komplizierte Methode war in der vorangehenden Zeit nicht in Gebrauch, aber es mag doch schon etwas Ähnliches gegeben haben, wobei man vielleicht Details durch Dreiecksmessung auf der Figur eingemessen hat und diese dann mit Hilfe anderer Mittel auf die nahezu endgültige Oberfläche im Block übertrug. Man hat das bei den Giebelfiguren in Olympia vermutet, wo jedoch auch wieder die Wahrscheinlichkeit dafür spricht, daß keine sehr detaillierten, oder zumindest keine gleich großen Modelle verwendet wurden, da sich sonst gewisse anatomische Fehler oder Unstimmigkeiten in der Gewandbildung hätten vermeiden lassen. Wir werden sehen, daß dem klassischen Bildhauer die mathematische, proportionale Genauigkeit seiner Figuren sehr am Herzen lag, und die einzige Möglichkeit, dies in Marmor zu verwirklichen, bestand darin, nach einem gleich großen Modell zu arbeiten. Bei den Großbronzen, bei denen in der Regel diese Prinzipien realisiert wurden, erhoben sich keine solchen Probleme, da ihre Modelle mechanisch reproduziert wurden.

Marmorstatuen wurden in einem Stück mit der an den Füßen befestigten Plinthe gearbeitet, die dann in die Steinbasis eingesetzt und durch Bleiverguß oder Klammern befestigt wurde. Bei

Bronzestatuen waren an den Füßen Zapfen angegossen oder befestigt, die in die Basis eingepaßt und mit Blei vergossen wurden.

Quellen: Originale Werke

Die Entwicklung der griechischen Plastik archaischer Zeit ließ sich durchweg anhand der erhaltenen Originalwerke aufzeigen. Da es darüber hinaus nur verhältnismäßig wenige größere Bronzewerke gegeben haben kann, die ja nur in Ausnahmefällen der Aufmerksamkeit der Metallsucher entgingen, ist der Rechenschaftsbericht wohl relativ genau, sowohl was die Qualität wie auch die Thematik und den Stil angeht; die gravierendste Lücke tut sich auf dem Gebiet größerer Holzarbeiten auf, die vielleicht unser Verständnis besonders der frühen Jahre um einiges hätten erweitern können.

Was das fünfte Jahrhundert angeht, so besitzen wir immer noch zahlreiche wichtige Werke aus Marmor – vor allem Architekturplastik –, aber wir wissen, daß die wichtigsten Arbeiten – vor allem die persönlichen Weihungen in Heiligtümern oder die Kultstatuen – aus Bronze oder kostbaren Materialien bestanden. Bronzen sind nur in bemerkenswert geringer Anzahl erhalten geblieben – es sind kaum ein Dutzend –, und ihre hohe Qualität macht deutlich, um wieviel schmaler die Grundlage ist, nach der wir die wirklichen Leistungen auf dem Gebiet der Plastik unseres Zeitabschnittes zu beurteilen haben. Wenige der erhaltenen Bronzen stammen aus beobachteten Grabungen [*34, 138*], manche hat man aus gesunkenen Schiffen geborgen [*35, 37–9*], in denen sie während der Römerzeit in eine neue Heimat – meist Italien – transportiert werden sollten. Von jenen, die ihr Ziel erreichten, blieb keine erhalten; den Marmorstatuen erging es etwas besser. Der Raub griechischer Kunstwerke durch die Römer begann am Ende des 3. Jhs. v.Chr. mit der Plünderung der griechischen Städte Süditaliens, und vom 2. Jh. an stand Griechenland der römischen Habgier offen. Plinius (1. Jh. n.Chr.) überliefert uns ein eindrucksvolles Verzeichnis bedeutender Werke namhafter griechischer Bildhauer, die in Rom zu sehen waren, und das ist nur ein kleiner Teil der vielen Tausende verschleppter Kunstwerke. Einige wenige anonyme Marmorstatuen sind erhalten geblieben [*46, 133–4, 145, 153?*].

In Griechenland selbst handelt es sich bei dem größten Teil der erhaltenen originalen Marmorarbeiten um Architekturplastik, und die meisten davon sind im Verlauf der letzten beiden Jahrhunderte ausgegraben worden; der einzige bedeutende Komplex, der sich – gefährdet – weitgehend noch über dem Erdboden erhebt, sind die Parthenonskulpturen. Es gibt nur wenige andere Originale von der Akropolis, wo – ebenso wie in Olympia und Delphi – die leeren Statuenbasen stummes Zeugnis von den vielen Bronzen ablegen, die im Verlauf der Zeit gestohlen oder eingeschmolzen worden sind.

Quellen: Kopien

Eine weitere wichtige, aber verwirrende Informationsquelle für die klassische Plastik sind die antiken Kopien (s. Vorwort). Es ist nur natürlich, daß die Künstler durch bedeutende Werke angeregt wurden, deren Erscheinungsbild und Stil in anderem Material oder anderem Maßstab wiederzugeben [*7–9, 64, 102, 185*]. Man vermutet, daß bereits am Ende des 5. Jhs. verkleinerte Versionen von Kultstatuen hergestellt wurden (s. S. 272), während Haltung und Details bedeutender Werke bei Gestalten wiederkehren konnten, die für Reliefs entworfen oder auf Vasen aufgemalt wurden; sie konnten auch für den Dekor von Schmuckstücken oder Münzen adaptiert und reduziert werden. Die Idee einer genauen Replik – in gleicher oder verminderter Größe – war für den klassischen Künstler nicht selbstverständlich, und wenn hier Ausnahmen begegnen, so sind diese ungewöhnlich und uncharakteristisch. Da die Originale verloren sind, entziehen sich solche Annäherungen und Widerspiegelungen bedeutender Werke fast vollständig der Interpretation; auf keinen Fall können sie uns eine einigermaßen genaue Vorstellung vom Aussehen ihrer Vorbilder vermitteln.

Eine solche Vorstellung aber gewähren Kopien, die viel später entstanden sind. Das Interesse der Römer am Sammeln griechischer Originale führte zu einem lebhaften Handel auch mit Kopien berühmter Werke. Diese konnten aus Bronze bestehen; die meisten aber, die wir kennen, sind aus Marmor, der eher überlebte, und gerade diese Marmorskulpturen bevölkern die meisten Museen außerhalb Griechenlands. Sie fehlen freilich auch in Griechenland und im Nahen Osten nicht, da diese Mode sich rasch im ganzen Römischen Reich verbreitete und besonders unter philhellenischen Kaisern wie Hadrian eine Hochblüte erlebte.

Die Höfe und Tempel der hellenistischen Könige – etwa in Pergamon – waren mit Nachempfindungen klassischer Statuen geschmückt, doch handelte es sich dabei in der Regel um freie Studien in klassischer Manier. Die Industrie aber, die die römischen Auftraggeber belieferte, stellte Kopien her, die so genau waren, wie es die Technik und die handwerkliche Fähigkeit nur erlaubten. Damit scheint unser Thema gerettet zu sein, aber es gibt doch Probleme: Erstens werden diese Kopien fast nie durch Inschriften näher für uns identifiziert; die besten Informationen liefern uns in dieser Hinsicht die Porträtbüsten, die auf Hermen sitzen (wie die griechischen heiligen Pfeiler, GPAZ Abb. 169) und Inschriften tragen wie [*188, 246*], aber die Originale waren ganze Figuren, die uns gewöhnlich fehlen, und manche Porträthermen tragen nachweisbar falsche oder phantastische Namen.

Zweitens gibt es sogar noch weniger Kopien, die sich nach den Beschreibungen antiker Autoren mit Sicherheit identifizieren lassen, da dort gewöhnlich nur ein Name und ein Standort angegeben werden. Drittens hat der Prozeß der Übertragung von Bronze in Marmor eine starke Beeinträchtigung der Details und Qualität des Originals zur Folge, ganz abgesehen von dem unwiederbringlichen Verlust, den das Fehlen des letzten Schliffes von der Hand des Meisters mit sich bringt. Marmor besitzt nicht die gleiche Zug- und Spannungsfestigkeit wie die Bronze, daher die Stützen, Pfeiler und Baumstümpfe, die zur Sicherung der Figuren hinzugefügt wurden; z.B. [*60, 62–3, 66–70, 72, 223, 227–37*]. Aus demselben Grund konnte die Haltung verändert werden, und

Mißverständnisse bei Gewandarrangement und Attributen der Originale konnten zu verfälschenden Fehlern führen. Technische Details verraten nicht selten die Entstehungszeit der Kopien, da sie sich von der Arbeitsweise des Originals und anderer Perioden der Kopistenzeit unterscheiden. Viertens konnten Köpfe und Attribute von einem Typus auf einen anderen übertragen werden, wie sich ja auch so mancher klassische Statuentypus als Träger eines römischen Porträtkopfes benutzen ließ. In jenen Fällen, wo nur ein oder zwei Beispiele erhalten sind, die offenbar einen Originaltypus vertreten, müssen wir über ihren Quellenwert für das klassische Original stark im Zweifel sein. Wo mehrere Kopien in Größe und Detail genau miteinander übereinstimmen, können wir mit mehr Zuversicht annehmen, daß sie das Original einigermaßen getreu wiedergeben. Letztlich aber bleibt es unserem eigenen Urteil überlassen, ob das Original solcher Kopien aus der klassischen Zeit stammt und wann, ja sogar von wem es geschaffen wurde. Es stellt sich immer deutlicher heraus, daß die römischen Ateliers klassizierende Pasticci herstellen konnten, die als solche nur auf Grund von Merkmalen zu erkennen sind, die wir als innere stilistische Anachronismen oder Inkonsequenzen bezeichnen, oder die durch die Technik bedingt sind. Wir kennen viele Originalwerke aus dem 1. Jh. v.Chr., die in unterschiedlichen Medien in einem durchaus glaubwürdigen klassischen Stil gearbeitet sind; die „neuattischen" Ateliers in Griechenland produzierten reliefverzierte Vasen und Platten, deren Figuren auf Originale des 5. Jhs. zurückgehen, und elegantes Archaisieren, Schwalbenschwanzfalten und ähnliches kam zunehmend mehr in Mode. Das alles jedoch ist leicht zu erkennen. Griechische Künstler, die wie beispielsweise Pasiteles und Stephanos in Italien arbeiteten, konnten Originalwerke in klassischem Stil schaffen, und es liegt durchaus im Bereich des Möglichen, daß wir gelegentlich durch Statuen und Reliefs aus ihren Werkstätten in die Irre geführt werden. Die Kopien nach griechischen Originalen wurden gelegentlich in den gleichen oder in benachbarten Ateliers hergestellt, und die späten Schöpfungen und Pasticci konnten ebenfalls kopiert werden.

Es gibt noch zwei weitere Quellen für Kopien klassischer Statuen, und zwar im Bereich der griechischen Kleinkunst. Statuen von Göttern und Heroen gaben im 1. Jh. v.Chr. und später häufig den Vorwurf für Gemmenbilder ab. Manche geben detailliert ausgeführte Darstellungen von Köpfen wieder [*103*], aber die meisten sind zu klein oder vom Gemmenschneider zu frei interpretiert, als daß sie tatsächlich in dieser Beziehung von Nutzen sein könnten; außerdem werden sie auf den Gemmensteinen nie identifiziert. Probleme ergeben sich hier durch klassizistische Versionen des späteren 18. und des 19. Jhs., die manchmal sehr schwer als solche zu erkennen sind. Auch auf griechischen Münzen der römischen Zeit sind bisweilen berühmte Statuen am Emissionsort dargestellt: GPAZ Abb. 125, vgl. 126, 185; [*180–2, 207 b*]. Diese haben den Vorzug, sich leicht lokalisieren zu lassen, aber ein örtlicher Münzstempelschneider war nicht verpflichtet, einen lokalen Typus zu bevorzugen; überdies ist der Maßstab sehr klein und Detailarbeit wird aufs Allernotwendigste beschränkt.

Alle diese Überlegungen haben mich zu meiner vorsichtigen Darstellung der durch Kopien gelieferten Aussagen bewogen, wie ich das bereits im Vorwort dargelegt habe.

Bronzekopien von Statuen konnten hergestellt werden, indem man einen Nachguß im indirekten Verfahren mit Hilfe von am Original abgenommenen Teilformen anfertigte, aber das scheint nur sehr selten praktiziert worden zu sein. Marmorkopien wurden im Punktierverfahren von Modellen in Originalgröße hergestellt. Diese Technik wurde mit Sicherheit seit dem 2. Jh. v.Chr. angewendet, und vielleicht wurde bereits in klassischer Zeit eine einfachere Methode benutzt, um nach originalgroßen oder sogar kleineren Modellen die endgültige Version einer Statue zu schaffen (s.o.). Natürlich konnte das niemals unmittelbar unter Benutzung der Originalstatue im Heiligtum oder auf dem Marktplatz geschehen; der Kopist arbeitete nach Gipsabgüssen, wie sie heute in den Abgußmuseen und Lehrsammlungen unserer Universitäten stehen. Die Abgüsse machte man mit Hilfe von Teilformen, die von den Originalen abgenommen wurden. Bei Lukian läßt sich Zeus über das Pech aus, das Bildhauer täglich auf dem Markt von

Athen über eine Hermesstatue schmieren, um sie so für das Abgießen zu präparieren.

Ein bemerkenswerter Fund in Baiae am Golf von Neapel hat kleine Stücke von Abgüssen griechischer Originalskulpturen geliefert, die in den Werkstätten der Kopisten benützt worden sein müssen. Unter ihnen befinden sich Teile einer Anzahl berühmter Statuen, die uns sonst nur durch Marmorkopien bekannt sind (hier [*4*] und Stücke unserer [*187, 190–2, 202, 214, 234*]). Sie ermöglichen uns, direkte Vergleiche zu ziehen – mögen diese auch manchmal trivial sein – zwischen Original und Kopie, was uns sonst nur sehr selten möglich ist (Ausnahmen – [*122, 144*]). Zu ihnen gehören auch Abgüsse von originalen griechischen Statuen, die uns sonst gänzlich unbekannt sind, doch mögen sich eines Tages römische Marmorkopien (für die diese Abgüsse ja angefertigt wurden) identifizieren lassen [*11*]. Offenbar wurden diese Abgüsse durch eiserne oder hölzerne Armaturen in den Beinen verstärkt, während andere Teile des Körpers und Gewandes durch Knochen oder Stroh versteift wurden. Sie zeigen, daß der Kopist manche Figuren bewußt fülliger als das Original gestaltet hat. Außerdem verraten sie Details des Arbeitsprozesses – wie die Augenwimpern einer Bronzestatue bei der Anfertigung der Form geschützt wurden, wodurch sie im Abguß verklumpt blieben [*4*], und wie Hohlfalten und Unterschneidungen vor dem Abgießen ausgestopft wurden. Der moderne Gießer erkennt solche Techniken auf den ersten Blick.

Quellen: Literatur

Es ist keine von einem antiken Bildhauer verfaßte Schrift über seine Arbeit erhalten geblieben (z.B. Polyklets Kanon, s. S. 260), ebensowenig wie eine Abhandlung speziell zur Geschichte der Bildhauerkunst. Die zeitgenössische Literatur ist überaus schweigsam, und es bedeutet eine Ausnahme, wenn wir im *Ion* des Euripides einer Figur begegnen, die sich die Mühe macht, den Skulpturenschmuck eines Tempels im Bühnenbild (wohl Delphi) zu kommentieren. Aus späterer Zeit besitzen wir einigermaßen zahlreiche einschlägige Notizen – bei Cicero (Mitte 1. Jh. v.Chr.), zu einer Zeit, in der die griechische Kultur in Rom überaus in Mode gekommen war; in den Werken von Literaturwissenschaftlern wie Quintilian (1. Jh. n.Chr.), die Analogien in den bildenden Künsten suchten; in den weiter ausgreifenden Unterhaltungsschriften von Essayisten wie Lukian (2. Jh. n.Chr.). Der Geograph Strabon (2. Jh. v.Chr.) hätte uns mehr erzählen können, aber er begnügt sich meistens damit, Namen zu nennen. Es gibt jedoch zwei wichtige Quellen, die uns gemeinsam die meisten jener nützlichen Zeugnisse liefern, auf die wir uns stützen können.

Der ältere Plinius, der im Jahr 79 n.Chr. bei der Beobachtung des Vesuvausbruchs das Leben verlor, schrieb eine *Naturgeschichte*, die sich in der Art einer Enzyklopädie einer breiten Vielfalt schriftlicher Quellen bediente (2000, wie er sagte), zu denen auch die hellenistischen Schriften zur Kunstkritik gehörten. Er verzeichnet seine Quellen gesondert in einem Index, verzichtet aber auf die Einzelzuweisung seiner Bemerkungen im Haupttext. Für seine Hauptquelle hält man allgemein Xenokrates von Sikyon, der im 3. Jh. schrieb. Plinius bringt einen langen Abschnitt über Bronzestatuen (Buch 34,5–93), in dem er über Material, Typen und Werke der maßgeblichen Künstler handelt, die er entsprechend ihrer jeweiligen Blütezeit nach Olympiaden datiert (Perioden von 4 Jahren); er definiert die Werkstätten und nennt die Schüler. Seine Beschreibungen einzelner Statuen sind knapp, tragen aber gelegentlich zur Identifizierung von Kopien bei. Interessanter sind die kritischen Kommentare, die er seinen Quellen entnimmt und die uns zeigen, was hellenistische Gelehrte von den Leistungen klassischer Bildhauer hielten. Natürlich deckt sich das nicht mit dem Standpunkt, den man in der sehr andersartigen Welt und Gesellschaft eingenommen haben wird, für welche die Skulpturen geschaffen worden waren; darüber hinaus wird der Einfluß eines vernebelnden Kunsthistorikerjargons deutlich spürbar. Der kurze Abschnitt über das Modellieren von Ton (Buch 35,151–58) und der vergleichsweise kurze Abschnitt über Marmorplastik (Buch 36,9–44) sind in der gleichen Art gehalten.

Unsere zweite bedeutende Quelle ist Pausanias, der im 2. Jh. n.Chr. einen Griechenlandführer verfaßte. Er stützt sich ebenfalls auf schriftliche Quellen, jedoch wohl mit weniger Unterscheidungsvermögen als Plinius. Von Zeit zu Zeit drückt er seine eigene Meinung aus, doch in der Beschreibung von Heiligtümern und Städten verläßt er sich oft auf das, was ihm Führer oder Priester berichtet haben – Leute, die nicht unbedingt zuverlässige Bewahrer genauer Informationen sind. Manchmal hat er es offenbar einfach an Sorgfalt fehlen lassen. Dort, wo wir seine Feststellungen und Beschreibungen anhand der geschilderten Stätten oder Monumente überprüfen können, stellen wir oft fest, daß sie fehlerhaft sind. Wo wir sie nicht nachprüfen können, bleibt uns nur, immer ein wenig argwöhnisch zu sein. In seiner Schilderung von Szenen unterliegt seine Interpretation ganz natürlicherweise dem Geist seiner eigenen Zeit; wir müssen versuchen, uns von dem, was er sah, unser eigenes Bild zu machen und es im Geist jener Zeit, in der es entstanden ist, neu zu interpretieren.

In den folgenden Kapiteln erwähne ich, wo es angebracht ist, die literarischen Quellen für Zuweisungen oder Beschreibungen durch die Namen ihrer Verfasser (Pausanias, Plinius usw.), jedoch in der Regel ohne weitere Detailangaben des Textes, die in den verschiedenen Handbüchern zu finden sind.

Da sich außer den mit Inschriften versehenen Basen, von denen die Originalstatuen fast immer verschwunden sind, so wenig zeitgenössisches Quellenmaterial über Künstler erhalten hat, sind wir gezwungen, uns in starkem Maß auf Quellen wie Plinius und Pausanias zu stützen, wenn wir Phänomene oder Stile benennen wollen – selbst Phänomene und Stile, die wir nur anhand von Objekten beobachten können, die wir für genaue römische Kopien halten. Aber Namen sind nicht alles – bei der Betrachtung der antiken Kunst bedeuten sie vielmehr so gut wie nichts.

Kapitel 2

FRÜHKLASSISCHE PLASTIK: EINFÜHRUNG

Auf die äußeren Unruhen in der griechischen Geschichte der ersten Jahrzehnte des 5. Jhs. reagierte die griechische Kunst mit einem offenbar unbeirrbaren und stetigen Fortschritt – es scheint so, als hätte der allmähliche Stilwandel ganz mühelos eine Revolution in der Einstellung des Bildhauers zu seinem Handwerk bewirkt. Das bezeichnet einen Wendepunkt in der abendländischen Kunst.

In weniger als 150 Jahren hatte der griechische Bildhauer die technische Beherrschung des weißen Marmors vervollkommnet – jenes Materials, in dem die meisten der schönsten archaischen Skulpturen ausgeführt wurden. Er ist nicht leicht zu bearbeiten, und – recht überlegt – können wir ihn auch kaum als die nächstliegende Wahl für die Herstellung von vollplastischen oder Reliefbildwerken bezeichnen. Im vorigen Kapitel haben wir über seine Eigenschaften gehandelt. Er ist für die Wiedergabe klarer, scharf abgegrenzter Massen und Muster nicht weniger geeignet als für die Angabe feiner Konturen und sogar, wie spätere Generationen herausfinden sollten, für die Darstellung des Weichen, des unscharf Umrissenen, des Sinnlichen. Der archaische Bildhauer machte sich mit den Möglichkeiten des Marmors vertraut, indem er für die Wiedergabe des menschlichen Körpers dreidimensionale Grundmuster schuf. Der Stil entwickelte sich langsam Hand in Hand mit dem Fortschreiten der Technik; die Veränderungen, die man einfach akzeptieren mußte, da sie zu befriedigenderen Ergebnissen und zu einer besseren Erfüllung der Funktion der Figuren führten, bewirkten auch eine lebensnähere Wiedergabe – lebensnäher jedenfalls (zumindest was den ganzen Körper angeht), als es irgendeine andere alte Kultur je erreicht hatte.

Nicht, daß Realismus in der Kunst an sich schon etwas Gutes wäre, aber nachdem die Griechen einmal entdeckt hatten, wieviel mehr er ausdrücken konnte als die konventionellen Formeln, Symbole und Grundmuster der Archaik, machten sie eine Tugend daraus.

Bis um etwa 500 gab es in der griechischen Kunst – besonders bei der Wiedergabe des nackten männlichen Körpers – einen buchstäblich nur ganz oberflächlichen Realismus. Die Figuren vermittelten nicht mehr als die Summe ihrer Teile, die einigermaßen genau dargestellt und nebeneinandergesetzt wurden. Schon bald jedoch fand man heraus, daß dieser Sieg des Realismus sich noch steigern ließ. Aus Zeichnungen (auf Vasen) geht deutlicher hervor als aus den Skulpturen, daß die Künstler begannen, ihre Objekte bewußt zu beobachten und nicht einfach zu wiederholen, was sie als konventionelle Formel für die Darstellung eines Mannes, eines Gottes oder eines Tieres gelernt hatten. Die genauere Beobachtung beschränkte sich nicht auf das Detail, vielmehr führten die Schwierigkeiten, die sich aus der richtigen Wiedergabe von Details an nicht gleichmäßig angespannten, sondern an entspannten oder bewegten Körpern ergaben, zu genauerer Beobachtung auch der Gesamtstruktur; damit kam es zu einem wachsenden Verständnis dafür, wie ein Körper sich bewegt, wie sein Gewicht getragen wird, wie eine Verschiebung in der Haltung die Plazierung von Gliedern, Rumpf und Kopf in Mitleidenschaft ziehen kann. Die Bildhauer der letzten Kuroi, wie des Aristodikos aus Athen um 510–500 [*1*], brauchten sich darüber kaum Gedanken zu machen. Ihre Figuren standen gleichmäßig belastet, waren im Gleichgewicht. Figuren in lebhafter Bewegung, im Lauf oder beim Kampf, konnte man wie Gliederpuppen zusammensetzen, auch wenn man sich zunehmend der Probleme bewußt wurde, die die Wiedergabe einer sich drehenden Figur aufwarf, da viele von ihnen grundsätzlich immer noch zwei- und nicht dreidimensional angelegt waren – selbst einschließlich jener Figuren, die rundplastisch für die Aufstellung in Tempelgiebeln gearbeitet worden waren. Der sogenannte Kritiosknabe von der Athener Akropolis [*2*], der wahrscheinlich vor 480 entstanden ist, verrät das neue Bewußtsein: das Gewicht ist auf ein Bein verlagert, während das andere entlastet ist, die Hüfte ist gesenkt und Schulter und Kopf sind leicht geneigt. Betrachtet man in diesem Buch die Abbildungen [*20.1, 36, 38–9, 65–9, 72, 184–6, 223, 227–35*], so erkennt man, wie sich im Verlauf des Jahrhunderts diese ruhige Sicherheit bei der Darstellung der stehenden Figur immer mehr verstärkt. Aber selbst schon die frühesten Gestalten versetzen uns abrupt aus der Welt archaischer Steifheit und Schematik in eine neue Welt, in der die Kunst die Aufgabe übernimmt, Leben darzustellen, ja sogar es nachzuahmen und es nicht nur zeichenhaft zu begreifen.

Die griechische Kunst begann in der Eisenzeit mit nur ganz geringfügigem oder völlig ohne figuralen Dekor und verwendete dagegen abstrakte Ornamente, die allmählich zur Konstruktion von Menschensymbolen, ganzer Szenen und sogar erzählender Darstellungen herangezogen wurden. Die formale Forderung nach dem reinen Musterschema blieb lange im Bewußtsein des Künstlers verhaftet und äußerte sich mit fortschreitender Zeit in komplizierten Theorien zu Maßen und Proportionen. All das mag als ein Fremdkörper in einer Kunst erscheinen, in der es für den beiläufigen Betrachter um Wirklichkeitsnachahmung geht, aber die Forderung nach Schema und Proportion galt dem archaischen Künstler als bewußtere Verpflichtung als jedes wirkliche Verlangen, seine Werke der Welt, die ihn rings umgab, ähnlicher zu machen. Das änderte sich auch nicht, als man im frühen fünften Jahrhundert die Möglichkeiten des Realismus erkannte; und als später im selben Jahrhundert ein Bildhauer – Polyklet – ein Buch über seine Kunst schrieb, war das kein anatomisches Lehrbuch, sondern eine Abhandlung über die idealen Maßverhältnisse, die bei der Schaffung eines Abbildes des menschlichen Körpers beachtet werden sollten, und es stützte sich ebensosehr oder in noch stärkerem Maß auf die Mathematik als auf die Naturbeobachtung. Diese Tendenzen, Maßverhältnisse zu beachten und Figuren eher zu idealisieren, als sie zu spezifizieren, stellten wirksamere Anregungen dar als das Streben nach einer realistisch anatomischen Darstellungsweise, das fast beiläufig auftrat. Es waren

Tendenzen, die einen forcierten Realismus in der Kunst und beispielsweise lebensechte anstelle von idealisierten Porträtdarstellungen bis in eine Zeit hinein hintanhielten, die bereits jenseits des hier behandelten Zeitabschnittes liegt. Die Plastik des fünften Jahrhunderts führt uns den Künstler vor Augen, wie er auf eine zufriedenstellende Versöhnung all dieser scheinbar widersprüchlichen Ziele hinarbeitet – sie zeigt eine Kunst, die das Leben widerspiegelt, die ein Ideal im Abbild des Menschen ausdrückt und die Oberherrschaft von Muster und Proportion anerkennt.

Die Grundmuster des archaischen Bildhauers bezogen sich auf anatomische Oberflächen- und Gewandgestaltung, seine Proportionstheorie war eine Annäherung an die Natur, die auf einer praktikablen, aber künstlichen Maßskala beruhte. In der frühklassischen Zeit – dem Thema dieses und der folgenden sechs Kapitel – scheint jeder Fortschritt, soweit er sich nicht auf das Verständnis der Struktur des menschlichen Körpers bezieht, fast zum Stillstand gekommen zu sein. Nachdem man erst einmal mit der Archaik gebrochen hatte, entwickelte man in der Wiedergabe männlicher Figuren bei der Darstellung entspannter oder aktiver Gestalten die archaischen Themen in der neuen Ausdrucksweise weiter, ohne jedoch weit über diese hinauszugehen. Bei weiblichen Figuren löst eine andere Gewandart (der Peplos) die ornamentale Raffinesse des archaischen Chitons ab und ermöglicht, daß eine differenziertere Haltung im einfachen Bruch eines Faltenverlaufs klarer zum Ausdruck kommt. Über einen Fortschritt in der Komposition läßt sich wenig aussagen, da Bauplastik immer noch durch den starren Rahmen des Giebel- oder Metopenfeldes festgelegt wird, aber in der Zeichenkunst können wir ein neues Verständnis für die Verwendung des Raums erkennen. Während der archaische Künstler dazu neigte, innerhalb des ihm zur Verfügung stehenden Feldes fast introspektiv zu komponieren, und während selbst seine freistehenden Figuren wie etwa der Aristodikos ihrem Wesen nach nur auf sich selbst bezogen zu sein scheinen, sind die klassischen Figuren nicht nur Teil ihrer Umgebung, sie sind auch auf sie bezogen, und die Bezugnahme einer Figur oder mehrerer Figuren innerhalb einer Gruppe auf ihre Umgebung und ihre Betrachter ist bewußter angelegt. Mag sich auch eine klassische Figur durch ihr Streben, ein menschliches oder göttliches Ideal oder eine entsprechende Stimmung auszudrükken, scheinbar weiter von uns entfernen, so stellt sie doch eine innigere Verbindung zum Betrachter her als je eine archaische.

In den folgenden Kapiteln geht es um die wenigen uns bekannten Originalstatuen frühklassischer Zeit, unter ihnen auch den bedeutenden Komplex an Architekturplastik in Olympia; wir werden uns bei unseren Betrachtungen auch mit dem Problem zu befassen haben, inwieweit wir Kopien in unsere Untersuchung einbeziehen können – ein Problem, das mit dem Fortschreiten des Jahrhunderts immer dringlicher wird. „Frühklassisch" ist eine passende Bezeichnung für einen Stil, der nicht nur etwas Experimentelles oder Transitorisches ist – auch so hat man ihn bezeichnet –, sondern der selbst einen deutlichen Eigencharakter besitzt. Wir werden ihm nicht gerecht, wenn wir ihn einfach unter dem Aspekt der Hochklassik beurteilen, die er ankündigt. Vielmehr wird sich zeigen, daß er in mancher Hinsicht Eigenschaften aufzuweisen hat, die der Klassik abgehen oder die diese bewußt vernachlässigt hat. Nun, in der Zeit nach der Archaik, sehen die Figuren ernst aus, und wenn die Plastik dieser Jahrzehnte allgemein – und wo es am Platz ist, auch hier – als „streng" bezeichnet wird, so ist das eine zweckmäßige und einleuchtende Charakterisierung.

In frühklassischer Zeit spielt Athen aus Gründen, die im folgenden noch deutlich werden sollen, nur eine geringe Rolle, und wir besitzen aus der ersten Hälfte des 5. Jhs. weniger Bildhauerwerke als aus der zweiten Hälfte des 6. Jhs. Die Einfälle der Perser in Griechenland im Jahr 490 bei Marathon (nur Athen betreffend) und dann nochmals 480/79 lenkten Athens Aufmerksamkeit bis zur Mitte des Jahrhunderts von größeren Bildhauerprojekten ab. In anderen Teilen Griechenlands war Wiederaufbau entweder nicht vonnöten, oder man schob ihn absichtlich auf (aus einer solchen Bemerkung wird deutlich, wie sehr wir uns auf die erhaltene Architekturplastik stützen müssen) und wir können eine Pause auf dem Gebiet größerer Staatsunternehmungen fest-

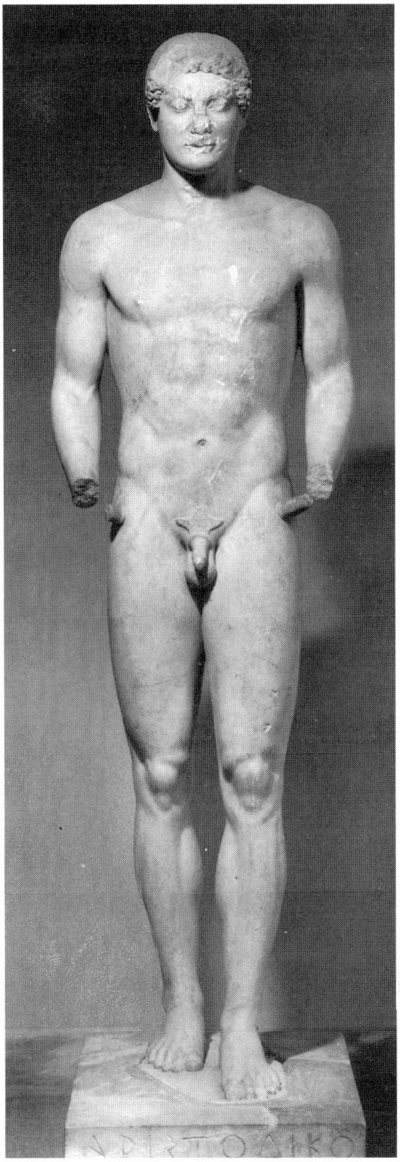

1 (links) Kuros, aus der Nähe des attischen Olympos. Die Basis trägt die Inschrift „des Aristodikos". Um 510–500. (Athen 3938. H. 1,95).

2 (oben) Jüngling von der Akropolis: der „Kritiosknabe" (den Namen hat er auf Grund seiner Ähnlichkeit mit Abb. 6 erhalten). Um 490–80. (Athen, Akr. 689. H. 0,86, etwa halbe Lebensgröße).

stellen, die solange währte, bis Athen wieder als Schrittmacher fungierte. Olympia empfand den Bedarf für einen neuen Tempel, dessen Skulpturen glücklicherweise erhalten geblieben sind, und ebenso wie Delphi — das zweite Nationalheiligtum — zog es eine Vielzahl von Weihegaben an, von denen allerdings nur sehr wenige überlebt haben. Da Athen eine Ruhepause eingelegt hatte, das übrige griechische Festland von Sorgen bedrückt oder erschöpft war und Ostgriechenland immer noch unter der Perserplage zu leiden hatte, erscheint dieser Zeitabschnitt nicht als Phase eifrigen Experimentierens und der Innovation, aber er hat doch echte Leistungen aufzuweisen und seine wenigen Meisterwerke brauchen einen Vergleich mit dem, was später kam, nicht zu scheuen.

Kapitel 3

FRÜHKLASSISCHE MÄNNER UND FRAUEN: I

Die beiden wichtigsten Statuentypen der archaischen Zeit, an denen die Künstler ihre wachsende Beherrschung glaubhafter Anatomie und Gewandgestaltung vor Augen führten und dabei unentwegt durch eine Art natürlicher Selektion dem realistischen Abbild immer näher kamen (s. GPAZ 77), waren der stehende unbekleidete Mann und die bekleidete Frau – der Kuros und die Kore. Diese beiden Grundtypen bleiben auch in der Plastik der klassischen Zeit von Bedeutung, und wir wollen uns zuerst mit diesen beiden befassen, bevor wir uns größeren Komplexen zuwenden – wie den Olympiaskulpturen, unter denen sie ebenfalls zu finden sind – und Figuren in anderen Haltungen betrachten.

Es mag verblüffen, wenn wir an dieser Stelle von unserem Grundsatz abweichen, Kopien in einem eigenen Kapitel abzuhandeln, und uns mit einer Gruppe aus einer Stadt befassen, von der es gerade erst hieß, sie sei zu dieser Zeit verhältnismäßig wenig fruchtbar gewesen – mit einer Gruppe aus Athen. Der Grund dafür ist, daß diese Gruppe durch Bruchstücke des Originals (in Gipsabgüssen) erhalten ist, und daß sie uns eine Reihe jener Probleme, die uns das Heranziehen von Texten und Kopien im Verlauf unserer Untersuchungen aufgeben wird, sehr gut vor Augen führt. Es handelt sich um die Gruppe der Tyrannenmörder.

Von jenen Männern, die im Jahr 514 den Tyrannen Hipparchos ermordet hatten, waren am Ende des 6. Jhs. Statuen von der Hand des Antenor auf der Athener Agora aufgestellt worden (GPAZ 106; oder, wie manche glauben, erst nach Marathon [*490*]). Die Gruppe wurde im Jahr 480 vom Perserkönig Xerxes geraubt und von den Athenern durch eine neue Gruppe von der Hand des Kritios und Nesiotes ersetzt, die in einer späteren Chronik (dem Marmor Parium) in das Jahr 477/76 datiert wird. Die Namen der Bildhauer finden sich außerdem – immer in der gleichen Kombination – auf sechs Basen für Bronzestatuen von der Akropolis. In welcher Weise sie zusammengearbeitet haben, wissen wir nicht (doch zeigen die Basen immerhin, daß es nicht so gewesen sein kann, daß jeweils ein Bildhauer eine der beiden Statuen geschaffen hatte): eine etwa gleichzeitige rotfigurige Vase aus Athen (RVAAZ Abb. 262.2–3) zeigt, wie zwei Handwerker an Bronzestatuen arbeiten. Auch die Tyrannenmörder waren aus Bronze.

Die Gruppe selbst begegnet – gemalt – als Schildzeichen der Athena auf Vasen des vierten Jahrhunderts [*7*], auf Münzen [*8*] und auf einem Marmorthron [*9*] (die Szene auf RVAAZ Abb. 199 kommt dem Original so nahe, wie zeitgenössische Vasenmaler plastischen Werken nur kommen können – sie gibt Hinweise auf die Haltung, fügt das Opfer hinzu und verändert die Anordnung). In zweidimensionalen Darstellungen oder flacher Reliefwiedergabe überschneiden sich die Beine der Figuren, nicht aber ihre Körper, wobei manchmal der eine, manchmal der andere voranschreitet; in der originalen Seitenansicht der Gruppe aber verdeckte wahrscheinlich einer den anderen. Der junge Harmodios dringt mit erhobenem Schwert vor, um zuzuschlagen – Aristogeiton streckt mit schützender Gebärde einen Arm, von dem der Mantel herabhängt, vor und hält seinen Schwertarm nach hinten. Beide Haltungen sind alt, aber durch diese Gruppe erhielten sie auch für spätere Darstellungen eine besondere Bedeutung, vor allem für die von Heroen und des athenischen Heros Theseus (vgl. [*19, 113*]).

Der Betrachter, der sich vor der Gruppe befindet, nimmt die Position des Opfers ein. Man hat den interessanten Vorschlag gemacht, die beiden Männer könnten Rücken an Rücken gestanden haben. Die antiken Wiederholungen sind aus dem oben genannten Grund in diesem Punkt nicht eindeutig, und die in der Agora ausgegrabenen Fragmente der Basis sagen uns nur, daß es nur eine einzige Basis gab und nicht zwei. Es handelt sich hier um eine Gruppe mit mehreren wichtigen Ansichtsmöglichkeiten

– entweder von vorn, oder frontal auf die Brust jeder Figur, oder jeweils auf den Rücken der Figuren, wobei dann die andere im Profil erscheint – ein bemerkenswerter Fortschritt gegenüber der einfachen frontalen Anordnung früherer Statuengruppen.

Eine Kopie der Gruppe fand sich in der Villa des Hadrian in Tivoli, und es gibt weitere Kopien von Köpfen und Torsen [*3*, *5*, *6*]. Die Haltungen sind nicht gewagter als einige, die wir vom Aphaiatempel in Ägina her kennen (GPAZ Abb. 206), und die Anatomie ist weniger betont. Der Kopf des jungen Mannes mit seinem dichtgelockten Haar steht den letzten der archaischen Kuroi noch nahe – seine äußerliche Ähnlichkeit mit dem des Kritiosknaben verschaffte diesem seinen Beinamen (hier [*2*]; GPAZ Abb. 147). Der Kopf des Älteren ist im Stil deutlicher frühklassisch, doch ist das Haar mit seinen kleinen Flammenlokken fast nur durch Ritzung gegeben (vgl. die regelmäßigere Wiedergabe am früheren Kopf Rayet, GPAZ Abb. 139).

Die Werkstatt in Baiae, deren Bedeutung für unsere Beurteilung der römischen Kopien im 1. Kapitel besprochen wurde, beschäftigte sich mit einer Tyrannenmördergruppe, und es sind Teile vom Kopf des Aristogeiton [*4*] und von den Gliedern und Gewändern beider Figuren erhalten. Abgesehen von den technischen Details, die uns die Vorgangsweise des Kopisten erkennen lassen, können wir besonders den fein geriefelten, kurzen und büscheligen Bart bewundern. Nicht alle Marmorkopien des Kopfes geben den Bart auf genau die gleiche Weise wieder – am nächsten kommt ihm der Kopf [*5a*] – und er unterscheidet sich von der viel freieren Modellierung anderer, späterer strenger Köpfe. Wenn wir uns also bezüglich des Datums der ersten Tyrannenmördergruppe irren und diese tatsächlich erst nach Marathon aufgestellt worden sein sollte, so könnte der Abguß von ihr stammen (die Gruppe ist durch Antiochos aus Persien nach Athen zurückgebracht worden) und das Werk Antenors verkörpern. Dieser schwer lösbare Sachverhalt geht auf eine schlecht überlieferte Textstelle zurück (Plinius) und wird durch die Qualität der Kopien noch verschärft: denn wenn wir [*5a*] Antenor zuschreiben, könnten wir dann die anderen uns in Kopien bekannten Aristogeitonköpfe mit der fortgeschritteneren Bartbehandlung [*5b*] der zweiten Gruppe zuweisen? Mir scheint glaubhafter, daß die späteren Kopisten ihre Bartwiedergabe modernisierten, als daß Kritios und Nesiotes, selbst bescheiden zurücktretend, altertümelnde Repliken (auf welche Weise?) von Antenors verlorener Gruppe anfertigten (für die unter Annahme des früheren Datums noch eine andere Kopfkopie vorgeschlagen wurde – GPAZ Abb. 143). Textüberlieferung und Kopien führen uns immer weiter von der Realität des Abgusses in Baiae weg, obwohl er doch nur durch Textüberlieferung und Kopien erkannt werden konnte.

Wir wenden uns nun den Kuroi und Koren zu, die als Grabstatuen und Weihgaben in Heiligtümern gedient hatten. Mit dem fünften Jahrhundert ändert sich die Rolle dieser Typen. Die spätarchaische Zeit hatte den Durchbruch hin zu jener Erkenntnis erlebt, wie bei einer stehenden Figur die Gewichtsverlagerung (Ponderation) dargestellt werden kann; damit stand die plötzliche Annäherung an die lebendige Form in Verbindung, die durch bewußtes Studium gefördert wurde, und das hieß gleichzeitig eine dramatische Absage an die schemabestimmten Werke der früheren Jahre. Wie wir sehen werden, gerieten damit Schema und Proportionsbindung keineswegs in Vergessenheit. Aber das neue Leben verlieh den Figuren einen höheren Grad an Individualität, und wenn das auch bereits gelegentlich in der archaischen Plastik sichtbar wird, so bedeutete es doch zumindest eine Zeitlang ein echteres Charakteristikum für die Frühklassik. Die neuen stehenden Jünglinge sind nicht die auf eine allgemeine Formel gebrachten Abbilder eines in seiner Blüte dahingegangenen Lebens, sondern häufiger Erinnerungsmale an den Erfolg eines lebenden Athleten, der ein Sportgerät hält oder eine Opferschale; oder es sind Darstellungen einer spezifischen Gottheit, gewöhnlich des jugendlichen Apollon, den man bereits in der archaischen Zeit gerne in der Kurospose dargestellt hatte, wobei man diese dahingehend adaptierte, daß das Halten göttlicher Attribute möglich wurde – GPAZ Abb. 150, 185. Dieser Wandel erscheint deswegen um so dramatischer, als wir aus dieser Zeit nur wenige Skulpturen aus Athen oder den attischen Friedhöfen kennen, aber er wird durch die Zeugnisse von anderen Fundplätzen bestätigt – aus Delphi, Olympia, Delos und anderen Friedhöfen des 5. Jhs. in der griechischen Welt, wo sich entweder solche Figuren in ihrer neuen Funktion gefunden haben oder die alten fehlen.

Der Kritiosknabe war für uns das spätarchaische Paradigma der neuen Haltung. Was die nächste Generation solcher Gestalten angeht, so müssen wir uns für vollständige lebensgroße Figuren in der Regel an Kopien halten, obwohl sich gelegentlich auch in der Architekturplastik Beispiele finden, vgl. [*20.1*]. Beginnen wir mit den Köpfen. Der Kritiosknabe trug sein Haar um einen Reif gerollt [*2*]. Sein Zeitgenosse, der Blonde Knabe, der in derselben Haltung wiedergegeben war, trägt sein langes Haar geflochten und unter den Stirnlocken um den Kopf gewunden (GPAZ Abb. 148). Das eingerollte und geflochtene Haar werden zu Kennzeichen der Frühklassik, wobei das Haar auf dem Schädeldach in flachen Furchen wiedergegeben wird und manchmal Lockengruppen bildet, die radial vom Wirbel ausgehen. Ein Bronzekopf von der Akropolis zeigt das eingerollte Haar [*10*], aber das lange Haar am Hinterkopf ist hochgenommen und festgesteckt (zu einem *krobylos*). Das geflochtene Haar findet sich an einem Abgußfragment aus Baiae, das Zopf und Rolle verbindet; es stammt von einem guten Bronzeoriginal [*11*]. Wir besitzen jedoch den Kopf eines bedeutenden Bronzewerkes aus diesen Jahren (so scheint es zumindest, auch wenn es gelegentlich angezweifelt wurde). Der Chatsworth-Kopf [*12*] wurde in Zypern gefunden, zusammen mit einem großen Teil des Körpers, der aber sofort zerstört wurde. Wahrscheinlich handelte es sich um einen Apollon im Schema eines Kuros. Seine Gesichtszüge sind schwer und stumpf und mögen in Verbindung mit dem gesamten Körper eindrucksvoller erschienen sein. Die Stirnlocken sind in einer Weise geknotet, die für diese Zeit neuartig ist, und die Schläfenlocken, von denen einige fehlen, sind getrennt gegossen.

Ganze lebensgroße Figuren besitzen wir erst aus etwas späterer Zeit, und dann handelt es sich um Kriegerfiguren, aber die Grundhaltung von Torso und Beinen findet sich in den Olympiagiebeln [*20.1*] – mit der ganzen Sohle auftretend, das entlastete Bein ein wenig vorgesetzt und vom Standbein entfernt, die damit korrespondierende Neigung von Hüften und Schultern richtig beobachtet, der Kopf geneigt. Kleinbronzen dieser Zeit wiederholen diese Haltung und müssen den vielen Athletenstatuen ähneln, die die wichtigsten Vertreter dieses Genres waren. [*13*] zeigt eine ungewöhnliche Frisur, aber der Zopf ist vorhanden und seine losen Enden hängen merkwürdigerweise vor den Ohren herab. [*14*], aus der Nähe von Argos, zeigt die untersetzten Formen jener Figuren, die in der Regel mit der argivischen Schule in Verbindung gebracht werden und damit auf Polyklet vorausweisen: vgl. [*184–5*].

Der entsprechende weibliche Typus, der Nachfolger der archaischen Kore, ist die Peplophoros, so benannt nach ihrem Gewand, dem Peplos, das in der Beliebtheit an die Stelle des dünneren, voluminöseren Chitons tritt (vgl. GPAZ 80 ff.). Natürlich wird auch noch der Chiton getragen, selbst unter einem Peplos [*200*], wie in der archaischen Zeit (GPAZ Abb. 103, 115; zu den Gewandtypen s.d. 82). Der Peplos ist ärmellos, und der Überfall hängt gerade vom Hals bis in Gürtelhöhe herab, kann aber gelegentlich auch länger und manchmal gegürtet sein, vor allem bei Athena, etwa [*29, 41, 61, 97–101*]. Er besteht aus schwererem Material und bietet deshalb für den Bildhauer ein Schema aus starken vertikalen Falten, oder auf dem Überfall von ineinandergreifenden Kurven oder sich verschränkenden Falten.

Mit originalen Peplophoros-Statuen sind wir besser versehen als mit ihren Brüdern. Manche, die aus Ostgriechenland oder von den Inseln stammen, tragen Gewänder, die mit Faltenangaben versehen sind, die an die Archaik erinnern [*15*], aber die meisten von ihnen sind strenger und sie verraten ihre neue, frühklassische Standweise durch die leichte Störung ihrer Gewandfalten über dem einen Knie. Das Thema ist auch bei Kleinbronzen sehr beliebt, besonders bei jenen, die als Spiegelstützen gedacht sind, oder bei der ungewöhnlichen Stützfigur für ein Räucherbecken aus Delphi [*17*]. Die Köpfe sind freundlich-sanft, das Haar ist in der Mitte gescheitelt und nach hinten gekämmt, oder vor den

Ohren nur leicht zusammengerafft. Gewöhnlich ist es in ein Tuch *(mitra)* oder einen Beutel *(sakkos)* eingebunden, was die charakteristische Tiefenerstreckung in der Profilansicht bewirkt. Peplophoroi finden sich auch in den Olympiagiebeln [*20.1*]; zu Kopien frühklassischer Peplophoroi und verwandter Figuren s. [*73*, *74*].

3 Harmodios und Aristogeiton, die Tyrannenmörder. Kopie nach einer originalen Gruppe aus der Zeit um 475, aus der Hadriansvilla in Tivoli. Der Kopf des (älteren) Aristogeiton fehlt; er ist nach einer Kopie im Konservatorenpalast, Rom, ergänzt. (Neapel G 103–4. H. 1,95).

5a Kopf des Aristogeiton; s. Abb. 3. (Rom, Konservatorenpalast; einst Vatikan, dann mit seinem Torso verbunden. Nach Abguß in Oxford).

4 Kopf des Aristogeiton. Fragment eines vom Original abgenommenen Gipsabgusses, gefunden in Baiae (s. Kap. 2). Es ist Abb. 5a überaus ähnlich. (Baiae 174.479. H. 0,20. Abguß in Oxford).

5b Kopf des Aristogeiton; s. Abb. 3. (Madrid 176. Abguß in Oxford).

6 Kopf des Harmodios; s. Abb. 3. (Neapel. Abguß in Oxford).

7 Schildzeichen der Athena auf einer Panathenäischen Amphora: es zeigt die Tyrannenmörder, s. Abb. 3. Um 400. (London B 605, aus Tokra; ABV 411, 4; SVA Abb. 304,1).

8 Elektron-Münze aus Kyzikos mit Darstellung der Tyrannenmörder, s. Abb. 3. Um 430–20. (London. Abguß).

9 Detail von einem Marmorthron (der „Elgin-Thron") mit Darstellung der Tyrannenmörder, s. Abb. 3. Um 300. (Malibu 74.AA.12).

10 Bronzekopf von der Akropolis. Die Augen sind mit weißem Glas, die Lippen und Augenbrauen mit Kupfer eingelegt. Um 460. (Athen 6590. H. 0,12).

11 Fragment eines Gipsabgusses von einem Bronzeoriginal aus der Zeit um 470–50. Ohr, Schläfenlocken und über einen Zopf gerollte Haare. (Baiae 174.482. L. 0,15).

12 Bronzekopf des Apollon („Chatsworth-Apollon"), aus Tamassos (Zypern). Um 460–50. (London 1958. 4–18.1. H. 0,31).

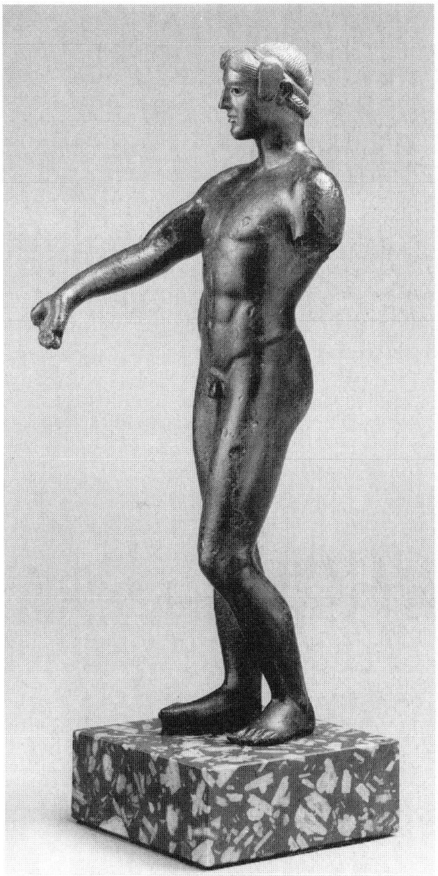

13 Bronzestatuette eines Athleten, aus der Nähe von Tegea; er hielt einst eine Schale. Um 470. (Mt. Holyoke Coll. BOI 1. 1926. H. 0,225).

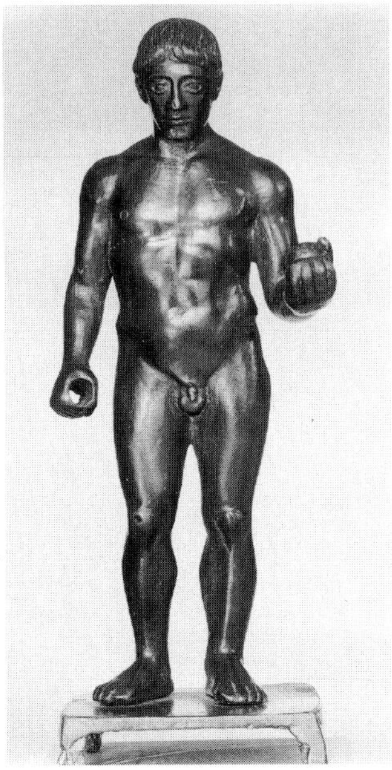

14 Bronzestatuette eines Athleten mit Ball, aus Ligurio. Die Standplatte war mit vier Bolzen in der Basis verankert. Um 460. (Berlin misc. 8089. H. 0,147).

15 (rechts) Frau aus Xanthos (Lykien). Eine Reihe solcher Figuren hat vielleicht die Terrasse eines Heroons auf der Akropolis geschmückt. Um 460. (London B 318. H. 1,25).

16 Spiegelträgerin aus Bronze. Sie steht auf einem Klappschemel und trägt die sichelförmige Halterung der Spiegelscheibe – ein ganz geläufiges Schema zu dieser Zeit. Um 470. (Boston 01.7499. H. der Figur 0,18). (s. Farbtaf. 1)

17 Bronzene Trägerin eines Räucherbeckens aus Delphi. Sie trägt einen ungegürteten Peplos. Um 470. (Delphi, H. der Figur 0,16).

Kapitel 4

OLYMPIA: DER ZEUSTEMPEL

Daß wir nicht dazu verurteilt sind, die frühklassische Zeit nur nach einigen wenigen isolierten Originalwerken oder späteren Kopien zu beurteilen, und daß die Qualität und die vielversprechenden Perspektiven wenigstens einer der peloponnesischen Schulen zu ihrem wohlverdienten Ruhm kommen, verdanken wir der Tatsache, daß uns ein bedeutender Komplex von Marmorstatuen dieser Zeit erhalten geblieben ist. Ohne die Olympiaskulpturen wären wir nicht nur um einige der großartigsten Marmorwerke, die je in Griechenland entstanden sind, ärmer, es würde uns auch der Maßstab fehlen, an dem sich Leistung und Originalität des nachfolgenden klassischen Stils messen lassen. Wir sprechen vom Olympiameister, aber es waren mehr als ein Meister und weit mehr als nur fähige Handwerker, die an der Schaffung und Vollendung dieser Werke beteiligt waren. Wir haben es mit einer Schule oder Werkstatt zu tun, die ein Meister leitete, der Inspiration zu vermitteln, aber auch Kontrolle auszuüben verstand, der dabei aber selbst mit den Möglichkeiten eines Handwerks experimentieren konnte, dessen neue Funktionen bezüglich Erzähl- und Ausdrucksweisen, Darstellung von Lebensnähe und Emotion eben erst in ihren Anfängen wahrgenommen oder freigesetzt worden waren. Es läßt sich keine Sicherheit über den Namen dieses Meisters gewinnen, aber es ist nur schwer glaubhaft, daß er sich nicht unter jenen zahlreichen Namen befinden sollte, die uns von späteren Autoren genannt werden, auch wenn deren Interesse und Wissen sich weniger auf die Schöpfer von Architekturplastik, als auf die selbständiger Weihungen und Monumente erstreckte.

Der Tempel des 6. Jhs. in Olympia beherbergte die Kultstatuen eines stehenden Zeus und einer sitzenden Hera (GPAZ 35,

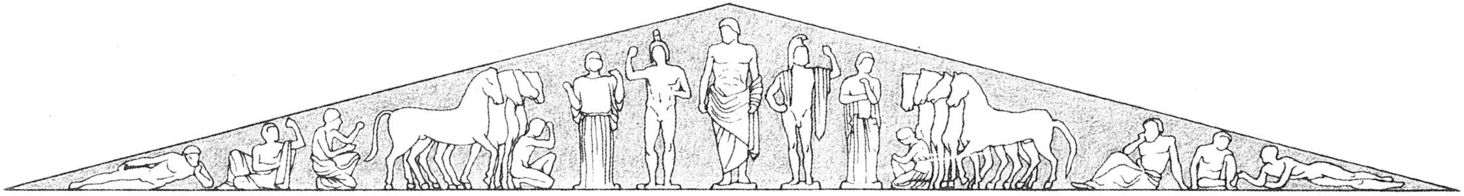

18 Olympia, Zeustempel. Ostgiebel.

Pausanias hielt die Mittelfigur für eine *Statue* des Zeus, aber das ist unwahrscheinlich – er ist unsichtbar gegenwärtig. Ohne Zweifel hielt er ein Blitzbündel (oder ein Szepter). Pausanias erkannte rechts den jungen Pelops (G) und links Oinomaos (I), neben Pelops dessen zukünftige Braut Hippodameia und neben Oinomaos dessen Frau Sterope. Unglücklicherweise aber ist unklar, ob das vom Betrachter oder von Zeus aus gemeint ist. Wir können zumindest Pelops als den jüngeren Mann identifizieren; Sterope ist wahrscheinlich die nachdenklich wirkende Gestalt (F), Hippodameia wohl jene, die sich mit dem Gestus der Braut in das Gewand greift und den gegürteten Peplos trägt (K). Manche Gelehrte vertauschen die Benennung von F und K, und wir müssen zugeben, daß sich in der Sturzlage F näher bei G und I näher bei K gefunden hat. Auch haben Argumente, die sich aus der Rekonstruktion der Gesamtfiguren ergeben haben, neuerdings diese Anordnung nahegelegt. Demnach bleibt die Plazierung von FGIK unsicher – ebenso wie die Identität von F und K. K zeigt zottigere, wirrere Locken. Oinomaos wirkt bekümmert, mit halbgeöffnetem Mund, und Zeus wendet seinen Kopf (Gunst verheißend?) nach seiner rechten Seite. Pausanias sah vor den Pferden des Oinomaos den Myrtilos, aber vielleicht hat ihn da das lange, der Wagenlenkertracht ähnelnde Gewand (in Wirklichkeit ein Peplos) des kauernden Mädchens O in die Irre geführt. Bei ihr mag es sich um die Dienerin der Sterope handeln, aber sie und andere kauernde Figuren – der nackte Jüngling B und der Knabe E (nicht aber der Pferdeknecht C) – werden von den Gelehrten unterschiedlich innerhalb des Giebels angesetzt. Der Knabe E, der unbeteiligt mit seinen Zehen spielt, wurde mit dem Heros Arkas verglichen, wie dieser auf Münzen erscheint. Die Wagen waren entweder aus Bronze gearbeitet oder überhaupt nicht dargestellt. Der alte Mann auf der Seite des Pelops (L) wirkt angespannt (vielleicht ist es Amythaon), jener auf der Seite des Oinomaos (N) dagegen beunruhigt (vielleicht ist es der Seher Iamos). Die liegenden Männer rechts und links werden von Pausanias als Alpheios und Kladeos, die Flüsse am Ort, identifiziert. Er war an die Darstellungen liegender Flußgötter späterer Zeit gewöhnt, mag aber dennoch in diesem Punkt recht haben. Die meisten seiner Identifikationen klingen wie leidlich plausible Schlußfolgerungen, die den unseren wohl kaum überlegen sind. Als späte Zufügungen in Bronze kamen ein Panzer und ein Helm für Pelops hinzu.

19 Olympia, Zeustempel, Westgiebel.

Bei der zentralen Figur muß es sich um Apollon handeln; Reste des Bogens, den er wohl in seiner gesenkten Hand hielt, sind erhalten. Pausanias hielt ihn für Peirithoos, und ein Gelehrter hat kürzlich die Meinung vertreten, es sei ein „junger Zeus“. Pausanias sah neben ihm Theseus mit einer Axt – sicherlich M, da die Axt, die Haltung und das an den Beinen herabgleitende Gewand bei der Darstellung des Theseus auf Vasen des 5. Jhs. wiederbegegnen. Peirithoos muß K sein (Pausanias hielt ihn für Kaineus, aber dieser ist beim Kampf anläßlich der Hochzeit weniger naheliegend); er kämpft in der Haltung der Tyrannenmörder (vgl. Abb. 3). Die Gruppe neben ihm zeigt seine Braut Deidameia und den Kentaur Eurytion. Manche tauschen die Gruppen HIK und MNO gegeneinander aus, doch ist das Ergebnis unbefriedigend. A und V sind Darstellungen alter Frauen, erstere ein Ersatzstück in pentelischem Marmor für ein beschädigtes oder zerstörtes Original, das im Stil zu den übrigen Figuren paßt; auch V hat einen neuen Arm. Bei B und U handelt es sich um verängstigte alte Frauen, ebenfalls aus pentelischem Marmor, die wohl erst im 1. Jh. hinzugekommen sind und deren Stil mit den übrigen Figuren nicht übereinstimmt. Spätere Zufügungen in Bronze sind ein Kranz für Eurytion (I) und das Schwert im Leib von S.

Abb. 73). Der Kern des frühen Zeuskults war sein Altar unter freiem Himmel. Erst im 5. Jh. erhielt der Gott von Olympia seinen eigenen Tempel – einen *oikos*, der Heimstatt für eine neue Kultstatue wurde. Laut Pausanias wurden Tempel und Statue errichtet (d.h. finanziert) aus der Beute, die Elis durch die Zerstörung von Pisa gewonnen hatte. Die Staaten hatten sich vorher um die Kontrolle über Olympia gestritten, aber im Jahr 471 wurde Elis als neue, demokratisch geordnete Stadt gegründet, und dieser Zeitpunkt mag den Sieg über Pisa und die Inangriffnahme des Neubaus bezeichnen. Am Dachfirst des Tempels brachten die Spartaner einen Schild an, um damit ihren Sieg über Argos vom Jahr 457 bei Tanagra zu feiern; das bedeutet, daß der Tempel etwa 456 fertig gewesen sein muß und sich auch seine Marmorskulpturen an Ort und Stelle befanden (auch wenn vielleicht der Schild erst später von einer anderen Stelle an den First transferiert wurde). Eine Generation aber sollte erst noch verstreichen, ehe der Tempel seine Kultstatue erhielt – das Meisterwerk des Phidias aus Gold und Elfenbein.

Tempel und Skulpturen erlebten im Verlauf ihrer Geschichte mehrere Unglücksfälle und Reparaturen: Der früheste Fall ereignete sich noch im 4. Jh. v.Chr.; im Jahr 426 n.Chr. fing der Tempel Feuer und im darauffolgenden Jahrhundert wurde er durch ein Erdbeben niedergelegt; dann bedeckte ihn wie den ganzen übrigen Bezirk eine 5 m hohe Schicht Schwemmsand. Manche Figuren lagen noch dort, wo sie hingestürzt waren, andere wurden in die Mauern eines byzantinischen Dorfes verbaut. Es grenzt an ein Wunder, daß so viel erhalten geblieben ist und durch die deutschen Ausgrabungen im letzten Jahrhundert freigelegt werden konnte.

Pausanias nennt den Architekten des Tempels – einen Einheimischen namens Libon – und beschreibt, eher könnte man sagen: bespricht einige seiner Skulpturen. Die Eckakrotere waren Kessel, das Mittelakroter eine Nike, alle vergoldet. Durch die Basisinschrift der berühmten Nike, die Paionios von Mende kurz nach 424 geschaffen hatte [*139*], erfahren wir, daß für die Akrotere ein Wettbewerb ausgeschrieben worden war; Paionios gewann ihn, und wir können uns auf Grund seiner erhaltenen Nike eine Vorstellung von der Tempelnike machen. Nach dieser Datierung aber scheint es sich bei den Akroteren ebenso wie bei der Kultstatue des Phidias um spätere Zutaten zu handeln.

Von den Giebeln berichtet Pausanias, daß der vordere (östliche) die Vorbereitungen für das Wagenrennen zwischen Pelops und Oinomaos zeige [*18, 20*] – worauf wir vielleicht nicht so leicht gekommen wären –, und er benennt mehrere Figuren. Den westlichen Giebel mit dem Kampf der Lapithen und Kentauren hätten wir auch ohne ihn identifizieren können. Darüber hinaus aber weist er den Ostgiebel dem Paionios von Mende zu, was nicht zutreffen kann und vielleicht auf eine Fehlinterpretation der Basisinschrift der Paioniosnike zurückzuführen ist; seine Zuweisung des Westgiebels an Alkamenes kann sich, wenn sie richtig ist, kaum auf jenen Alkamenes beziehen, den wir als Phidiasschüler kennen. Wahrscheinlich irrt er hier zum zweitenmal. Möglich wäre allerdings auch, daß die beiden Künstler sich in die Anfertigung der Akrotere, nicht aber der Giebel teilten.

Die Pelopssage begreift das Thema eines Pferderennens am Ort ein und ist deswegen für Olympia besonders geeignet; überdies verkörpert es einen Sieg über Pisa (das von Oinomaos beherrscht wurde), und das war ja auch der Anlaß für den Tempelbau gewesen. In der geläufigen Sagenversion gewinnt Pelops dadurch, daß er Myrtilos, den Wagenlenker des Oinomaos, besticht und ihn veranlaßt, die eisernen Pflöcke in den Achsen seines Wagens durch solche aus Wachs zu ersetzen. Im Anschluß daran tötet Pelops den Myrtilos, der ihn und sein Haus verflucht – jenes dem Untergang geweihte Geschlecht des Thyestes, Atreus, Agamemnon und Orestes, das die Phantasie der athenischen Dramatiker des 5. Jhs. so sehr beschäftigte. Pindars abgemilderte Version (von 476, also älter als der Tempel) läßt Pelops mit Hilfe von göttlichen Pferden gewinnen, die ihm Poseidon schenkte, aber wenn das auch etwas sportlicher wirkt, so fehlt doch die tragische Drohung durch die gerechte Strafe des Zeus, die auf jede Übeltat folgt. Statt dessen haben wir eine Kombination aus einer dem Ort angemessenen Erzählung und einer moralischen Botschaft von der göttlichen Autorität, und der gewählte Augenblick erinnert sowohl an den vor dem Rennen geleisteten Eid wie an das gebrochene Versprechen.

Der Westgiebel zeigt eine bewegte Herausforderung und Niederlage der Hybris, göttlichen und heroischen Widerstand gegen tierische Verhaltensweise. Pausanias hielt die Mittelfigur für Peirithoos, dessen Hochzeit von den Kentauren gestört wurde, aber sie muß Apollon darstellen, den Sohn des Zeus und Garanten für Recht und Ordnung. Die Geschichte spielt in Thessalien und wäre anderswo nicht vorstellbar, wenn auch Arkadien gleichfalls Land der Kentauren ist. Das Thema ist im fünften Jahrhundert oft behandelt worden und dient offenbar häufig gewissermaßen als Kommentar zu den Siegen der Griechen über die Barbaren oder über barbarisch sich verhaltende Mitgriechen, hier aber kann es kaum diesen Sinn haben. Nach wie vor gibt es Zweifel über Plazierung und Benennung einiger Figuren in beiden Giebeln – eine kurze Erörterung dazu findet sich in den Bildunterschriften.

Der sonstige Skulpturenschmuck des Tempels besteht aus zwölf Metopen [*22–3*], von denen sich je sechs über den beiden Cellafronten befinden, während die äußeren Metopen rings um den Tempel unverziert geblieben sind. Sie stellen die Taten des Herakles dar; sie sind alle bis auf eine von Pausanias erwähnt und lassen sich identifizieren, auch wenn von manchen nur kümmerliche Bruchstücke erhalten sind. Herakles, Sohn des Zeus und Begründer der Spiele, bedarf an diesem Ort keiner Erklärung, und die Metopen hier tragen wohl dazu bei, die Anzahl der in späterer Kunst und Mythologie traditionellen zwölf Taten festzulegen, auch wenn diese nicht immer identisch sind.

Wir gehen nun vom Thema zu Komposition und Stil über. Die Giebelfiguren haben etwa anderthalbfache Lebensgröße und die Götter in der Mitte waren ungefähr 3,15 m hoch. Sie sind rundplastisch gearbeitet und mit Dübeln an der Rückwand des Giebels befestigt, aber bei den meisten sind große Teile der Rückseite unvollendet geblieben und bei manchen ist diese teilweise ausgehöhlt, um so das Gewicht zu vermindern. Gelegentlich sind Teile der Figuren, besonders bei den Kentauren, wo sie den Giebelgrund berühren, abgeschnitten, und die Gespannpferde stoßen in leichtem Winkel vom Hintergrund nach vorne vor. Die Tiefe des Giebelbodens beträgt fast einen Meter. Das Material ist Inselmarmor.

Der Ostgiebel [*18*] ist statisch komponiert – nur die Kenntnis des Themas erlaubt uns, die spannungsgeladene Atmosphäre zu realisieren. Es werden vertikale Akzente gesetzt, vor allem in der Mittelgruppe, die ein Viereck über dem mittleren Säulenjoch der Tempelfront bildet und fast Teil der Architektur des Bauwerkes zu sein scheint, aber auch in der symmetrischen Anordnung der übrigen Figuren, die durch die unterschiedlichen Haltungen der knienden und gelagerten Gestalten, sowie der rastenden oder sich wendenden Pferde nur unerheblich und mit feinem Gespür durchbrochen wird. Im Westgiebel [*19*] strömt der Kampf von der Mitte aus zu den Ecken und brandet wieder zurück in der Symmetrie der 2-2-3er-Gruppen, die heftige Aktion in Wellenbewegung vorantragen, wobei trotz der Abgeschlossenheit der Einzelgruppen dennoch irgendwie eine fortlaufende Handlung entsteht. Hier ist die Herausforderung der Tiefenerstreckung noch unmittelbarer spürbar, während sich im Osten nur die Pferdegespanne wohlgeordnet schräg im flachen Giebelfeld entwickelten. In ganz natürlicher Weise werden die Figuren der Kampfgruppen vom Vordergrund nach rückwärts immer kleiner, so als handele es sich um einen Kampf auf einem Bergpfad, und die Körper der Mädchen werden auf eine solche Art gepackt oder quer über die Tierleiber ihrer Angreifer gerissen [*21.4,7*], daß hier der erste (und fast auch schon der letzte) griechische Giebel entsteht, in dem allein auf Grund bildhauerischen und kompositorischen Könnens mit Erfolg die wenig günstige Form des Bildfeldes überspielt wird. Bei diesem Versuch wird auf die Hinterteile mancher Kentauren verzichtet (D, G, P), und das Versäumnis des Bildhauers, das linke Bein des Jünglings Q [*21.6*] sinnvoll einzusetzen, legt überraschenderweise die Vermutung nahe, daß es kein einigermaßen detailliertes plastisches Modell gegeben hat, an dem er sich hätte orientieren können.

In den Metopen [*22–3*] zeigt sich eine Souveränität verschiedenartiger Kompositionsvarianten innerhalb des etwa quadratischen Bildfeldes, die auch die Fähigkeiten eines so hervorragenden Entwerfers wie des Künstlers vom Athener-Schatzhaus in Delphi (GPAZ Abb. 213) bei weitem übertrifft. Selbst dort, wo die Handlung auf eine Ecke hinzielt oder aus einer Ecke heraus sich entwickelt (11, 12), scheint sie vollständig wiedergegeben zu sein und durch die stehenden Figuren fest verankert zu werden. Die horizontalen Elemente in 1 (der Arm der Athena und sicherlich auch der des Hermes, der Oberschenkel des Herakles, der Löwe) verstärken den hier vorherrschenden Eindruck der Ruhe, ja, fast der Niedergeschlagenheit. In 3 begegnet ein vergleichbarer vertikaler bzw. schräger Aktionsrhythmus, kraftvolle Kreuzkomposition in 4 (x-förmig) und 8 (+-förmig) und in 5 ein pyramidaler Aufbau. Die einzige Lockerung des starren Schemas des Weltenträgers in 10 erfolgt im Interesse der Erzählung – die helfende Hand der Athena, das lässige Auftreten des Atlas.

1 und 3 stellen neue Interpretationsweisen der Sage dar, ebenso wie 12, für die es zumindest kein Vorbild gab. Athena ist viermal zu sehen, und zwar symmetrisch verteilt innerhalb der Gesamtserie – in 1 und 3, sowie in 10 und 12: immer mit Speer bewaffnet, aber in 1 als Mädchen, in 3 als junge Frau, schon würdiger in ihrer Ägis, aber immer noch barhäuptig, in 10 als reife, fast mütterliche Gestalt, und in 12 als die Kriegsgöttin. Und in 1 fängt der Künstler die Stimmung bei der ersten Tat jener furchtbaren Serie von Aufgaben ein, die den jungen, noch bartlosen Helden völlig erschöpft hat. Hermes ist bei dieser Antrittstat anwesend, und nochmals, als Mittelsmann zwischen Erde und Hölle, beim Heraufbringen des Kerberos auf 11.

Aber so, wie frühere Bildhauer bei der Darstellung des menschlichen Körpers vom archaischen Schema abgewichen waren, so beschreitet nun Olympia bei der Behandlung der Gewänder ganz neue Wege. Allerdings handelt es sich hier um eine Eigenart der Olympiaskulpturen, deren charakteristische Stilmerkmale keine wichtige Rolle in der späteren Entwicklung der Darstellung bekleideter Körper spielen. Sie wird selbst bei den Peplosfiguren

– Sterope, Hippodameia und den Athenagestalten auf den Metopen – deutlich, deren Gewänder dicklich und fast gummiartig wirken, ganz im Gegensatz zur Frische, die bei der Nike von Paros [*27*] das Gewand charakterisiert, oder zu dem Deckencharakter, den die Peploi anderer Figuren aufweisen. Man hat oft dafür die Bezeichnung „teigig“ verwendet – vgl. besonders O im Ostgiebel [*20.5*] und E, R und T im Westgiebel [*21.2,8*] –, und manche Gelehrte haben darin einen Hinweis auf plastisch ausgearbeitete Tonmodelle gesehen, die ihrer Vermutung nach den vollendeten Marmorfiguren zugrunde lägen. Doch das würde ein besseres Verständnis der rundplastischen Figuren samt ihren Gewändern voraussetzen, als hier allenthalben festzustellen ist. Im Grunde wird die Angabe des Gewandes immer noch durch die Linie und nicht durch die Masse bestimmt; immer noch ordnet es sich der Frontalansicht unter (was hier unumgänglich war), und der Künstler muß erst noch lernen, wie es am besten die Rundung der Körperformen vermitteln kann, die sich darunter verbergen. Bei O im Ostgiebel [*20.5*] leisten die Konturen der Figur mehr als die Gewandangaben, wenn es darum geht, die Haltung zu verdeutlichen, und eine Schrägansicht läßt erkennen, daß der Künstler keine klare Vorstellung davon hatte, wie die Falten zwischen den Beinen verlaufen sollten (vgl. auch C im Ostgiebel); Beobachtung am lebenden Objekt oder die plastische Herstellung eines Modells hätten ihn das lehren können. Er hat verstanden, daß eine geschwungene Falte wirkungsvoll ist, weil sie Realismus vermittelt, aber er ordnet die Faltenbögen und -schnörkel in unrealistischen Schemata an – im Westgiebel über dem Knie von T und bei den Mädchen E und R [*21.2,8*].

Immer noch gibt, wie es scheint, die wirkliche Welt nicht voll und ganz das Vorbild für den Künstler ab, und mag er auch bei der Behandlung der menschlichen Anatomie ehrgeizig und bei der Komposition seiner kämpfenden Figuren und Gruppen oft erfolgreich sein, so läßt er doch kein besseres Verständnis des bewegten menschlichen Körpers erkennen als seine Zeitgenossen. Dennoch kann er gerade auf diesem Gebiet sein glänzendes Können unter Beweis stellen. Wir begegnen Ausdrucksnuancen, vor allem in Gesichtern, aber auch in der Wiedergabe mancher Körperteile, die wir in der älteren Plastik gelegentlich als bloße Konvention oder als Zufallsprodukt finden können, die aber das idealisierende Kunstschaffen des klassischen Griechenlands, vor allem in Athen, zu vermeiden suchte. Der Olympiameister hatte nicht nur ein Auge für diese physischen Nuancen, er nahm auch die Herausforderung an, ihre Wiedergabe in Marmor zu versuchen – und dieser Versuch gelang. Zweifellos konnte davon am Bau nur wenig wahrgenommen werden, da der Betrachter viel zu weit entfernt war, um Einzelzüge erkennen zu können; wir können auch feststellen, daß die Arbeitsgruppe des Meisters in anderer Hinsicht bei Details, die nicht deutlich gesehen werden konnten, dieser Tatsache Rechnung trug, indem sie Haarmassen auf den Metopen und bei manchen Giebelfiguren nicht plastisch herausarbeitete, sondern sie einfach durch Malerei wiedergeben ließ. Würde es sich um etwas anderes als gerade Bauplastik handeln, könnten wir vielleicht die einzigartige Qualität der Arbeit dieser Werkstatt noch besser würdigen.

In den Metopen trifft der Meister hervorragend die unterschiedlichen Stimmungen im Ausdruck des Helden – Erschöpfung bei dem jungen Mann auf 1, Stolz auf 3, bedrückte Spannung bei 10, Konzentration und leichtes Unbehagen bei 11, Widerwillen bei 12 – aber auch die verschiedenen Lebensalter sogar bei Athena (einer Unsterblichen, die erwachsen auf die Welt gekommen war!). Im Ostgiebel wirkt Oinomaos ängstlich oder ungeduldig, der alte Seher N ist bekümmert [*20.4*], aber resigniert, während sein Äquivalent L die Fältchen eines stillen Lächelns zeigt [*20.3*]. Im Westgiebel reicht die Variationsbreite der Kentaurengesichter vom würdigen I [*21.4*] bis zum rasenden N, oder zum tierischen P [*21.7*]. Der junge Mann Q hat schwere, einfältige Gesichtszüge und scheint vor Schmerz zusammenzuzucken [*21.6*]. Nur die Götter, Heroen und Frauen wirken verhältnismäßig gelassen. Man beachte das Fortschreiten in der Darstellung vom weichen jungen Fleisch bei E im Ostgiebel [*26.6*] zu dem festen, aber nicht muskulösen bei B, zur Reife der Heroen und des Gottes, und zum wohlerhaltenen mittleren Alter bei dem

Seher N [*20.4*]; oder im Westgiebel die rundlichen, kaum ausgeprägten Formen des heranwachsenden Mädchens R [*21.8*], deren zarter Fuß von der knorrigen Faust des Kentauren gepackt wird.

Wir schreiben, als wäre das alles die Schöpfung oder doch zumindest der Entwurf eines einzigen Mannes. Die Ausführung muß jedoch in den Händen vieler gelegen haben, während der Meister selbst vielleicht bei einigen wichtigen Köpfen oder anderen Partien die letzte Hand angelegt hat. Es sind kleinere Unterschiede in der Wiedergabe der langgezogenen und gekräuselten Locken in Haar und Bärten festzustellen, ebenso wie bei der Bildung der mit schweren Lidern versehenen oder der eher zurückhaltend modellierten Augen und Gesichter, die auf verschiedene Bildhauerhände hinweisen könnten. Man vergleiche die Athena auf Metope 3 mit jenen auf 1, 10 und 12 – Metopen, die auch wegen der Qualität der Herakleskopfe auffallen. Es ist kaum denkbar, daß der Entwurf des Meisters nicht über das Stadium der Zeichnung hinaus bis zum Modell – vielleicht sogar bis zu Modellen in natürlicher Größe – vorgedrungen sei – trotz der ungeschickten Partie, die wir bei Q im Westgiebel sahen. Nicht abgearbeitete Bossen, die auf manchen Köpfen und auch sonst stehen geblieben sind [*20.3, 21.6* – Köpfe von L und Q], sehen sehr nach Anhaltspunkten für irgendeine Art von Punktierverfahren aus. Vergleichbare Bossen hat man an manchen der etwas früher gearbeiteten rundplastischen Skulpturen aus Persepolis beobachtet, wo, wie wir wissen, in Griechenland ausgebildete Steinmetzen gearbeitet haben. Die klassischen griechischen Künstler bemühten sich darum, in welchem Medium auch immer sie arbeiteten, alle Spuren ihrer Arbeitstechnik zu verbergen und zu löschen, und es sieht so aus, als habe die Werkstatt von Olympia, die hier die einzige Ausnahme bildet, uns vielleicht die entscheidenden Aufschlüsse hinterlassen. Und wenn ein Punktierverfahren angewendet wurde, so haben wir mit Modellen aus Holz, Ton, oder aus beidem zu rechnen, die bis weit ins Detail ausgearbeitet gewesen sein müssen.

20.1 Olympia, Ostgiebel: F, G, H, I, K

20.2 Olympia, Ostgiebel: I

20.3 Olympia, Ostgiebel: L

20.4 Olympia, Ostgiebel: N (s. Farbtaf. 3)

20.5 Olympia, Ostgiebel: O

20.6 Olympia, Ostgiebel: E

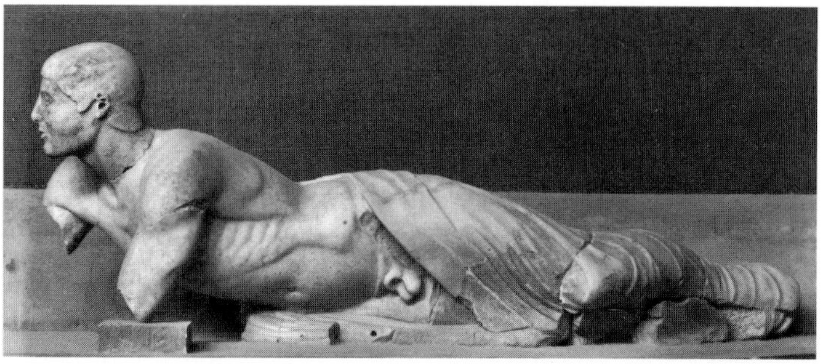

20.7 Olympia, Ostgiebel: P

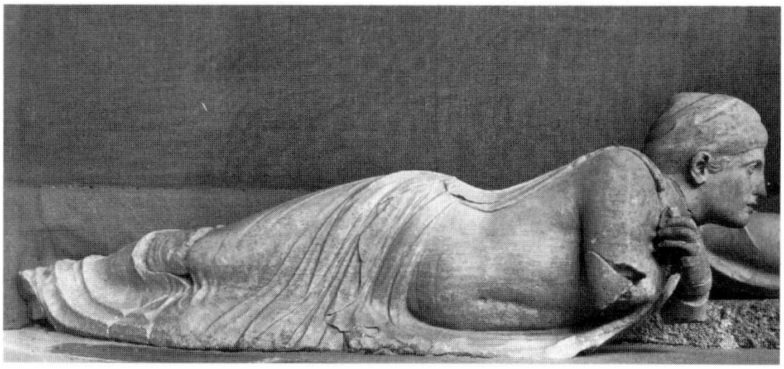

21.1 Olympia, Westgiebel: A

21.2 Olympia, Westgiebel: E

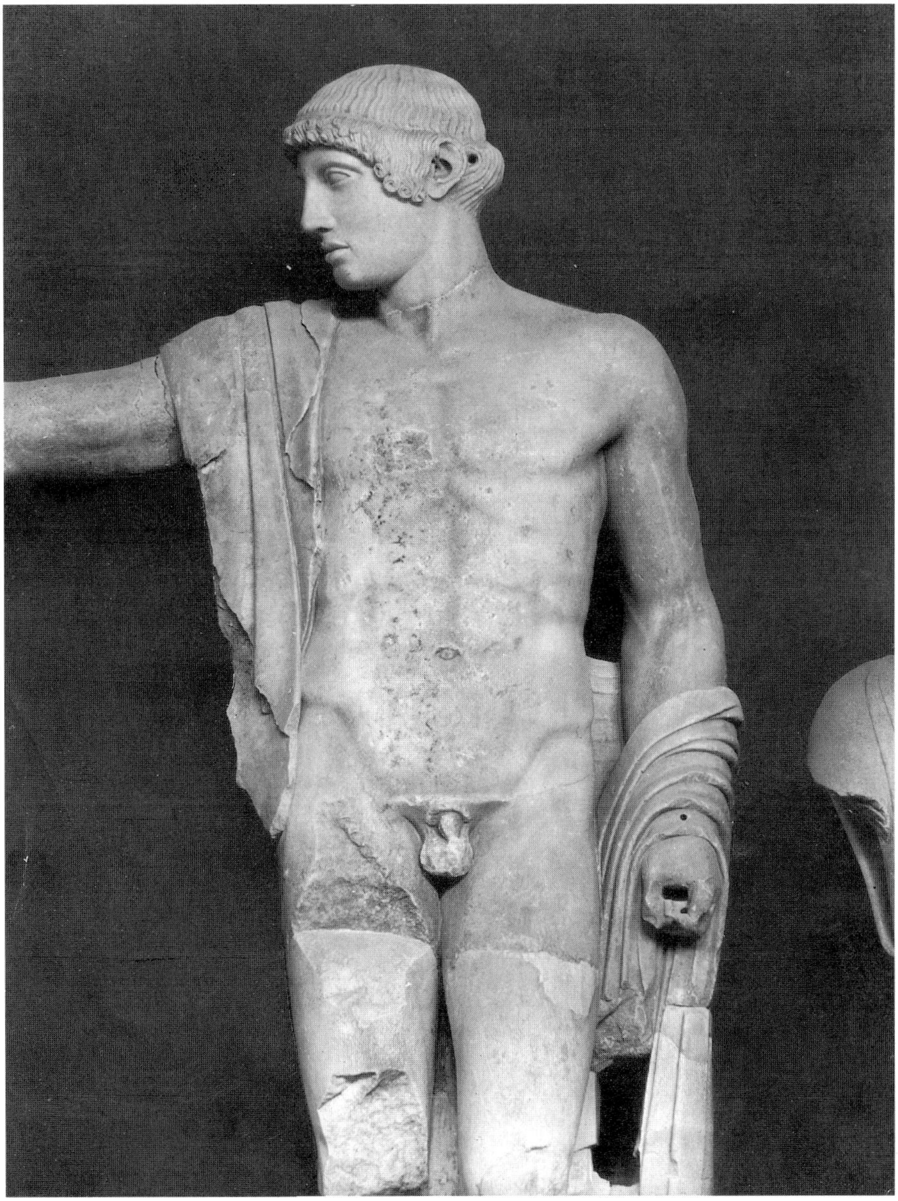

21.3 Olympia, Westgiebel: L

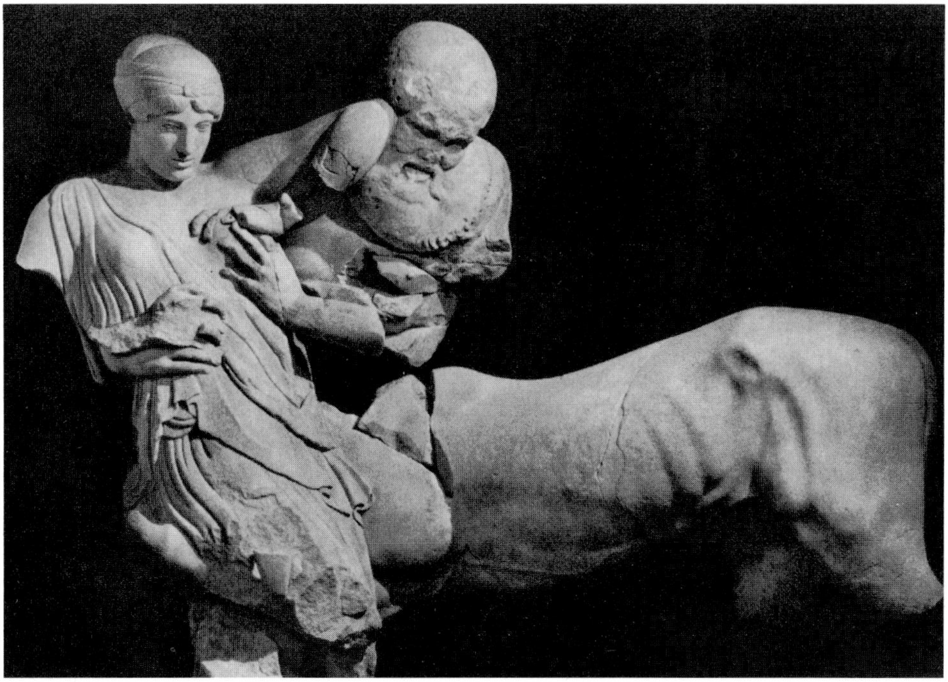

21.4 Olympia, Westgiebel: H, I

21.5 Olympia, Westgiebel: M (Theseus)

21.6 Olympia, Westgiebel: Q

21.7 Olympia, Westgiebel: P, Q

21.8 (unten) Olympia, Westgiebel: R, S, T

22 Olympia, Zeustempel: Metopen

22 Olympia, Zeustempel: Metopen

Westen: 1. Der junge Herakles (im folgenden H) rastet nach der Erlegung des Nemeischen Löwen aus; Athena als Helferin vor ihm, Hermes hinter ihm. Das Darstellungsschema ist neuartig und begegnet nur auf Gemmen wieder; anders das traditionelle Schema, vgl. GPAZ Abb. 213.15 und hier Abb. 111. Ost 1. Der größte Teil des Löwen befindet sich in Paris. 2. H. tötet die Lernäische Hydra – mittlerweile ein seltenes Darstellungsthema (RVAAZ Abb. 198). 3. H. übergibt die toten Stymphalischen Vögel an Athena; sie trägt die Ägis und sitzt auf einem Felsen (= ihre Akropolis?). Wieder handelt es sich um eine neuartige Darstellungsweise, vgl. GPAZ Abb. 95. Die Metope befindet sich mit Ausnahme des Torsos und der Beine des H. in Paris. 4. H. kämpft mit dem Kretischen Stier. Der Oberteil befindet sich mit Ausnahme des Stierkopfes in Paris. 5. H. im Kampf mit der Kerynitischen Hirschkuh. 6. H. tötet eine Amazone. Sein Kopf (einst Metope 5 zugewiesen) befindet sich in Paris.

Osten: 7. H. bringt den Erymanthischen Eber zu Eurystheus, der in einem Pithos Zuflucht gesucht hat. Traditionelles Darstellungsschema, vgl. RVAAZ Abb. 89. Die Köpfe befinden sich in Paris. 8. H. mit einem der Pferde des Diomedes. Die Köpfe befinden sich in Paris. 9. H. kämpft mit dem dreileibigen Geryoneus. Ein Großteil des Geryoneus befindet sich in Paris. 10. H. trägt das Himmelsgewölbe, während Atlas ihm die Äpfel der Hesperiden bringt. Athena hilft H., vielleicht um die Last wieder zurück auf die Schultern des Atlas zu befördern. Vgl. SVA Abb. 252. 11. H. bringt Kerberos aus dem Hades herauf; Hermes steht dabei. 12. Athena zeigt H., wo er die Wände des Augiasstalles aufbrechen soll, um den Fluß hindurchzuleiten und so den Stall zu reinigen. Es handelt sich um die erste Darstellung dieses Lokalmythos in der bildenden Kunst. Würde man 4 und 6 gegen 7 und 12 austauschen, so wären alle peloponnesischen Abenteuer auf der Westseite versammelt – man hat deshalb eine solche Anordnung als die ursprüngliche vorgeschlagen; in der bildenden Kunst tritt aber die Abfolge des Zyklus nach geographischen Gesichtspunkten erst sehr spät auf. (Olympia und Paris. H. der Metopen 1,60).

23.1 Olympia, Metope 1

23.2 Olympia, Metope 3

23.3 Olympia, Metope 3

23.4 Olympia, Metope 4

23.5 Olympia, Metope 10

23.6 Olympia, Metope 12

Kapitel 5

FRÜHKLASSISCHE MÄNNER UND FRAUEN: II

In diesem Kapitel geht es um Statuen, die nicht in der gewohnten Haltung als Athleten, Apollongestalten oder Peplophoren (s. Kapitel 3) auftreten; zu ihnen gehören einige wichtige Originalwerke aus Bronze, von denen manche erst kürzlich entdeckt wurden und die unsere Einsicht in diesen Zeitabschnitt und den Weg hin zur entwickelten Klassik beträchtlich vertieft haben. Wir wollen jedoch mit den Damen beginnen, und zwar mit einem sehr instruktiven Werk, das in ganz unerwarteter Weise die Problematik von zeitgenössischen Repliken und späteren Kopien zur Sprache bringt.

In den Ruinen der persischen Hauptstadt Persepolis wurde die Statue einer sitzenden Frau aus griechischem Marmor ausgegraben [*24*]. Der Typus war bereits durch Kopien aus römischer Zeit bekannt [*25*, *26*], doch konnten diese Nachbildungen auf keine Weise – auch nicht über Abgüsse – nach der Statue in Persepolis gearbeitet worden sein, da diese ja im Zuge der Zerstörung der Stadt durch Alexander unter die Erde gekommen war – also lange bevor die Ausübung solcher Kopistentätigkeit begann. Das Original und die Kopien sind, abgesehen von ein paar geringfügigen Abweichungen in Gewand und Sitz, einander sehr ähnlich, und wir können die Figur mit einiger Zuversicht als Penelope identifizieren, die geduldig auf die Rückkehr des Odysseus wartet, da sie in anderen Werken unter dieser Bezeichnung auftritt. Demnach muß es (mindestens) zwei Penelopen gegeben haben, von denen die eine nach Persepolis gelangte, während die andere später den Kopisten als Vorbild diente. Eine solche Vervielfachung von Marmorstatuen kommt uns unerwartet und war vermutlich auch etwas Ungewöhnliches. Die näheren Umstände dieses Falles bleiben uns verborgen – gab es vielleicht eine ganze Serie von solchen Statuen, die möglicherweise an verschiedenen Orten des athenischen Herrschaftsbereiches aufgestellt worden waren und von denen eine als Geschenk oder durch Raub nach Persepolis gelangte? Die persischen Großkönige gaben Statuen in Auftrag – war das vielleicht ein solches bestelltes Stück? Bei beiden Erklärungen bleibt die Themenwahl, gelinde gesagt, merkwürdig. War vielleicht die Statue, die den Kopisten als Modell diente, der Ersatz für eine von den Persern geraubte Statue – aber wieso war sie dann dem verlorenen Vorbild so ähnlich?

Frauenstatuen bieten in diesen Jahren kein wichtiges Feld für Innovationen, aber die großartige Marmornike (Siegesgöttin) aus Paros [*27*] ist deswegen von Bedeutung, weil ihre schwebende Haltung jene der später in diesem Jahrhundert entstandenen Niken vorwegnimmt. Sie tritt als Peplophoros auf, doch zeigt ihr Gewand eine Darstellungsweise, die sich von jener ihrer weniger beweglichen Verwandten stark unterscheidet – in den durcheinandergeratenen Falten des Überfalls und den archaisch verschränkten Falten, die leicht in den gegen die Beine gepreßten Stoff eingeschnitten sind.

Die berühmte Sphinx aus Ägina [*28*] ist zwar nicht ganz und gar eine Dame, dafür aber stellt sie die letzte Vertreterin einer langen Reihe von Weih- und Grabstatuen dieses Mischwesens dar (wie GPAZ Abb. 100, 224–8). Hier verrät nur das widerspenstige Haar, daß es sich um ein nicht vollständig menschliches Wesen handelt.

Unsere letzten Damen sind Athenastatuen. Die kleine Bronze-Athena, die ihre Eule fliegen läßt [*29*], gemahnt stärker als die meisten kleinen Bronzepeplophoren an eine Monumentalstatue; da die Haltung bei späteren Kopien wiederbegegnet, mag sie in der Tat durch ein zeitgenössisches großplastisches Werk angeregt sein. Der de-Vogüé-Kopf stammt vielleicht von einem Akrolith [*30*]. Er zeigt mit seinen eingesetzten Bronzewimpern ein ungewöhnliches technisches Detail, doch ist der endgültige Beweis für seinen ursprünglichen Verwendungszweck nicht zu erbringen, da die vorauszusetzende originale Herrichtung des Halsstumpfes abgebrochen ist.

Unter den männlichen Statuen ist der sogenannte Leonidas aus Sparta [*31*] die ungewöhnlichste und früheste; in der Anlage noch spätarchaisch, erinnert er an die ausfallenden Krieger der Äginagiebel (GPAZ Abb. 206). Es ist nicht klar, ob er eine Einzelfigur war oder zu einer Gruppe gehörte, da sich auch Stücke von Marmorschilden von ähnlichen, aber offenbar früheren Figuren (GPAZ Abb. 124) auf der Akropolis von Sparta fanden. Merkwürdig ist, daß diese Figuren alle ganz und gar aus Marmor bestanden – einschließlich ihrer Ausrüstung, von der man sinnvollerweise erwartet hätte, daß sie zumindest teilweise aus Metall ausgeführt und angefügt gewesen wäre. Der Fundort hat an den Namen des Helden der Schlacht an den Thermopylen denken lassen, für den ein öffentliches Erinnerungsmal naheliegt. In der Tat kann die Statue eine solche Funktion gehabt haben, mag diese Identifikation zutreffen oder nicht. Die drohende Haltung wird durch das eisige Lächeln noch verstärkt.

Einem weiteren, aus anderem Material hergestellten frühklassischen Krieger begegnen wir in einem Tonkopf von der athenischen Agora [*32*], dessen aufgemalter Dekor, der bis zu einem gewissen Grad an rotfigurige Malerei erinnert, uns einen Anhaltspunkt dafür gibt, wie vergleichbare Marmorstatuen bemalt waren. In ganz ähnlicher Weise zeigen uns größere Tongruppen, wie vollendete Werke aussahen, die ganz so aufgebaut wurden wie die Modelle für Bronzestatuen (ebenfalls aus Ton, mit Füllmaterial und einer Oberfläche aus hartem Wachs). In Olympia fanden sich gute Beispiele aus spätarchaischer Zeit (GPAZ Abb. 186), und derselbe Ort liefert auch Teile aus frühklassischer Zeit: Fragmente einer Kampfgruppe (dreiviertel Lebensgröße) und einen bemerkenswerten Zeus mit Ganymed (halbe Lebensgröße), der noch viele archaische Reminiszenzen in der Behandlung der Köpfe und des Haares zeigt [*33*]. Diese Tradition von Großplastik in Ton findet in klassischer Zeit keine irgendwie erwähnenswerte Nachfolge.

Der Wagenlenker von Delphi [*34*] war die erste der Großbronzen aus dem fünften Jahrhundert, die man ausgegraben hat; sie wurde unterhalb der heiligen Straße in Delphi gefunden. Sie ist die berühmteste geblieben, ist aber keineswegs die beste. Wenn wir sie isoliert betrachten – so wie das für eine Kultstatue angemessen ist –, fassen wir nur einen Teil eines Werkes ins Auge, das ursprünglich eine Gruppe dargestellt hat – ein Mann in seinem Wagen mit einem Pferdegespann und einem Pferdeknecht an deren Köpfen. Geweiht hatte sie Polyzalos aus Gela – die sizilischen Tyrannen führten dem Mutterland durch ihre Siege bei den Wettspielen und ihre Weihegaben ihren Reichtum vor (Wagenrennen war ein teurer Sport). Die flachen Locken und der eiförmige Kopf sind ihrer Form nach noch archaisch – man vergleiche den Harmodios [*6*]. Der Kopf ist leicht nach rechts – zum Betrachter – gewendet, und die linke Gesichtshälfte ist zur optischen Korrektur dementsprechend breiter modelliert. Die leichte Drehung verleiht der Figur mehr Leben, ohne daß deswegen der säulenhafte Charakter des langen Gewandes beeinträchtigt würde, dessen unterer Teil zusammen mit den fein gearbeiteten Füßen den Blicken des Betrachters verborgen blieben.

Der ausschreitende Bronzegott [*35*], der 1926 (ein Arm) und 1928 aus einem antiken Schiffswrack vor dem Kap Artemision geborgen wurde, stellt wohl eher einen Donnerkeil schleudernden Zeus als einen Poseidon mit Dreizack dar; das ergibt sich erstens daraus, daß Zeus in dieser Haltung sehr häufig auftritt, und daß zweitens ein Dreizack als Wurfwaffe ungewöhnlich wäre und in der Ergänzung die Komposition der Figur verdirbt. Die Debatte ist allerdings noch im Gange. Die vollständige Nacktheit und die realistische Haltung flößen Ehrfurcht ein. Der dramatisch geführte Kontur zeigt, daß die Hauptansicht frontal auf die Brust ausgerichtet war, aber der Kopf konnte keine Rücksicht auf eine schräg-seitliche Ansicht nehmen, und deshalb ist auch die auf den Kopf ausgerichtete Ansicht nicht weniger wichtig. Aber selbst der Realismus definiert sich nur im Geistigen – die Glieder sind überlängt (besonders der vorgestreckte Arm) und die Fußhaltung – einer frontal, der andere im Profil – folgt der spätarchaischen

Formel, wie sie in der Zeichenkunst begegnet (RVAAZ Abb. 34, 48, 115, 145), in der Plastik aber bei freistehenden Figuren vor den Tyrannenmördern [*3*] nie angewendet wurde und hinsichtlich anatomischer Genauigkeit auch nicht vollständig befriedigt. Es gelingt, in der Figur gewaltige Drohgebärde und Statik in perfektem Gleichgewicht zu vereinen. Die radial vom Wirbel ausgehenden Locken sind in dicken, einander gelegentlich überschneidenden Strängen angeordnet. Diesen Zug, den Zopf als Haarband und die locker fallenden Stirnlocken finden wir ganz ähnlich bei einer Kopie einer frühklassischen Statue – des Omphalos-Apollon [*66*] – wieder, während der Bart realistischer wiedergegeben ist als bei den olympischen Marmorwerken und, natürlich, beim Aristogeiton [*4*]. „Olympier" ist eine abgegriffene, aber doch treffende Bezeichnung für den Zeus, und mit ihm sind wir der voll entwickelten Klassik und der Jahrhundertmitte schon recht nahe gekommen.

Eine kleinere Bronzestatue aus Böotien stellt sicherlich Poseidon dar, denn ihm gilt ihre Weihinschrift [*36*]. Die Haltung ist weniger aggressiv als die der Figur vom Kap Artemision, aber sie ist dennoch nicht statisch; der Gott macht einen Schritt nach vorn, vielleicht um zu grüßen, vielleicht aber auch um zu drohen.

Die bedeutendsten der neuen Bronzestatuen führen uns an die Schwelle zum hochklassischen Stil. Sie stammen aus Schiffswracks vor den Küsten Süditaliens. Wahrscheinlich waren sie von Griechenland nach Rom unterwegs, auch wenn es von dem 1969 bei Porticello gefundenen Kopf heißt, er stamme aus einem Wrack klassischer Zeit. Seine schütteren Locken und die eindrucksvolle Masse von Bart und Schnurrbart könnten auf ein Porträt schließen lassen, doch sind die Gesichtszüge sonst nicht besonders individuell gestaltet; es handelt sich eher um die Charakterisierung eines würdigen Bürgers in entsprechend fortgeschrittenem Alter, wie sie für ein Ehrenmal angemessen sein mochte – jedenfalls nicht um einen Gott. Die Entstehungszeit ist nicht leicht zu bestimmen, aber die Bart- und Haarlocken wirken eher wie reiche Varianten der Haarwiedergabe beim Aristogeiton oder

Zeus, als daß sie Arbeiten des späteren 5. Jhs. ähnelten, aus dem vergleichbare Großbronzen fehlen.

Die beiden 1972 gefundenen Figuren aus Riace [*38–9*] stellen die aufregendste Entdeckung auf dem Gebiet der Plastik seit dem Zeus von Kap Artemision dar. Ich ziehe es vor, sie hier statt in einem späteren Kapitel zu besprechen, weil sie zumindest ihrer Haltung nach immer noch streng sind, auch wenn sie in der Behandlung der Anatomie über alles hinausgehen, was wir bisher gesehen haben. Es kann nicht überraschen, wenn sich eine lebhafte Diskussion entwickelt hat über ihre Datierung (Vorschläge reichen bis in frührömische Zeit), ihr zeitliches Verhältnis zueinander (es wurde ein zeitlicher Abstand bis zu fünfzig Jahren postuliert), ihre Identität, Heimat und Bildhauer. Sie weisen genug Ähnlichkeiten in Technik, Anatomie und Standmotiv auf, um gleiche Entstehungszeit und Herkunft vielleicht aus ein und derselben Gruppe glaubhaft zu machen. Sie könnten leicht aus der gleichen Werkstatt stammen, auch wenn sie dort von verschiedenen Künstlern geschaffen wurden. Der Hauptunterschied zwischen ihnen liegt in dem von ihren Schöpfern angestrebten Ausdruck: das arrogante Selbstbewußtsein einer jungen Führerpersönlichkeit und die reife Kraft und Gelassenheit – mag sie auch bereits ein wenig schlaff und müde sein – eines älteren Kriegers. Die Ausdruckskraft nicht nur der Köpfe, sondern des ganzen Körpergefüges geht weit über Olympia hinaus, weit aber auch über alles, was uns in Marmor aus späteren Jahren dieses Jahrhunderts erhalten geblieben ist.

Die Wahrscheinlichkeit, unter den wenigen aus Wracks geborgenen Figuren solche zu finden, die sich mit jenen identifizieren ließen, die Pausanias für erwähnenswert hielt, ist natürlich überaus gering, aber eine Theorie über Ursprung und Schöpfer der Riace-Statuen, die zunehmend Anklang findet, verdient erwähnt zu werden. In Delphi sah Pausanias eine Gruppe des Phidias, die den Sieg bei Marathon feierte und Athena, Apollon, Miltiades (den Sieger von Marathon, der bald darauf starb) und athenische Heroen umfaßte. Man hat vorgeschlagen, die Riace-Bronzen könnten aus dieser Gruppe stammen. Ähnlichkeiten mit Kopien

24 Penelope, aus Persepolis. Sie trägt einen Chiton, ein Himation, das sie um die Beine gewickelt hat, und einen Schleier auf dem Kopf. Um 460. (Teheran. H. 0,85).

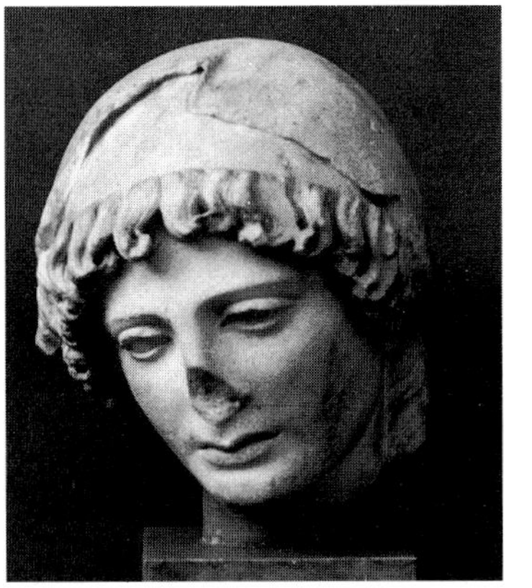

26 Kopf der Penelope. Kopie nach einem Original aus der Zeit um 460, s. Abb. 24–25. (Kopenhagen, Ny Carlsberg 1944).

25 Penelope. Kopie nach einem Original aus der Zeit um 460, s. Abb. 24. Sie ist mit einem nichtzugehörigen Kopf ergänzt (vgl. Abb. 26); das Kinn müßte auf die rechte Hand aufgestützt sein. (Vatikan 754. H. 1,15).

27 (links) Nike, aus Paros. Sie steht auf Zehenspitzen und neigt sich nach vorne, als ob sie schweben oder landen würde. Auf der Rückseite Einlassungen für Flügel. Um 470–60. (Paros. H. 1,38).

28 Sphinx, aus Ägina. Ein Votivmonument; der Kopf ist leicht gewendet, nicht frontal (wie bei früheren Weihemonumenten) oder zur Seite gedreht (wie bei früheren Grabsphingen). Um 460. (Ägina. H. 0,96).

29 (links) Bronzestatuette der Athena mit Eule („Elgin-Athena"). Sie hielt die Lanze in der linken Hand, von der rechten erhebt sich die Eule. Sie trägt einen korinthischen Helm und einen gegürteten Peplos mit langem Überfall. Um 460–50. (New York 50.11.1. H. 0,15).

30 Kopf der Athena („de Vogüé-Kopf"), aus Ägina. Möglicherweise ein Akrolith. Bronzene Augenwimpern und Bronzedetails am Helm waren mit Hilfe von Bohrlöchern befestigt. Um 460–50. (Paris 3109. H. von Kinn bis Scheitel 0,20).

31 (links und unten links) „Leonidas", von der Akropolis in Sparta. Die Augen waren eingelegt. Zusätzlich wurde ein Teil des linken Beines gefunden. Um 475. (Athen 3613. H. 0,78).

32 Terrakottakopf eines Kriegers, von der Athener Agora. Er trägt einen thrakischen Helm, auf den in „rotfiguriger" Technik ein Pegasos aufgemalt ist. Vielleicht Teil eines Akroters. Um 460 (Athen, Agora T 3253. H. 0,21).

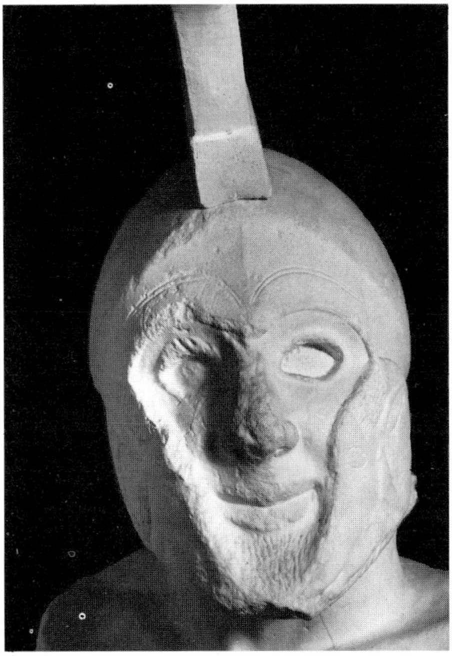

33 Zeus entführt Ganymed, Terrakottagruppe aus Olympia. Zeus hält seinen knorrigen Reisestock, Ganymed einen Hahn (eine Liebesgabe). Die Gruppe steht auf einer merkwürdig geformten Basis, doch handelt es sich offenbar nicht um ein Akroter. Folgende Farben finden Verwendung: blau-schwarz, dunkelrot (Mantel des Zeus), braun (Augenbrauen des Ganymed und Nackenhaare des Zeus), gelblich (die Körper). Die Griechen des 5. Jhs. empfanden die Entführung des Ganymed durch Zeus, der ihn zu seinem Mundschenk machen wollte, keineswegs als ein Thema, das einer Darstellung in einem Heiligtum unwürdig gewesen wäre. Um 470. (Olympia. H. 1,10).

(s. Farbtaf. 2)

34 Der Wagenlenker von Delphi.

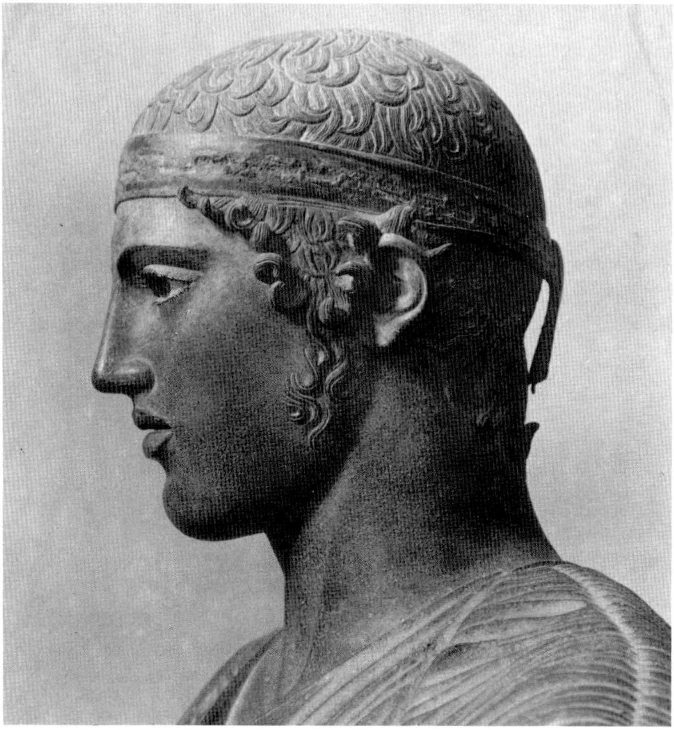

34 Wagenlenker. Bronzestatue aus Delphi. Der lange Chiton war die gewohnte Tracht der Wagenlenker (Wagenrennen waren eine „windige“ Angelegenheit) und die Schnüre an den Schultern verhinderten das Aufblähen des Gewandes. Die Augen waren mit Glas und Steinen eingelegt, das Ornament auf dem Stirnband mit Silber und die Lippen mit Kupfer. Er hielt die Zügel und wahrscheinlich einen Stachelstock. Fragmente des Wagens, der Pferdebeine und eines Schweifes wurden gefunden. Geweiht für einen Sieg im Jahr 478 oder 474. Eine benachbart gefundene Signatur des Sotadas aus Böotien scheint nicht zuzugehören. Auf der Basis steht (in Ergänzung): „Polyzalos, siegreich mit seinen Pferden (Wagen) hat mich geweiht, der Sohn des Deinomenes, dem du Erfolg gewähren mögest, verehrter Apollon“; dabei lautete die erste Zeile einst: „Polyzalos, Herr von Gela, hat (dieses) Denkmal errichtet“, was jedoch gelöscht wurde, wohl auf Grund seines Anspruches auf Gela und der nicht gern gesehenen Tyrannis. (Delphi. H. 1,80).

1. [Μνᾶμα Πολύζαλός με Γ]έλας ἀνέ[θ]εκε[ν] ἀ[ν]άσσ[ον],
[hυιὸς Δεινομένεος, τ]ὸν ἄεξ’, εὐόνυμ’ Ἄπολλ[ον.]

2. [Νικάσας ἵπποισι Π]ολύζαλός μ’ἀνέθηκ[εν],

35 Bronzestatue des Zeus aus dem Meer bei Artemision. Um 460–50. (Athen Br. 15161. H. 2,09, Br. 2,10).

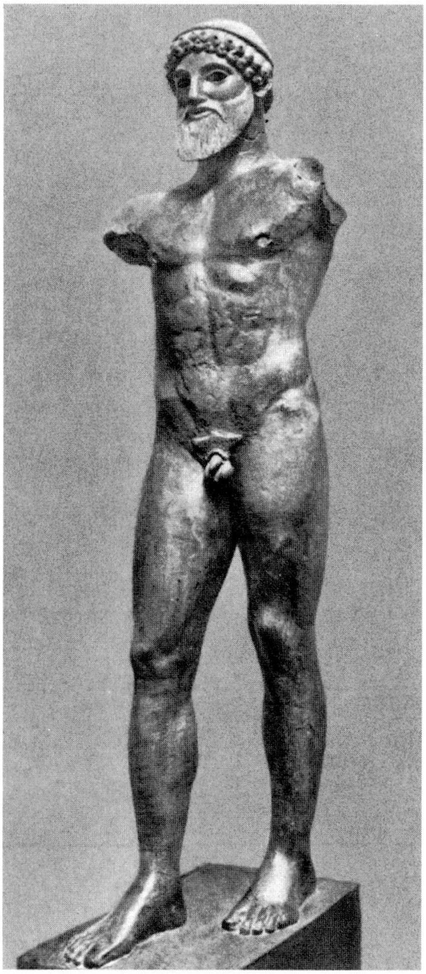

36 Bronzestatue des Poseidon von Kreusis (Böotien). Um 460. (Athen Br. 11761. H. 1,18).

35 Zeus von Artemision

37 Bronzekopf aus Porticello (Straße von Messina). Um 450. (Reggio).

Unten:

38 Krieger (A) aus Riace

39 Krieger (B) aus Riace

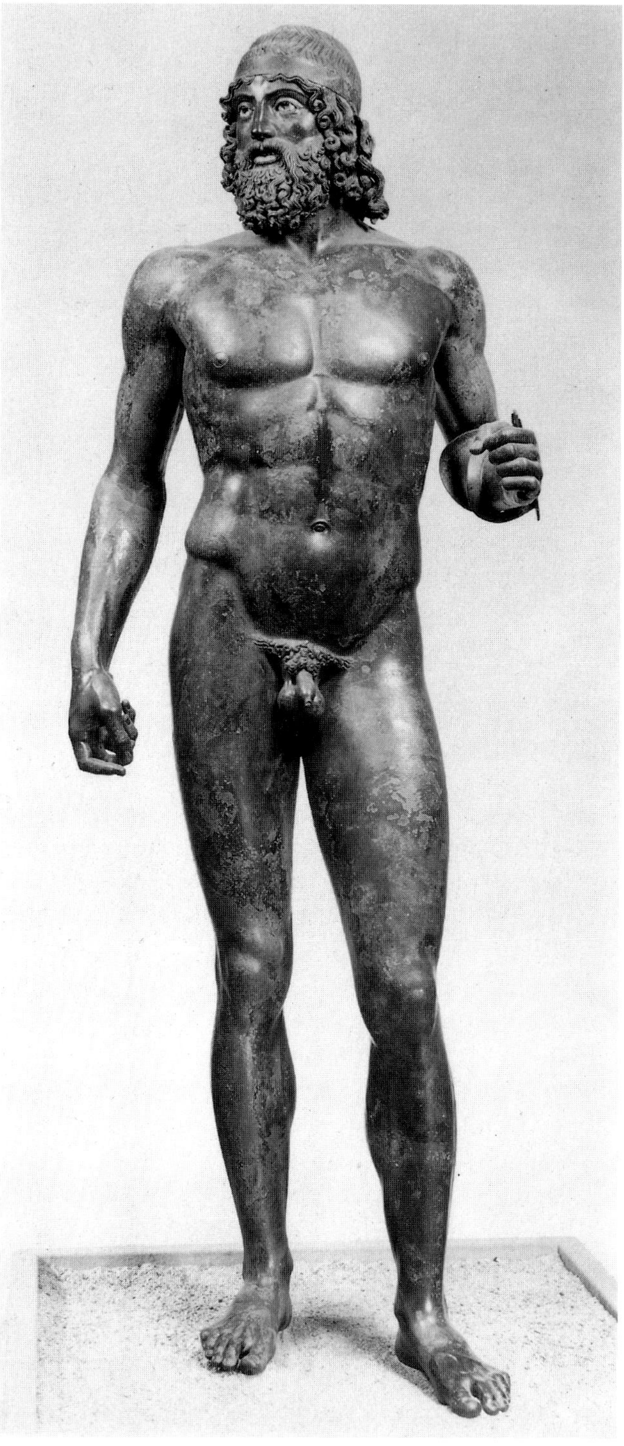

38 Bronzestatue eines Kriegers (A) aus Riace. Er ist mit einem Speer und einem Schild zu ergänzen. Kupferauflagen auf den Lippen und Brustwarzen, Silberauflagen auf den Zähnen; die Augen waren eingelegt. Vielleicht trug er über dem Haarband einen Kranz. Um 460–50. (Reggio). (s. Farbtaf. 4)

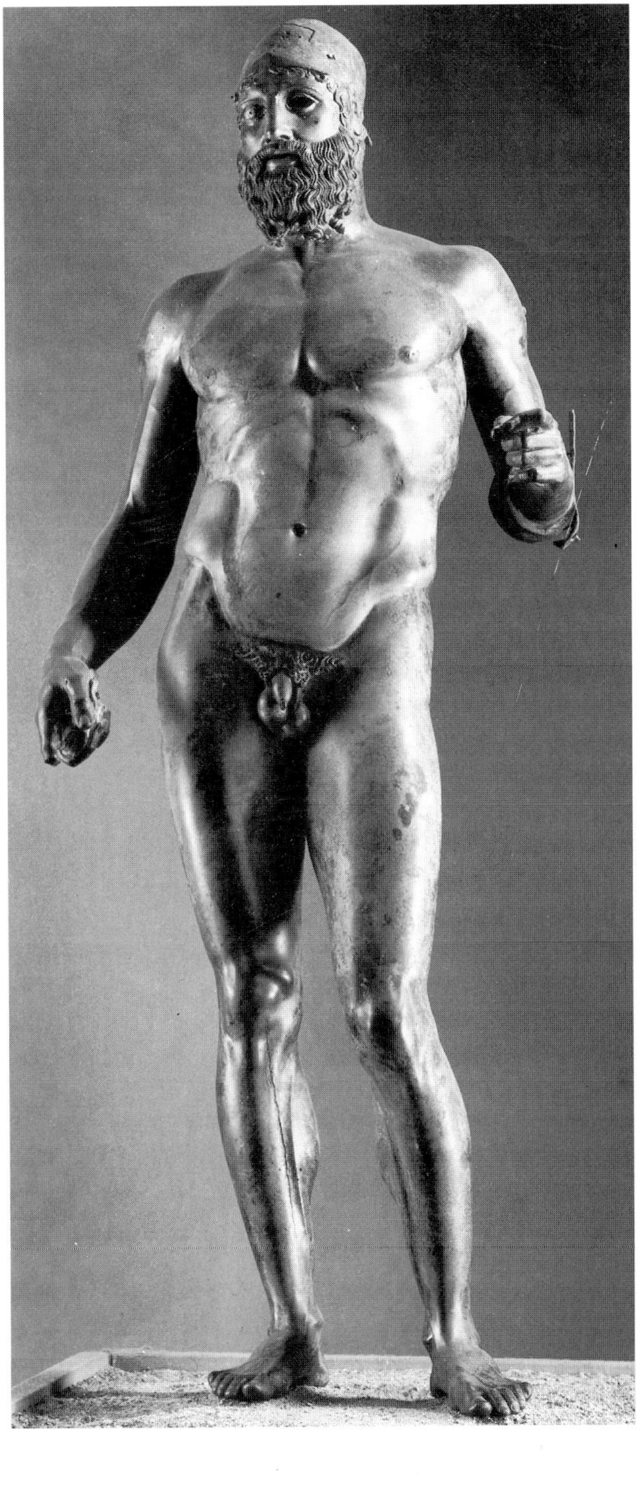

39 Bronzestatue eines Kriegers (B) aus Riace. Er ist mit einem Schwert (?), Schild und Helm zu ergänzen. Kupferauflagen auf den Lippen und Brustwarzen; die Einlage des einen Auges ist erhalten. Der rechte Arm und der linke Vorderarm waren in der Antike ersetzt worden. Um 460–50. (Reggio). (s. Farbtaf. 5)

wie dem Tiber-Apollon, die häufig mit Phidias in Verbindung gebracht worden sind, scheinen diese Theorie zu untermauern – bis wir uns klarmachen, auf wie schwachen Grundlagen solche Verbindungen fußen. Ein anderer Erklärungsversuch geht dahin, daß sie aus einer Gruppe in Olympia stammen könnten, die von den Achäern geweiht wurde und nach der Beschreibung des Pausanias die griechischen Helden vor Troja zeigte; ihr Schöpfer soll der äginetische Bildhauer Onatas gewesen sein. Wo immer die ursprüngliche Heimat der beiden Bronzestatuen gewesen sein mag – und vielleicht läßt sich das nie bestimmen –, sie liefern auf jeden Fall einen überzeugenden Beweis für das Qualitätsverhältnis der besten erhaltenen Bronzestatuen gegenüber den besten erhaltenen Marmorwerken und für die Unterlegenheit aller späteren Kopien klassischer Werke, was Ausführung und Ausstrahlung angeht. Die jugendliche Figur zeigt ein bewußt vorgetragenes, fast theatralisches Auftreten, die ältere dagegen wirkt fast pathetisch. Das sind Gemütsverfassungen, die wir beide normalerweise nicht mit der Plastik des 5. Jahrhunderts in Verbindung bringen würden, auch wenn sie in der klassischen Literatur bereits leise anklingen. Doch die Bronzen lehren uns, daß wir dasselbe von der bildenden Kunst erwarten dürfen. Der Schleier, der sich ein Stück hob, als den abendländischen Gelehrten die „Elgin Marbles" zur Würdigung vorgelegt wurden, hat, wie nun offenbar wird, das Wesentliche der klassischen Kunst noch nicht enthüllt – das bleibt notwendig weitestgehend jenseits unseres Vorstellungsvermögens.

Kapitel 6

FRÜHKLASSISCHE RELIEFPLASTIK

Reliefskulptur mit Figuren, die fast vollplastisch gearbeitet sind oder leicht verkürzt vor ihrem Hintergrund stehen und sich überschneiden, wobei aber die Hauptzüge dennoch in die vordere Ebene gebracht sind, war eine Erfindung der griechischen Bildhauer. Die extremsten Ausprägungen, bei denen die Figuren vollständig rundplastisch gearbeitet sind und den Hintergrund kaum mehr berühren, finden sich in der spätestarchaischen Zeit (GPAZ Abb. 213), noch gewagter aber in frühklassischer und perfekt ausgeführt in klassischer Zeit auf dem Gebiet der Architekturplastik; die archaische Epoche bietet jedoch auch alle anderen Spielarten – von der kaum plastisch ausgeführten Zeichnung bis hin zu raffinierten Kompositionen, die erfolgreich im flachen Bildfeld durchgeführt sind. In Ägypten und im Nahen Osten konnte die Reliefplastik von sich behaupten, nie mehr als eine gemeißelte Zeichnung zu sein, mit Ausnahme jener Fälle, bei denen man in Ägypten im Rücken einer stehenden Figur einen Pfeiler als Stütze hatte stehen lassen.

Die nicht im Architekturverband stehenden Reliefs der frühklassischen Zeit bringen gegenüber den archaischen keine technischen Fortschritte, auch wenn wir die Geschicklichkeit eines Bildhauers bewundern mögen, dem es gelingt, seine anatomisch realistischer gebildeten Figuren in einem extrem flachen Relief durch Verkürzung wiederzugeben: solange die Anatomie eher anhand eines Musterschemas als durch Modellierung wiedergegeben worden war, hatte das kein besonderes Problem aufgeworfen.

Wir wollen zuerst Weih- und Architekturreliefs, und dann im Anschluß daran die Grabreliefs betrachten. In beiden Bereichen unterscheiden sich die Denkmäler von den archaischen wie von den hochklassischen sowohl was ihre Herkunft angeht (nur sehr wenige stammen aus Athen) als auch was die Formentypen betrifft. In beiden stoßen wir auf Tendenzen, die sich bereits in spätarchaischer Zeit abzeichneten: einmal hin zu breiteren Reliefs, die zwei oder mehrere Figuren aufnehmen können, und zweitens hin zu einer architektonischen Rahmung mit Pilastern (Anten) an den Seiten und einem Dach oder Giebel. Dennoch wird das schmale Einfigurenrelief nicht vergessen.

Weihreliefs und Reliefs in architektonischem Zusammenhang
(nicht von Tempeln)

Attika liefert in dieser Zeit keine Grabreliefs und nur wenige, dafür aber interessante Reliefs, die für andere Zwecke bestimmt sind. Der Knabe aus Sunion [*40*] bietet ein gutes Beispiel für die geglückte flache Modellierung (nur 3 cm tief) eines im wesentlichen nicht mehr durch Musterschemata gegliederten Körpers. Bei solchen Arbeiten sind für die Köpfe natürlich nur Profilansichten möglich. Bei der Athena von der Akropolis [*41*] ist das Relief kaum höher, doch profitiert sie davon, daß der Fall ihres Gewandes Tiefe suggeriert. Der sich bekränzende Knabe wirkt auf sich selbst bezogen, die Athena nachdenklich oder sogar trauernd: beide sind in ihrer Stimmung weit vom Archaischen entfernt und lassen die neuen Gefühlsdimensionen erkennen, die der Bildhauer durch subtilere und weniger augenfällige Verwendung konventioneller Haltungen und Figuren auszudrücken sucht. Die Wirkung solcher Figuren in Rundplastik oder Relief und welcher Größe auch immer beruht jetzt eher auf dem stillschweigenden Einbeziehen des Betrachters als auf dramatischem Vortrag von Haltung und Gestik. Beide Reliefs sind Weihgaben – der Knabe eine persönliche, die Athena vielleicht eine öffentliche. Ein deutlicher als Weihrelief gekennzeichnetes Werk läßt eine Beziehung zwischen dem sterblichen Stifter – einem Handwerker – und der Göttin sichtbar werden [*42*].

Thasos erbrachte für die archaische Zeit Reliefarbeiten aus architektonischem Zusammenhang, die nicht von Tempelbauten stammten (GPAZ Abb. 223, 263), und diese Tradition wird mit dem Schmuck von Stadttoren und an anderen Stellen der Stadt [*43*] fortgeführt. Der Stil zeigt hier verspätete archaische Züge. Das Bankettrelief aus Thasos [*44*] bringt ein Darstellungsschema, das in späterer Zeit häufig auf Grabsteinen verwendet wird, um die jüngst Verstorbenen als Heroen wiederzugeben; hier aber bezieht es sich vielleicht auf einen heroisierten Vorfahren — es gibt keine Inschrift, die uns bei der Erklärung helfen könnte (vgl. die spätarchaischen Reliefs aus Paros, GPAZ Abb. 255, mit einem ähnlichen Schema). Aus Melos stammt eine Scheibe mit dem Kopf einer Göttin, wahrscheinlich eine Weihgabe [*45*].

Der Ludovisische Thron ist in Rom gefunden worden [*46*]. Anklänge an seine Thematik finden sich in Lokri in Süditalien, und auch vom Stil her scheint er manchen westgriechisch zu sein, doch ist dieser auch mit einer Herkunft aus dem griechischen Mutterland keineswegs unvereinbar. Im Westen gibt es für diese Zeit keine guten Belege für so hervorragende Marmorreliefarbeit, und der Stein ist griechisch. Wo auch immer das Werk entstanden sein mag, stilistisch läßt es sich besser anhand der Kriterien der Plastik im griechischen Mutterland einordnen. Ein Gegenstück, die Reliefs des Bostoner Throns [*47*], stammen ebenfalls aus Rom und weisen offenkundige ikonographische Verbindungen mit Lokri auf, doch wurde seine Echtheit angezweifelt und er sollte die Beurteilung des Ludovisi-Thrones nicht beeinflussen. Ich bilde ihn hier ab, weil er bekannt ist, aber doch mit Vorbehalt, solange er sich *sub iudice* befindet.

Der Ludovisi-Thron besteht aus einem dreiseitigen, innen hohlen (und am Rücken offenen) Reliefband, das vielleicht einen Altar oder einen Opferschacht, sicher aber nicht einen Thron bekrönt haben wird. Der Meister dieses schönen Reliefs liebte sowohl die Wiedergabe von Gewand wie die von Nacktheit — hier begegnet uns unser erster herrlicher weiblicher Akt. Auf der Vorderseite trägt die Figur links einen Peplos, dessen Falten etwas schwerer sind als jene im Chiton ihrer Gefährtin rechts, der im

Oberteil fein gekräuselt ist. Der nackte Körper der Göttin zwischen den beiden wird überspielt von den feinen Linien ihres nassen Gewandes, während das vorgehaltene Tuch in den Bogenfalten eines Peplosüberfalls herabhängt. Auf den Seiten erfreuen wir uns an dem dicken Mantel, den die Frau um sich gewickelt hat, an den fülligen Kissen, an der Nacktheit des Mädchens. Der Künstler hat in bezug auf anatomische Verkürzungen im flachen Relief noch manches zu lernen (die Brüste des Mädchens sind bewundernswert, aber wo ist ihre zweite Hüfte?), doch zeigt er hier ein starkes Einfühlungsvermögen für Körper, für Gewänder und für raumfüllende Komposition; das Relief vermittelt uns eher das Beste aus der archaischen Tradition als Vorankündigungen der Klassik. Es bleibt ein erfreuliches Rätsel.

Ein weiteres Rätsel verkörpert das metrologische Relief in Oxford [*48*]. Es heißt so, weil die lebensgroße Figur mit ihren ausgestreckten Armen einen Klafter anzugeben scheint, obwohl der oberhalb des rechten Armes in den Grund eingeschnittene Fuß ein Siebentel dieser Spanne ausmacht und nicht das kanonische Sechstel. Vielleicht handelt es sich um eine Kombination aus Maßsystemen (Athen versuchte in seinem Herrschaftsgebiet neue Standardmaße durchzusetzen, aber die Griechen waren nicht bereit, ein nationales System anzunehmen und hielten – ohne allzugroße Genauigkeit – an ihren lokalen Varianten in Gewichten und Längenmaßen fest). Das Relief diente wohl kaum als präziser Maßstab wie das Pariser Meter, und wenn auch immer wieder gerne Berechnungen exakter Detailmaße von ihm abgenommen werden, so sind diese wohl dennoch irrig. Der Stil deutet auf Ostgriechenland hin: man vergleiche [*49*] mit seinen eingetieften Umrissen. Die Form, ein eingefaßtes Giebelfeld, begegnet auf zwei späteren Denkmälern wieder, die vielleicht beide Grabthematik zeigen. Vielleicht gehörte es zu einem heroonartigen Grabbau.

40 Relief eines Knaben, vom Athenatempel in Sunion. Es handelt sich wahrscheinlich um einen jungen Athleten, der sich einen Kranz aufsetzt (einen Metallkranz, der in den Bohrlöchern befestigt war); man hat die Geste jedoch auch (weniger einleuchtend) sepulkral gedeutet. Der Tempel war von den Persern zerstört worden, doch das Relief wurde in einer späteren Auffüllung gefunden. Um 470. (Athen 3344. H. 0,59). (s. Farbtaf. 7)

41 Relief mit Athena, von der Akropolis. Sie trägt einen korinthischen Helm, den gewohnten gegürteten Peplos mit langem Überfall, stützt sich auf ihre Lanze und betrachtet einen Pfeiler. Der Hintergrund war blau. Der Pfeiler wurde als Zielpfosten *(terma)* auf einer Sportstätte oder als Grenzstein *(horos)* eines Heiligtums gedeutet; wahrscheinlich aber handelt es sich um eine Liste der toten Athener, denn die Haltung der Göttin ist entschieden die einer Trauernden, und das Relief gehört gerade in die Zeit, in der die Staatsbegräbnisse und Grabreden eingeführt wurden. Um 470. (Athen Akr. 695. H. 0,48).

42 Relief von der Akropolis. Athena, in Peplos und Himation, empfängt den Zehnten oder ein Opfer von einem Handwerker, der an seinem Arbeitstisch sitzt. Um 480–70. (Athen Akr. 577. H. 0,575).

1

2

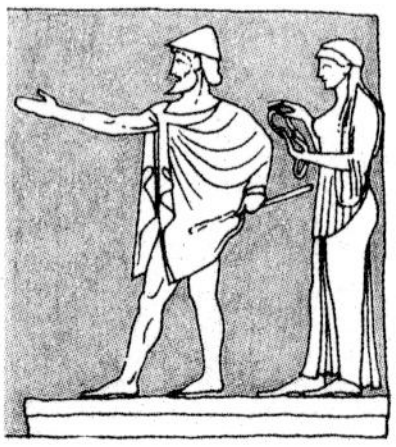

3

43 Reliefs aus der „Passage des Théories" auf Thasos, einem wichtigen Durchgang von der Agora. 1. Apollon mit Kithara wird von einer Dienerin bekränzt; rechts von der Nische drei Nymphen. 2. Drei Grazien (Chariten). 3. Hermes und eine Frau. Begleitende Inschriften legen Opferriten für Apollon, die Nymphen und Hermes fest. Um 470. (Louvre, H. 0,92).

43.3

45 Reliefscheibe aus Melos. Zu ergänzen entweder mit einer Blume, die die Frau vor sich hochhält (als Aphrodite), oder als Selene, die zu dieser Zeit durch die Wiedergabe des Kopfes in einer Scheibe dargestellt wird. Um 460. (Athen 3990. H. 0,32).

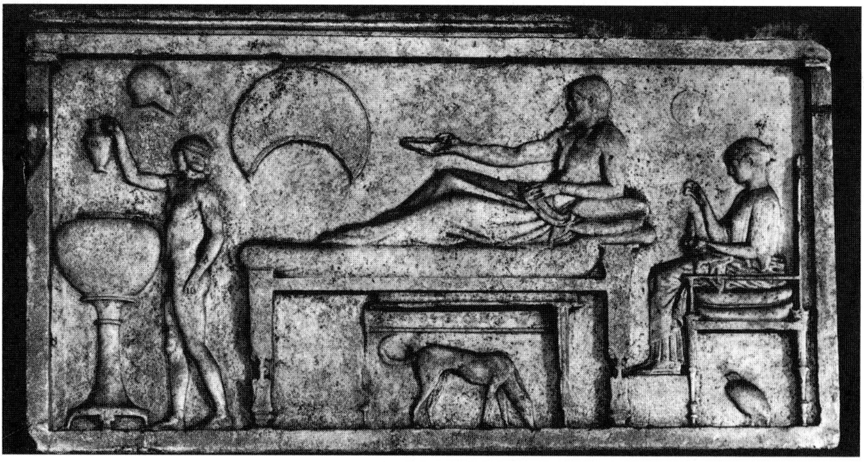

44 Bankettrelief aus Thasos. Ein Heros beim Symposion hält eine Schale. Unter dem Beistelltisch ein Hund; hinter ihm sitzt seine Begleiterin und öffnet ein Alabastron (Parfumgefäß); vor ihm ein Knabe am Weinkessel. An der Wand hängen ein Helm und ein Pelta-förmiger Schild; unter dem Stuhl ein Rebhuhn. Um 460. (Istanbul 578. H. 0,625).

46 Der „Ludovisische Thron", aus Rom (gefunden im Bereich der Gärten des Sallust, wo auch andere griechische Statuen ans Tageslicht kamen). Vorderseite: zwei Frauen helfen einer Göttin, aus dem Meer aufzusteigen (das Gewand ist naß; Kieselstrand) und machen sich daran, sie in ein Tuch einzuhüllen. Wahrscheinlich die Geburt der Aphrodite, aber es wurde auch eine Kindsgeburt oder die Rückkehr der Persephone vorgeschlagen. Für eine Darstellung der Aphrodite sprechen die seitlichen Reliefs, die offenbar sakrale und profane Elemente aus ihrem Kult und ihrer Funktion zum Thema haben: ein nacktes Flötenmädchen und eine junge Frau, die Weihrauch auf einen Räucherständer legt (der Deckel hängt herab; die Sandalenriemen waren in Farbe angegeben). Die glatten Kanten der Seitenstücke dienten wohl als Auflager für getrennt gearbeitete Ornamentbekrönungen. Um 460. (Rom, Thermenmus. 8570. H. 1,04).

47 Der „Bostoner Thron", aus Rom. Vorderseite: Eros wägt (der Waagbalken fehlt) zwei kleine nackte Männer, die mit gebundenen Händen über den Waagschalen hängen. Die flankierenden Frauen geben Freude (für die tiefere Waagschale; es ist nicht das gewohnte Schema für die Seelenwägung in der griechischen Kunst) bzw. Trauer zu erkennen. Seiten: ein jugendlicher Leierspieler und eine alte Frau mit kurzgeschnittenem Haar beim Spinnen (diese Seite ist beschnitten). Die Qualität ist geringer als bei Abb. 46; vielleicht handelt es sich um eine Nachahmung. (Boston 08.205. H. 0,96).

48 Metrologisches Relief. Der Block ist vollständig (mit Ausnahme der rechten Seite) und zeigt unten eine bearbeitete Kante. Der Fußabdruck ist nicht in erhabenem Relief gegeben, sondern in den Grund eingeschnitten. Wo die Figur auf den Hintergrund auftrifft, ist der Kontur leicht eingetieft. Um 460. (Oxford. L. 1,73, ergänzte Br. 2,05).

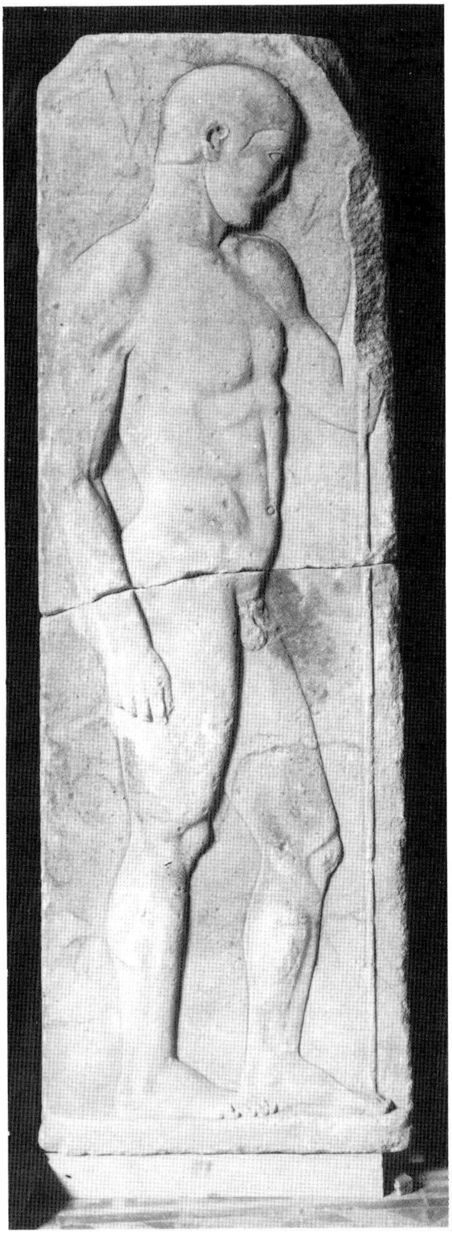

49 Grabrelief aus Nisyros (Dodekanes). Ein junger Athlet mit Speer, ein Diskus steht aufrecht neben seinem linken Fuß. Der Kontur der Figur ist eingetieft; vgl. Abb. 48. Um 460–50. (Istanbul 11. H. 1,83).

50 Die „Borgia-Stele", wohl aus Kleinasien (Sardes?). Mann mit Hund; er trägt einen Aryballos am Handgelenk. Vgl. GPAZ Abb. 244. Um 470. (Neapel 98. H. 2,50).

51 Die „Giustiniani-Stele", wohl aus Paros. Ein Mädchen in ungegürtetem Peplos nimmt eine Halskette (?) – die aufgemalt gewesen sein muß – aus einer zylindrischen Schachtel, deren Deckel vor ihr auf dem Boden steht. Um 460–50. (Berlin (O) 1482. H. 1,43).

52 Grabrelief aus Paros. Ein Mädchen in ungegürtetem Peplos hält zwei Tauben. Die Stele ist mit einer floralen Bekrönung zu ergänzen wie Abb. 51. Um 450. (New York 27.45. H. 0,80).

53 Grabrelief aus Ikaria, gearbeitet von Palion aus Paros und aufgestellt von Koiranos und Eurymedes, Brüder der Apollonie. Sitzende Frau mit zwei Knaben und drei nackten Kindern, von denen zwei noch nicht laufen können. (Eine einigermaßen vergleichbare Szene findet sich auf dem etwa gleichzeitigen „Leukothea-Relief" aus Rom: es zeigt vier Mädchen – vom Kleinkindalter bis zur Erwachsenen – zusammen mit einer Frau. Sein Stil ist provinziell, der Entstehungsort unsicher.) Um 460. (Ikaria. H. 1,56).

54 Grabrelief aus Pharsalos (Thessalien). Zwei Mädchen im Peplos und mit Blumen in der Hand; die linke hält zusätzlich einen Beutel, die rechte eine Frucht (?). Manche Interpreten sind der Meinung, die rechte Figur sei sitzend dargestellt. Um 470–60. (Paris 701. H. 0,57).

55 Grabrelief aus Phalanna (Thessalien). Zwei Mädchen, von denen eines einen Apfel hält. Um 460. (Larisa. H. 1,03).

56 (rechts) Grabrelief aus Vonitsa (Akarnanien, W-Griechenland). Ein älterer Leierspieler. Vgl. Abb. 235. Um 460. (Athen 735. H. 1,88).

57 Grabrelief aus Delphi. Ein Jüngling schabt sich mit einer Strigilis den Arm sauber; ein Knabe als Diener; zwischen ihnen ein Hund. Um 470–60. (Delphi. H. 1,32).

58 Grabrelief aus Ägina. Mann, Kind und Hund. Um 450. (Ägina. H. 1,07).

59 Grabrelief aus der Nähe von Theben. Berittener Krieger mit Helm, Chlamys, Chiton und Beinschienen. Das Gewand ist manieriert in archaischem Stil wiedergegeben. Um 480–70. (Boston 99.339. H. 0,81).

Grabreliefs
Welcher Grund auch immer verantwortlich war für das Abreißen der Grabsteinproduktion zu Beginn des 5. Jhs. in Athen – er blieb bis etwa 430 wirksam. Für frühklassische Belege dieser Gattung wenden wir uns deshalb an das übrige Griechenland. Auf archaischen Stelen kam man soweit, die Figuren in ihrem Alter zu unterscheiden, und das Schema des älteren Mannes mit Hund (wie GPAZ Abb. 244) wird in der neuen Art in fülligeren Formen wiedergegeben [*50*]. Ostgriechenland scheint auch noch eine Unterscheidung nach Berufen eingeführt zu haben: wir begegnen neben dem Athleten [*57*] oder Ritter [*59*] auch einem Leierspieler [*56*] und anderen entsprechend beschäftigten Figuren. Stelen, die Frauen – und zwar unterschiedlichen Alters – zeigen, werden häufiger: die hübschen parischen Mädchen [*51–2*] und die matronaleren Sitzfiguren [*53*]. Für sie brauchte man breitere Stelen, auf denen auch Nebenfiguren, Diener oder eine ganze Familie Platz finden konnten. Es sind vor allem diese Figuren, die den Darstellungen sowohl eine Aura der Heroisierung, aber auch eine wirkungsvollere häusliche Atmosphäre vermitteln können. Zu einer vergleichbaren Heroisierung von Männern wird es mit Auftreten der Bankettreliefs (s. zu [*44*]) kommen; und auch die Männerstelen lassen nun Begleitfiguren zu [*57, 58*].

Die ostgriechischen Stelen sind auf ihre Weise konventionell; die Inselstelen dagegen bringen Neues mit den vorzüglich gearbeiteten Studien junger Mädchen [*51–2*], wohl beide aus Paros, und einer großen Familie aus Ikaria [*53*]. Thessalien wird neue Kompositionen von Frauenbildern liefern, die durch [*54*] mit dem rätselhaften Paar angekündigt werden. Es gibt vereinzelte Zeugnisse aus mittelgriechischen Gebieten [*56–8*], wobei sich Böotien auf schöne Stelen mit Ritterdarstellungen spezialisiert [*59*].

Bis die attische Produktion um 430 das Genre neubelebt, bleibt die Geschichte der griechischen Grabreliefs im fünften Jahrhundert uneinheitlich. Dominierend sind immer noch die Traditionen der spätarchaischen Zeit, die die Grundlage für die Vielfalt in Thema und Komposition bieten; und abgesehen von den wenigen lokalen Präferenzen, die angedeutet wurden, hat sich keine neue Tradition herausgebildet.

Kapitel 7

NAMEN UND ZUWEISUNGEN

Kritios und Nesiotes
s.o. Kapitel 3, zu den Tyrannenmördern, und GPAZ 108–9, Abb. 147.

Pythagoras
war gebürtiger Samier, aber er wanderte wahrscheinlich zu Beginn des fünften Jahrhunderts zusammen mit mehreren seiner Landsleute nach Rhegion in Süditalien aus. Manche antiken Autoren machen zwei Bildhauer namens Pythagoras aus ihm, aber eine Signatur des Samiers Pythagoras auf der Weihung eines Westgriechen (des Astylos von Kroton) in Olympia bestätigt die Identität. Sein Namensvetter, der Philosoph und Mathematiker, war dreißig Jahre zuvor nach Kroton ausgewandert, und der jüngere Mann mag bis zu einem gewissen Grad dessen Interesse an Proportionstheorien geteilt haben, denn man rühmte an seinen Werken *rhythmos* und *symmetria* (Diogenes Laertios, vgl. unten S. 261 zu Polyklet), aber auch die Beachtung physischer Details – der Sehnen, Adern und des Haares (Plinius). Angeblich (Pausanias) hatte er bei einem Mann aus dem Westen gelernt (Klearchos von Rhegion), die meisten seiner Werke aber standen in Griechenland, auch wenn sie für Leute aus dem Westen oder einen Libyer angefertigt worden waren. Zu ihnen gehörten Athletenstatuen, aber auch eine Gruppe „Europa und der Stier" für Tarent, in Syrakus stand ein lahmer Mann (Philoktet?), der, laut Plinius, das Mitgefühl des Betrachters erregte. Seine zwischen 488 und 448 entstandenen Werke machten ihn zum Vorläufer und (nach Plinius) Rivalen Myrons.

Kalamis
arbeitete in Athen und war vielleicht Athener. Spätere Namensvettern haben Verwirrung gestiftet – ein Silberschmied und ein Bildhauer (des späten 5. Jhs.), der eine Goldelfenbeinstatue des Asklepios für Sikyon anfertigte und vielleicht auch den Apollon Alexikakos für Athen, mit dem man die Befreiung von der Pest während des Peloponnesischen Kriegs feierte (Pausanias: zwei Heilerstatuen). Seine umfangreiche Werkliste in den antiken Quellen mag demnach eher nicht den Tatsachen entsprechen. Der frühklassische Kalamis schuf Reiterfiguren für eine Gruppe, die den olympischen Sieg des syrakusanischen Tyrannen Hieron vom Jahr 468 feierte (sie wurde nach seinem Tod im Jahr 467 aufgestellt: Pausanias). Auf der Akropolis stand eine Sosandra (Erretterin der Männer), die Lukian sehr bewunderte und die wohl mit der von Kallias geweihten Aphrodite identisch ist (Pausanias; ein Stück der Basis ist vielleicht erhalten); denn wenn es sich bei dem Stifter Kallias um den berühmten Kallias handelt, so muß die Statue frühklassisch gewesen sein. Für den Dichter Pindar, der um 440 starb, schuf er in Theben einen Zeus Ammon (Pausanias).

Myron
stammte aus Eleutherai im Grenzgebiet von Attika und Böotien. Er war die ganze frühklassische Zeit hindurch und vielleicht sogar auch noch später tätig. Sein Lehrmeister soll Ageladas gewesen sein (Plinius), der auch für andere bedeutende Bildhauer des 5. Jhs. (Phidias und Polyklet) in Anspruch genommen wird. Seine datierbaren Werke stammen aus den 50er und 40er Jahren des fünften Jahrhunderts. Antike Autoren sahen in ihm einen Bahnbrecher hin zum Realismus in der Plastik, obwohl er noch keine Gemütsbewegungen ausdrückt. Seine berühmteste Statue war eine Bronzekuh auf der Akropolis, die man für eine echte Kuh halten konnte. Ohne Zweifel wirkten seine Werke in mancher Hinsicht eher primitiv (Plinius greift als Beispiel seine Haarbehandlung heraus), doch achtete man sie wegen ihrer Ehrlichkeit, Kraft und Neuartigkeit der Posen – etwa im Falle seines Läufers Ladas, der

mit angespannten Muskeln auf Zehenspitzen wiedergegeben ist. Sein Diskobolos (Diskuswerfer) ist nach der Beschreibung bei Lukian unschwer in Kopien zu erkennen [*60*]. Der Kopf zeigt noch Anklänge an Archaisches, das Haar bildet eine Kappe aus flach eingeschnittenen Locken. Trotz der scheinbar freien Pose ist die Figur in einer Ebene und auf eine Ansichtsseite hin gearbeitet – wie ein Hochrelief ohne Hintergrund. Die von Plinius erwähnte Gruppe eines über die Flöte staunenden Satyrs und der Athena läßt sich nach Kopien der Einzelfiguren [*61–3*] und Nachwirkungen der Gruppe in anderen Kunstgattungen – darunter des fast gleichzeitigen Vasenbildes [*64*] – rekonstruieren. Wieder ist Originalität der Pose festzustellen – der Satyr (Marsyas), der vorwärts springen will, dabei aber zögert, und Athena mit ihrer abweisenden Geste. Sie ist fast mädchenhaft, der Satyr als intelligentes Tierwesen dargestellt. Das Œuvre des Myron umfaßte noch mehrere andere Tierstatuen und eine kolossale Gruppe aus Athena, Herakles und Zeus (wahrscheinlich die Einführung des Helden in den Olymp) auf Samos.

60 Kopie nach Myrons Diskobol, aus Rom (Esquilin). „. . . gebückt, in der Haltung eines, der sich zum Wurf fertig macht, sich zu der den Diskus führenden Hand hinwendend und das andere Knie leicht beugend, als wäre er im Begriff, sich aufzurichten und zu werfen" (Lukian). Dies ist die einzige Kopie mit zugehörigem Kopf (der auch getrennt kopiert wurde). Original aus der Zeit um 450. (Rom, Thermenmus. 12 63 71: „discobolo Lancelotti". H. 1,55).

60

62a Kopf der Athena, s. Abb. 61. (Dresden).

61 Ergänzte Gruppe der Athena und des Marsyas, von Myron. Die Göttin hatte die Flöte erfunden, war aber, als sie sie spielte, mit ihrem eigenen Aussehen unzufrieden, und warf sie deshalb weg; nun verlangt sie der begeisterte Satyr für sich. Eine Dithyrambenaufführung dieses Themas von Melanippides war vielleicht der Anlaß für die Weihung der Gruppe auf der Akropolis. Original aus der Zeit um 450.

62b Kopie der Athena des Myron, s. Abb. 61. (Frankfurt 147. H. 1,73).

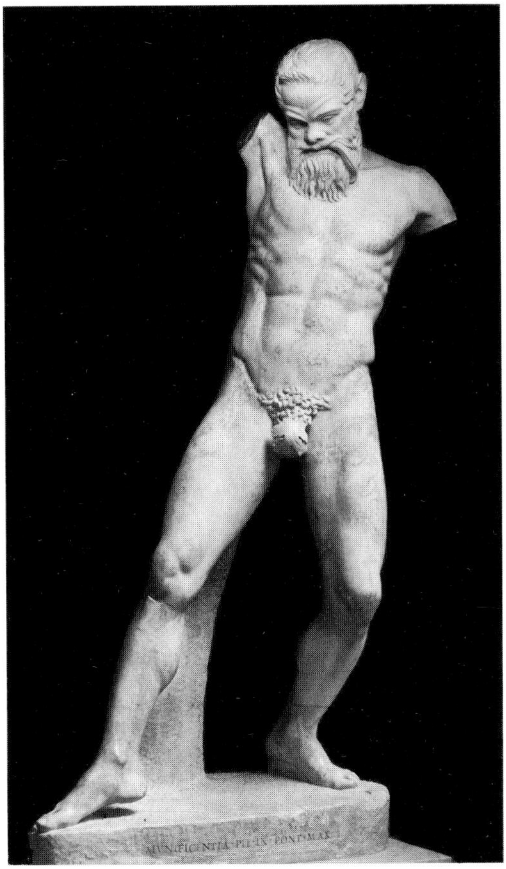

63 Kopie des Marsyas von Myron, s. Abb. 61. (Rom, Lateran BS 225. H. 1,59).

64 Athena und Marsyas auf einer rotfigurigen attischen Vase aus der Zeit um 440. (Berlin (W) 2418).

Kapitel 8

ANDERE KOPIEN FRÜHKLASSISCHER WERKE

Die Probleme, die sich ergeben, wenn wir Kopien dazu benutzen, die Entwicklung des Stils oder der Werke namhafter Künstler vor Augen zu führen, werden erst in der Folgezeit akut (Kapitel 15, 16); aber wir hatten bereits Gelegenheit, mit ihrer Hilfe bestimmte Denkmäler und Arbeiten berühmter Bildhauer zu identifizieren (s. zu den Tyrannenmördern und das letzte Kapitel), und wir stützen uns stark auf sie, wenn es darum geht, eine ausreichende Vorstellung von den Gesamtfiguren frühklassischer stehender Männer zu gewinnen, die wir im Original hauptsächlich anhand von Statuetten oder Architekturplastik beurteilen müssen. Demnach gehört die Hälfte der hier vorgeführten Kopien zur Gattung der „Apollines" [*65–9*]. Manche mögen Weihungen von Athleten kopieren, andere – vor allem die mit langen Haaren – Bilder des Gottes selbst. Eine scharfe Trennungslinie zwischen diesen Werken und den Kopien von Statuen der hochklassischen Zeit läßt sich nicht ziehen. Ich habe hier die Statuen mit vor- oder nichtpolykletischem Standmotiv (ohne angehobene Ferse) aufgenommen; dazu gehören aber auch Stücke, deren Originale man vielleicht zu Recht als phidiasisch bezeichnet hat – darunter sogar eine Kopie [*69*], die nach Meinung mancher den Apollon in seiner berühmten delphischen Gruppe darstellte, der auch die Riace-Bronzen [*38–9*] zugeschrieben wurden. Dieser selben Gruppe weist nun Prof. Barrow auch jene Athena [*183*] zu, in der man lange Zeit die in Athen aufgestellte Athena Lemnia des Phidias gesehen hat. Solche Verbindungen sind beeindruckend, bleiben aber bisher unbewiesen; ich habe deshalb die Lemnia dort belassen, wo sie in den Lehrbüchern lange Zeit ihren Platz hatte.

Größere Peplophorenfiguren kennt man im wesentlichen eher

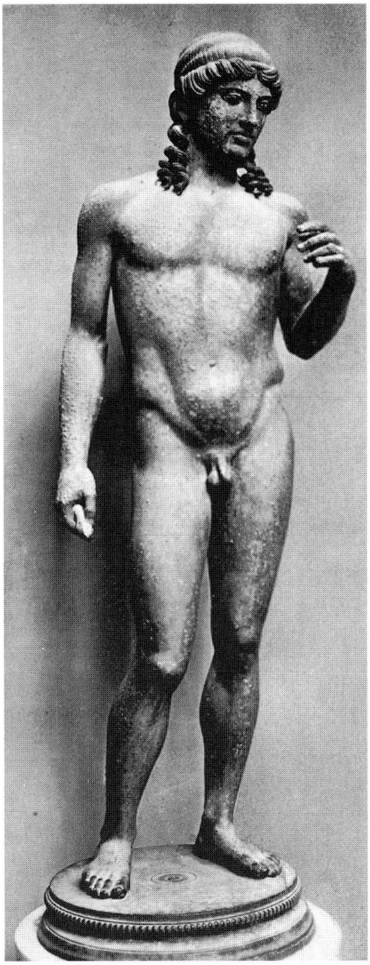

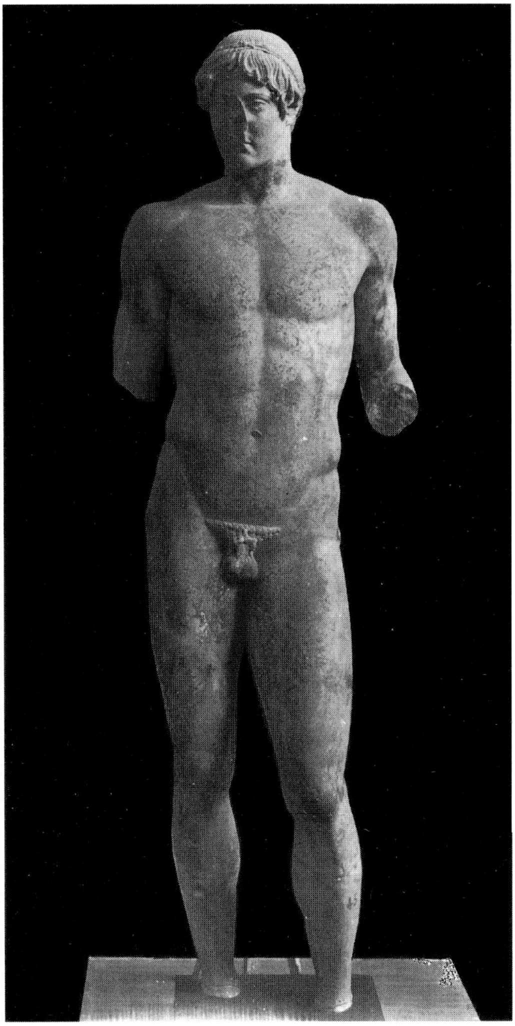

66 „Omphalos-Apollon". Kopie nach einem Original aus der Zeit um 460. Gefunden im Dionysostheater in Athen neben einem Omphalos (der aber nicht dazugehört). Häufig kopiert (s. Abb. 67); wohl ein Apollon. (Athen 45. H. 1,76).

65 (oben links und links) „Apollon von Mantua". Bronzekopie eines Originals aus der Zeit um 460, aus Pompeji. Die Figur ist wahrscheinlich mit einer Leier zu ergänzen. (Neapel 831. H. 1,58).

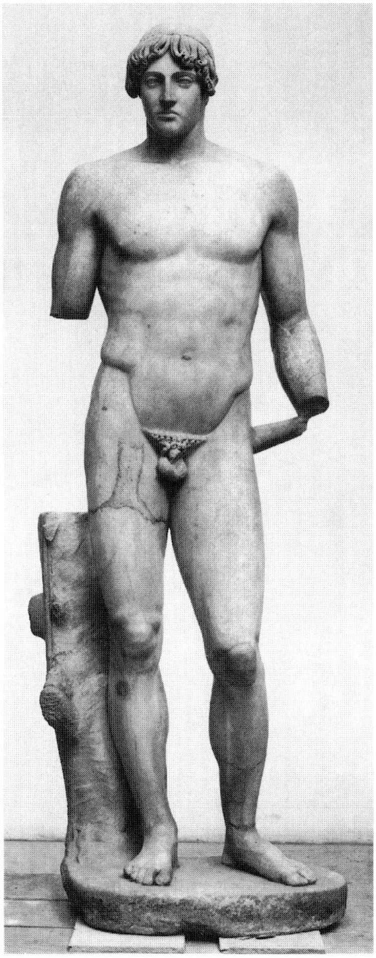

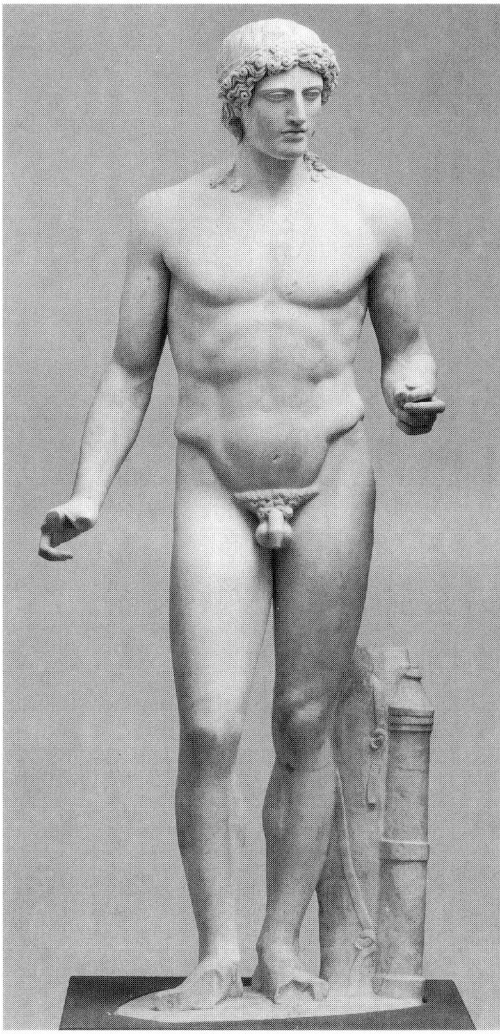

68 „Kasseler Apollon". Kopie nach einem Original aus der Zeit um 450. Die fortschrittlichste Fassung des frühklassischen Typus des stehenden Mannes, wobei jedoch stärker die immanente Bewegung zum Ausdruck kommt; vgl. dagegen 66–7. Sicherlich ein Apollon wegen seines langen Haares; er hielt einen Bogen in der linken und einen Lorbeerzweig in der rechten Hand. Die Ausarbeitung des Haares gibt Auskunft über die komplizierte Anlage des Bronzeoriginals. In der Körpergestaltung einigermaßen ähnlich mit Abb. 38–9. Gewöhnlich wird die Statue mit Phidias in Verbindung gebracht. (Kassel SK 3. H. 1,97).

67 (oben links und links) „Apollon Choiseul-Gouffier". Kopie nach einem Original aus der Zeit um 460. Eine matte, aber vollständigere Version von Abb. 66. (London 209. H. 1,78).

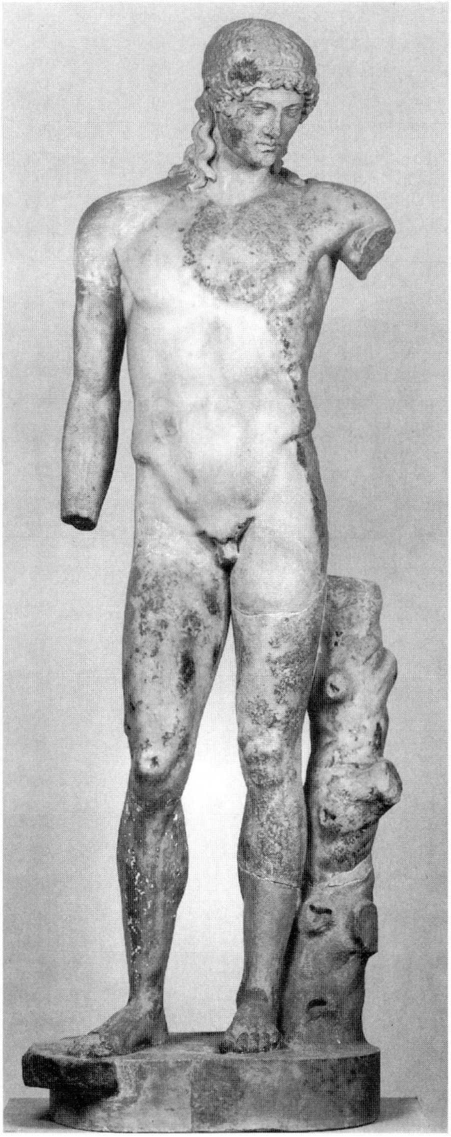

69 „Tiber-Apollon". Kopie nach einem Original aus der Zeit um 450. Eine wesentlich sensiblere und in ihrer Haltung gelöstere Version des durch Abb. 68 vertretenen Typus. Ebenfalls in der Regel mit Phidias in Verbindung gebracht. Er hielt wahrscheinlich Lorbeerzweig und Bogen. (Rom, Thermenmus. 608. H. 1,59).

70 „Eros Soranzo". Kopie nach einem Original aus der Zeit um 460 (?). Der allgemeine Stil der Figur ist „streng", doch ist die Kopfhaltung unerwartet, was darauf hinweist, daß sie mit einer zweiten zusammen eine Gruppe bildete (wenn Eros, dann Aphrodite [?]); das spricht vielleicht eher für eine Datierung der Statue als eines klassizistischen Werkes in das 1. Jh. v.Chr. (Leningrad 85. H. 1,59).

71 „Perseus"-Kopf. Kopie nach einem Original aus der Zeit um 450. Der Flügelhut legt die Benennung nahe. (Rom, Kons. Pal. H. 0,29).

72 (unten) Herakles. Kopie nach einem Original aus der Zeit um 450–40. Bei dem kleinen Eber am Baumstamm handelt es sich um eine Zutat des Kopisten (die bei anderen Kopien fehlt), die kaum den Erymanthischen Eber meint. Dies ist der erste Typus des ausrastenden Herakles in der Rundplastik, eines Themas, das später beliebt ist (vgl. auch Abb. 22.1). Oft der Gruppe des Herakles, der Athena und des Zeus von Myron in Samos zugerechnet, obwohl sich die Begleitfiguren nicht ohne weiteres in Kopien nachweisen lassen und es keine großformatige Wiederholung des Herakles gibt. (Oxford 1928. 829. H. 0,53).

73 Peplophoros vom Typus Ludovisi/Candia. Kopie nach einem Original aus der Zeit um 470–60. Die klassische Peplophoros. Dieses Beispiel trägt einen Kopf, der nach einer anderen Kopie desselben Typus ergänzt ist. (Rom, Thermenmus. 8577. H. 1,56).

74 „Hestia Giustiniani". Kopie nach einem Original aus der Zeit um 470. Eine matronale Peplophoros mit Schleier, vielleicht Hera oder Demeter. Der linke Arm ist – wohl richtig – ergänzt. Ihre Haltung mit entlasteter rechter Seite und in die Hüfte eingestütztem Handrücken bringt keinerlei Bewegung in die Vertikalfalten ihres Gewandes. (Rom, Villa Albani, Torlonia 490. H. 1,90. Abguß in Oxford).

75 (ganz rechts) „Europa"/ „Aspasia"/„Sosandra"/ „Amelungsche Göttin". Kopie nach einem Original aus der Zeit um 460–50. Sie ist in ein schweres Himation gehüllt. Die Rekonstruktion des Typus durch Amelung wurde durch die Entdeckung einer unvollendeten, aber vollständig erhaltenen Kopie in Baiae bestätigt. Eine Statuettenkopie trägt die Inschrift „Europa" und diese erscheint in ähnlicher Kleidung auf einer Vase aus den Jahren um 410–400; demnach wird diese Benennung wohl die richtige sein. Der Körper ist häufig als Vorbild für römische Porträtstatuen herangezogen worden. (Berlin (O) K 166 + 167: 605 + 1158).

76 Chariten (die drei Grazien). Kopie nach einem Original aus der Zeit um 470–60 (?). Der Stil ist „streng", aber die Unstimmigkeiten in der Haar- und Gewandgestaltung haben an ein spätes Pasticcio denken lassen. Es finden sich jedoch auch Kopien des Werks unter den Piräus-Reliefs (zusammen mit Abb. 109), was ein früheres Vorbild vermuten läßt. Pausanias berichtet von Chariten des Sokrates (nicht des Philosophen, wie er sagt, sondern vielleicht des Böotiers, der für Pindar gearbeitet hatte) auf der Akropolis (s. zu Abb. 189) (Vatikan, „Relief Chiaramonti". H. 0,83).

durch Kopien [*73–4*] als durch Originale, aber der strenge Stil ließ sich leicht kopieren und die berühmte Gruppe der bronzenen Tänzerinnen aus Herculaneum, deren Posen eher mit Ankleiden als mit Tanzen zu tun haben, stellt höchstwahrscheinlich eine späte Schöpfung in frühklassischer Manier dar.

Der Leser wird bemerken, daß diese Kopien auf verschiedene Weise benannt werden – nach der Sammlung, in der sie sich befinden oder einst befanden; nach ihrer bekanntesten Identifizierung, selbst wenn diese nachweislich falsch ist; nach einem markanten Zug in ihrer Aufstellung; gelegentlich können aber auch mehrere solcher Benennungsgrundlagen zusammenkommen, zumal wenn es mehrere Kopien von ein und demselben Typus gibt.

Kapitel 9

DIE KLASSISCHE PLASTIK UND ATHEN: EINFÜHRUNG

Dem aufmerksamen Leser wird nicht entgangen sein, daß sich in Athen verhältnismäßig wenige Skulpturen aus frühklassischer Zeit gefunden haben: keine größeren Komplexe von Bauplastik, keine bedeutenden Grabmäler, nur einige wenige Weihreliefs und Statuen, manche aus Bronze, angefertigt für die Akropolis, von denen wir auf Grund ihrer Basen oder literarischer Erwähnung wissen. In den Jahren 480 und 479 besetzten die Perser Athen, plünderten und brannten die Gebäude nieder. Auf der Akropolis „plünderten sie den Tempel und legten Feuer an jeden Teil der Burg" (Herodot), wobei sie auch zerstörten, was bis zu diesem Zeitpunkt vom Projekt eines zweiten Athenatempels an der Stelle des späteren Parthenon bereits realisiert worden war. Dieser Tempel war noch nicht so weit gediehen, daß man bereits mit der Herstellung seines Skulpturenschmucks begonnen hätte, und von seinen Architekturteilen konnte nach der Zerstörung außer dem Fundament nur wenig wiederverwendet werden – viel davon fand seinen Weg in die wiederhergestellte Nordwand des Burgfelsens.

Vor der Schlacht bei Plataiai im Jahr 479 – der entscheidenden und endgültigen Niederlage der Perser auf dem griechischen Festland – legten die Griechen (so wird berichtet) einen Eid ab, „keines der von den Barbaren niedergebrannten und zerstörten Heiligtümer wiederaufzubauen, sondern sie für künftige Zeiten als Erinnerungsmale an die Frevel der Barbaren stehen zu lassen" (so überliefert von Lykurg, einem Redner des 4. Jhs.). Schon in der Antike zweifelte man an der Historizität dieses Eides von Plataiai (so vor allem Theopompos bereits im 4. Jh.), und mit Sicherheit wurde er von den griechischen Staaten nicht wortwörtlich eingehalten, von denen Athen und die ostgriechischen Städte am stärksten gelitten hatten. Nach 479 gründete Athen einen Bund, aus dem ein Reich wurde, um die Perser aus allen griechischen Gebieten zu vertreiben; mit dem Jahr 450 (dem Jahr des „Kalliasfriedens", der ebenfalls von manchen antiken und modernen Gelehrten angezweifelt wird) war das erreicht. Vier Jahre zuvor hatte man den Schatz des Bundes von Delos nach Athen geholt, und von diesem Zeitpunkt an blieb ein Sechzigstel des Schatzes „für Athena" vorbehalten. Seit 479 waren in Athen viele öffentliche Gebäude errichtet worden – vor allem das Theseion und die Stoa Poikile –, aber alle Neubauten erhielten malerische Ausschmükkung anstelle von Skulpturenschmuck, und keiner der zerstörten Tempel war ersetzt worden.

Plutarch berichtet, Perikles, der führende Staatsmann Athens um die Mitte des Jahrhunderts, habe einen panhellenischen Kongreß einberufen, um – unter anderem – über „die griechischen Heiligtümer, welche die Perser verbrannt hatten" zu beraten. Vielleicht ist dieser Kongreß in Wirklichkeit nie geplant worden und mit Sicherheit hat er nie stattgefunden; klar aber ist, daß Perikles beschloß, die Bundesgelder für den Wiederaufbau Athens zu verwenden – nun da Griechenland „frei" war –, und die Proteste, die sich wegen dieser offensichtlichen Unterschlagung innerhalb und außerhalb Athens erhoben, zu ignorieren: Gelder, „die von uns mutwillig für unsere eigene Stadt verschwendet werden, um sie über und über zu vergolden und zu schmücken und zu verzieren, als wäre sie ein eitles Weib, ringsum behangen mit kostbaren Steinen und Figuren und Tempeln, die Unmengen von Geld kosten." Das Ergebnis war eine Flut von Tempelneubauten in der Unterstadt von Athen und in Attika; in der Regel wurden sie an den Stätten errichtet, an denen ältere Tempel gestanden hatten, und viele von ihnen lassen den Entwurf ein und desselben Architekten erkennen. Die meisten wurden fertiggestellt, bevor Perikles im Jahr 429 starb; was jedoch die Akropolis angeht, die von Grund auf neu errichtet wurde, erlebte er nur den neuen Tempel für Athena (den Parthenon) und die neuen Propyläen, nicht aber den Ersatz für den alten Athenatempel (das Erechtheion) und den Tempel der Athena Nike.

Abgesehen von den für diese Bauten geschaffenen Skulpturen und Kultstatuen entstanden auch andere öffentliche plastische Monumente, die an den Sieg Athens über Persien erinnern sollten: vor allem die Marathongruppe in Delphi und die Athena Promachos auf der Akropolis. Aber den Maßstab für die Entwicklung der griechischen Plastik in dieser Phase der Hochklassik gewinnen wir aus dem Fortschreiten der Architekturplastik. Viele der Bauten, ja oft sogar die Baufortschritte im Detail, lassen sich auf Grund anderer als rein stilistischer Kriterien genau datieren. Natürlich zeigt Architekturplastik nicht immer die erlesensten Leistungen eines Zeitabschnittes oder einer Schule. In der Regel ist sie anonym – im Gegensatz zu persönlichen Denkmälern und Weihungen, und wenn uns gelegentlich ein Blick auf jene vergönnt ist, so können wir ermessen, was uns dabei entgeht. Die besten Parthenonskulpturen sind am wenigsten gut erhalten; der Fries hat seine Längen; römische Kopien sind im besten Fall prosaische Übersetzungen; die Riace-Bronzen dagegen [*38–9*] lassen unser Herz höher schlagen und die Erinnerung an ihre Qualität – das dürfen wir nie vergessen – steht warnend im Hintergrund, wenn wir uns mit den unverbindlicheren Werken beschäftigen, die viele der folgenden Seiten einnehmen werden. Wir müssen die Kunst einer Epoche, deren Meisterwerke aus Bronze bestanden, vor allem anhand ihrer erhaltenen Marmorplastik beurteilen; und selbst dabei handelt es sich zum größten Teil nicht um freistehende Skulpturen, sondern um solche, die den Zwängen der Architektur unterworfen waren. Infolgedessen waren sie auch weit von ihren Betrachtern entfernt – ein Nachteil, der durch die moderne Museumsaufstellung behoben wird, der aber, wie es scheint, den antiken Künstler nicht dazu bewogen hat, auf höchste Sorgfalt im Detail oder auf den letzten Schliff seines Werkes zu verzichten.

Das plötzliche Aufflammen von Aktivität in einem Athen, in dem die Bildhauerkunst lange geruht hatte, warf einige Probleme hinsichtlich der zur Verfügung stehenden Kräfte auf. Phidias, den wir uns in der Rolle des für Kunst zuständigen Ministers unter Perikles vorstellen dürfen, war Athener und ein bereits etablierter Künstler. Seine Lehrer sollen Hegias (Hegesias), der in Athen tätig war, oder der Argiver Ageladas gewesen sein. Von letzterem hieß es auch, er sei der Lehrer des Myron gewesen, der von der Grenze Attikas stammte (und nebenbei auch der des Polyklet). Daß die Peloponnes das Übungsfeld für die Bildhauergeneration gewesen sein soll, die für Perikles arbeitete, überrascht uns etwas – bis wir uns ihren Stil ansehen. Aber die Durchführung eines umfangreichen Programms, das sowohl Architektur wie Plastik umfaßte, erforderte auch ein Heer von Lehrlingen und Steinmetzen aller Fähigkeitsstufen, und diese Leute müssen von den Inseln oder wiederum aus der Peloponnes geholt worden sein. Daß ein gemeinsamer Stil geschaffen und bis zu einem gewissen Grad als verbindlich vermittelt werden konnte – ein Stil, der sich so deutlich vom „Strengen Stil" der vorangegangenen Generation unterschied –, spricht deutlich für das Genie und die Vorbildhaftigkeit seines Schöpfers oder seiner Schöpfer, an deren Spitze Phidias gestanden haben muß.

Der Stil der Plastik des klassischen Athen sollte sich als der einflußreichste des gesamten Altertums erweisen. Beurteilen und beschreiben muß man ihn in gleicher Weise unter Bezugnahme auf das, was – vor allem auf der Peloponnes und in Olympia – vorausging, wie unter dem Aspekt seiner tatsächlichen Leistungen. In Olympia verhießen Nuancierungen des Gesichtsausdrucks wie körperlicher Altersangaben, daß man sich auf dem Weg hin zu einer zunehmend subtileren Darstellung von Emotion und Aktion befand. Die athenische Schule schlug diesen Weg jedoch nicht ein. Die Straße zu Realismus und zu eindringlicher psychologischer Erforschung war breit und bequem, und spätere Generationen sollten rasch auf ihm vorankommen. Im Falle der triumphierenden Bürger, die dem Reich des Ostens widerstanden hatten, hatte es den Anschein gehabt, als marschierten und kämpften sie Seite an Seite mit ihren Göttern. Ebenso war es im goldenen Zeitalter der Heroen gewesen, in dessen Licht sie nun in der bildenden Kunst wie auf der Bühne ihre eigenen Probleme und Leistungen ansiedelten. Ihren Gefallenen war die Unsterblichkeit sicher, und in den jährlichen Preisreden auf jene, die für Athen gestorben waren, betonte man den göttlichen Charakter der vergangenen (wir würden sagen „mythischen") und gegenwärtigen Erfolge der Stadt. Die Griechen bildeten ihre Götter menschenähnlich, und ihre Menschen und Heroen hatten teil am Göttlichen. In ihrer Dichtung und Philosophie ist das oft unausgesprochen enthalten. Die Zeitlosigkeit, die sich sogar in vorübergehenden Ereignissen, vor allem im Sieg, entdecken ließ, verlangte nach Ausdruck in einer Kunst, die über die unmittelbare Reaktion oder Gemütsbewegung hinausblickte. Wenn das, was so entstand, heute leidenschaftslos wirkt, so liegt das daran, daß vergleichbare und uns vertraute Stile des vorigen Jahrhunderts, die selbst von der Klassik angeregt waren, nicht genügend Überzeugung transportieren konnten, um diese lebendig vor Augen führen zu können. Es ist schwieriger, die idealisierenden Tendenzen der klassischen Kunst und die positiven und neuartigen Qualitäten, die sie im Griechenland des 5. Jhs. freisetzten, zu würdigen, als auf den viel unmittelbareren Reiz der archaischen Kunst oder jener Olympias zu reagieren. Das 19. Jahrhundert hat das erkannt: in seinen Augen war das klassische Griechenland durch das Vermächtnis des hellenistisch-römischen Realismus falsch gedeutet worden – aber es konnte es nicht zurückerobern. Heute sind wir mit dem Stil vertrauter geworden, und es bedarf erneuten Nachdenkens, um seine Großartigkeit zu erkennen und nicht beispielsweise den Parthenonfries als „einen unpersönlichen Festzug heldenhafter, aber völlig extrovertierter Schauspieler . . . die absolut nichts im Kopf haben" (Mortimer Wheeler) abzutun oder in ihm nur eine „Qualität der Statik und Lähmung" (Geoffrey Kirk) zu finden. Den Parthenonskulpturen fehlte es keineswegs an Ausdrucksmöglichkeiten der Gesichter, wenn auch die nächstliegenden Beispiele wie manche Kentauren mehr der Archaik als der Frühklassik verpflichtet sind. Es mangelt auch nicht an der Beobachtung unterschiedlicher Altersstufen und Körperverfassungen. Der „Standardkopf" mit kompaktem rundlichen Schädel, großem ausdrucksvollen Auge (Pupille in Farbe!), kleinem, geringschätzig verzogenem Mund und gewöhnlich keinerlei Schema zeigendem zerzausten Haar gibt ein Vorbild ab, das bis weit ins 4. Jahrhundert hinein nicht verändert wurde – für die griechische Kunst bedeutet das eine lange Zeit –, und das für spätere, klassizistische Phasen ein naheliegendes Modell lieferte.

Die Anatomie männlicher Figuren wird in der Regel nicht stark betont, sieht man von den dramatischsten Gruppen ab. So war es auch bei vielen Figuren in Olympia gewesen, aber dort hatte man die zugrundeliegende Struktur des Skeletts noch nicht völlig verstanden; am Parthenon aber (unserem unvermeidlichen Paradigma für den klassischen Stil) wird unter schlaffem, sparsamem oder fülligem Fleisch eine solche Sicherheit bezüglich der Struktur spürbar, daß sie jede Kritik an anatomischer Glaubwürdigkeit entwaffnet und die Figuren so wirken läßt, als seien sie eher von innen her aufgebaut als von außen her aus dem Stein gehauen – das immerwährende Wunder aller Bildhauerarbeit. Die Frauen sind nun wirklich weiblich – bis hin zur Wiedergabe ihrer Hälse mit Venusringen –, nicht mehr umgewandelte Männer. Die Aphrodite des Ostgiebels ist die erste wirklich sinnliche Gestalt in der griechischen Kunst. Bei bewegten Gruppen ist das Gleichgewicht, jener versteinerte Augenblick angehaltener Bewegung, empfindlicher als in der unmittelbareren Erzählweise der archaischen Plastik oder bei den Metopen von Olympia. Sie mögen dadurch spannungsvoller, aber vielleicht weniger befriedigend wirken. Die neugefundene Verwendung des Raumes, die Art, wie der Künstler seine Figuren nun in die Welt und nicht mehr in einen Rahmen hineinstellen kann, ist für freistehende Skulpturen angemessener als für Architekturplastik.

Der Olympiameister hatte Schwierigkeiten mit der Gewandwiedergabe, mit dessen natürlichem Fall und dem Verhältnis zum darunter verborgenen Körper; die Peplophoroi hatten dagegen nur wenig subtile lineare Faltenschemata geboten, die kaum Variation zuließen. Die klassische Gewandwiedergabe stellt den drastischsten Wandel im plastischen Stil dar. Der Stoff ist realistisch drapiert, auch wenn sich das wohl im Detail an einem lebenden Modell nie wiederholen ließe. Das lineare Muster aus scharfen Graten oder Falten wird durch tiefere Mulden oder Schattenpartien ergänzt, so daß es schon auf dem Gewand zu einem Spiel der Tiefe, des Lichts und des Schattens kommt, das sich mit jenem vergleichen läßt, das bei der Wiedergabe des menschlichen Körpers angestrebt wird, ja, das noch vielfältiger als dieses ist. Die Falten betonen und artikulieren die darunter verborgenen Körperformen, und das stellt ein wichtiges Charakteristikum an solchen Werken dar, die auf eine Ansicht aus größerer Entfernung hin konzipiert sind, wobei die Tiefenmodellierung weniger deutlich zu erkennen ist. Die Wirkung ist eine ganz andere als jene, die die präzisen linearen Muster früherer rotfiguriger Vasenmaler erzielten, auch wenn sich die Künstler der Zeichnung noch darum bemühen sollten. Die Wirkung von Licht und Schatten und Musterwerk gehört eher zum Werkzeug der Maler (der Generation *nach* Polygnot, dessen Malstil streng, wahrscheinlich subarchaisch war). Die Detailangaben des Gewandes werden durch Wirbel- und Knitterfalten bereichert, die realistisch verteilt sind, aber gelegentlich kommt es auch zu Manierismen und Schemawiederholungen – etwa gegabelten Falten über breitgezogenen Stoffbahnen, Doppelfalten, gebauschten Falten, gekräuselten Säumen –, meist Schemata, die aus älterer Bildhauerpraxis stammen, aber in neuer Manier wiedergegeben werden. Nach solchen Manierismen und Abweichungen vom Natürlichen muß man aber suchen, denn sie sind, zumindest anfangs, unauffällig. Im Lauf der Jahre kommt eine gewisse Überladenheit hinzu, und es mag so aussehen, als führe das Gewand ein Eigenleben, das von seiner Funktion abhängt; es kann auch auf ganz neue Weise eingesetzt werden, um eine bewegte Gestalt ins Gleichgewicht zu bringen oder ihr einen dramatischen Rahmen zu verleihen. An diesem Punkt müssen wir uns daran erinnern, was Farbeffekte und -kontraste zusätzlich ausgemacht haben mögen.

Am Parthenon können die Gewänder, seien sie auch noch so geschickt drapiert, immer noch gewissermaßen wie Panzer über den darunter verborgenen Figuren wirken, aber es gibt bereits unmißverständliche Andeutungen dessen, was für das letzte Viertel des 5. Jahrhunderts charakteristisch sein wird. Genau so, wie man das Knochengerüst des Körpers unter seiner Marmorhaut spüren konnte, kann man jetzt die Wärme und Nacktheit des Fleischs unter einem Gewand spüren, das so dicht am Körper anliegt, daß einem zur Beschreibung immer wieder automatisch die Beiworte „naß" oder „vom Wind angepreßt" einfallen. Hier handelt es sich nicht einfach um Akte, denen einzelne Kleidungsstücke beigegeben sind, obwohl der Stil seinem Wesen nach plastisch ist und auf der Kenntnis des unter der Hülle verborgenen Körpers beruht und dessen Formen deutlich machen soll. Das Gewand war mit Sicherheit in kontrastierender Farbe gehalten, und das Spiel von flacheren und tieferen Falten auf ihm forderte eine noch raffiniertere Anlage. Allerdings ist das ein Stil, der allzu leicht in bloße Hübschheit verfallen konnte.

Was die Thematik der klassischen Plastik angeht, so möchte man vielleicht einen höheren Grad von Menschlichkeit erwarten, wie sehr diese auch göttlich inspiriert sein mag, und viele behaupten auch, das sehen zu können. Doch eine solche Betrachtungsweise ist zu stark vereinfachend. In ihrer Art waren auch die Kuroi auf heroische oder göttliche Weise menschlich konzipiert. Der Parthenonfries, der gelegentlich unser Verständnis von der klassischen Kunst in übertriebenem Maß zu bestimmen scheint, ist nicht unbedingt ein charakteristisches Monument und stellte unter all den neuen Skulpturen auf der Akropolis das am wenigsten ins Auge fallende Beispiel dar. Der neue und idealisierende Aspekt des Sterblichen kommt bei anderen Mitteln der Heroisierung des Gegenwärtigen viel klarer zum Ausdruck – so bereits bei den Denkmälern für Athleten und öffentliche Persönlichkeiten, die ein Interesse markieren, das mit Hilfe der neuen Auffassung vom Realismus in der Plastik allmählich zur echten Porträtdarstellung führen wird; und nach der Parthenonzeit in der Serie neuer athenischer Grabreliefs.

Noch zwei weitere Feststellungen müssen getroffen werden, ehe wir uns den Monumenten zuwenden. Erstens: Athen ist nicht Griechenland. In Athen hat sich mehr Bauplastik des 5. Jhs. erhalten als in anderen Teilen Griechenlands. Das Bild, das sich so bietet, ist nicht ganz unzutreffend, denn Athen hatte mehr wiederaufzubauen als die meisten griechischen Städte und hatte sich darüber hinaus ungewöhnliche Ressourcen gesichert, mit denen es an den Wiederaufbau herangehen konnte. Aber die peloponnesischen Werkstätten waren noch tätig, und wenn auch originale Arbeiten im Vergleich zu Attika spärlich geblieben sind, so wissen wir doch, daß Polyklet von Argos keinen geringeren Einfluß ausübte als die Phidiasschule; und wir wissen, daß er bewußter und deutlicher jenem Sich-Befassen mit Proportionen, jener Auffassung vom menschlichen Körper als einer letztlich göttlichen Demonstration mathematischer Prinzipien zum Ausdruck verhalf, wie sie für die griechische Plastik seit der Zeit charakteristisch waren, zu der ihre entwerfenden Meister die ägyptischen Methoden der Anlage von Kolossalfiguren gelernt hatten und dabei feststellten, wie selbstverständlich diese mit ihrem eigenen grundlegend tektonischen Verständnis der lebenden oder abstrakten Formen in Einklang zu bringen waren, die sie selbst in Stein zu realisieren versuchten. Wir dürfen sicher sein, daß diese Prinzipien in Athen keinen geringeren Einfluß ausübten; ihr Vorhandensein oder sonst irgendein vergleichbarer Kanon ist wohl Vorbedingung eines jeden idealisierenden klassischen Stils, aber wir sind uns dieser Prinzipien weniger bewußt als der neuen Stimmung, die mit ihrer Hilfe zum Ausdruck kam.

Zweitens war das Athen des Perikles, in dem der Parthenon und die vielen Tempel in Attika errichtet wurden, nicht das gleiche Athen, in dem das Perikleische Programm zu Ende geführt wurde. 431, zwei Jahre vor Perikles' Tod, begann der Krieg mit den peloponnesischen Städten und das athenische Reich begann zu zerfallen. Der Krieg zog sich hin mit einer Reihe von tollkühnen Siegen, vernichtenden Niederlagen, Hungersnot und Pest, wobei eine Zeitlang der Feind fast jährlich in Attika einfiel, um dort die Ernte zu verwüsten. Dennoch sind das die Jahre, in denen das Erechtheion gebaut wurde und die Tempel am Ilissos und für Athena Nike; die Jahre, in denen die lässige Eleganz der Nikebalustrade und der neue, fast kecke Stil von Kleidung und

Entkleidung bei Göttern und Sterblichen entstanden. In der Vasenmalerei herrscht eine deutlich spürbare Stimmung eskapistischer Tagträumerei. Das unablässige Bestreben, die Verschönerung Athens zu vollenden, beruhte nicht nur auf einem stark ausgeprägten prahlerischen Selbstwertgefühl, sondern noch mehr auf der tiefverwurzelten Sicherheit und Überzeugung, daß der Glanz der Vergangenheit Athens wichtiger war als die Rückschläge der Gegenwart, ja, daß er eine glücklichere Zukunft verbürge. Die Athener wußten, daß sie die Besten seien und daß ihre Stadt die größte sei – und selbst als das den Tatsachen nicht mehr entsprach, blieb man bei dieser überheblichen Behauptung, die von den meisten anderen Griechen und Barbaren akzeptiert wurde und die die Existenz der Monumente des klassischen Athen bestätigte.

Kapitel 10

DER PARTHENON

Die Arbeit am Parthenon setzte im Jahr 447/46 v.Chr. ein. Ein großer Teil der Fundamente jenes Tempels, der nach Marathon (490) begonnen und von den Persern zerstört worden war, konnte wiederverwendet werden, doch mußten sie vergrößert werden, weil der neue Tempel andere Proportionen – eine breite Fassade mit acht Säulen anstelle der üblichen sechs – erhalten sollte. Das Gebäude mit seiner Kultstatue wurde im Jahr 438 beim Fest der Großen Panathenäen eingeweiht, aber es wurden noch bis zum Jahr 433/32 Abrechnungen angefertigt – mit dem Jahr 438 waren wohl noch nicht alle Skulpturen vollendet, ja die Giebelfiguren kaum erst in Angriff genommen. Der Tempel wurde der Athena Parthenos, der Jungfrau Athena, geweiht. Er ersetzte nicht den alten Athenatempel, den die Perser zerstört hatten. Dieser hatte die heilige Statue der Athena aus Olivenholz beherbergt, der bei den Großen Panathenäen der neue Peplos dargebracht wurde; diese Statue muß in irgendeinem provisorischen Bau auf der Akropolis aufbewahrt worden sein, bis das Erechtheion für sie errichtet wurde. Auf den ersten Blick wirkt der Parthenon wie ein Tempel ohne Kult und ohne einen neuen Altar für dessen Ausübung: eher wie eine Demonstration des Bürgerstolzes und ein Denkmal zur Erinnerung an all das, was die Bürger Athens unter der Schirmherrschaft ihrer Göttin geleistet hatten. Bis zu einem gewissen Grad wird sich das in der Tat so verhalten haben, aber möglicherweise hatte man ursprünglich doch beabsichtigt, auch die alte Statue im neuen Haus unterzubringen, und es ist nicht ausgeschlossen, daß ein – oder sogar *der* – Peplos, der natürlich entsprechend größer sein mußte, der Parthenos dargebracht, wenn auch kaum ihr angezogen wurde.

Der ungewöhnliche Charakter des Gebäudes mag die ungewöhnliche Auswahl an Themen für den Skulpturenschmuck erklären helfen, von dem in Kapitel 12 die Rede sein soll.

Figürliche plastische Dekoration wurde an dem Gebäude an den für ein dorisches Bauwerk üblichen Stellen angebracht – in den Giebelfeldern und an den äußeren Metopen; ungewöhnlich ist dabei jedoch, daß alle Metopen ausgefüllt wurden und daß es zusätzlich noch einen fortlaufenden Fries (ein ionisches Element) gab, der sich innerhalb des Säulenumgangs oben an der Cellawand hinzog – in der Zone der skulptierten Metopen in Olympia. Für einen größeren Tempel war das ein ganz und gar ungewöhnlich reicher Schmuck, wie er eher für ein archaisches Schatzhaus angemessen gewesen wäre (wie GPAZ Abb. 210–12). In der Tat stellte der Tempel ja ein Schatzhaus dar, denn der große rückwärtige Raum war zur Aufnahme der Reichtümer Athenas bestimmt.

Der Erhaltungszustand der Skulpturen erklärt sich aus der Geschichte des Bauwerks. Seine Verwandlung in eine christliche Kirche machte den Einbau einer Apsis im Osten notwendig. Dadurch wurde die Mitte des Giebels zerstört, von der lediglich ganz geringfügige Reste erhalten sind. Dann wurde eine Moschee daraus, und 1674 zeichnete „Jacques Carrey" die Giebel, große Teile des Frieses und alle Südmetopen. Diese Zeichnungen stellen eine kostbare Quelle dar. Die übrigen Metopen waren vermutlich schon so beschädigt, daß sie der Beachtung nicht mehr wert schienen; sie waren wohl von den Christen grausam mißhandelt worden. Dreizehn Jahre später entzündete eine venezianische Bombe das im Gebäude befindliche türkische Pulvermagazin, und der Mittelteil des Tempels flog in die Luft, wobei Teile des Frieses in Stücke gingen. Spätere, von Besuchern angefertigte Zeichnungen belegen die fortschreitenden Verluste und Beschädigungen der Skulpturen – Morosini zertrümmerte die Pferde des Westgiebels beim Versuch, sie herauszunehmen. Um die Wende vom 18. zum 19. Jh. kam es zu einem starken gelehrten Interesse an dem Gebäude; Zeichnungen und Abgüsse der Skulpturen wurden angefertigt, und im Jahr 1812 konnte schließlich Lord Elgin das meiste von dem, was bereits am Boden lag oder sich leicht aus dem Bauverband entfernen ließ, nach London in Sicherheit bringen, wo das British Museum 1817 die Stücke aufkaufte. Am Gebäude blieben einige Giebelfiguren zurück (die heute durch Kopien ersetzt sind) und der gesamte Westfries mit Ausnahme von zwei Platten. Andere herabgestürzte Stücke befinden sich im Akropolis Museum, darunter wesentliche Teile des Frieses, und andere Museen an anderen Orten besitzen Einzelstücke; zu ihnen gehören ein schönes Friesfragment, eine Metope (S 10) und ein Kopf aus den Giebeln in Paris. Die Gipsabgüsse aus dem 19. Jh. zeigen, wie sehr die in Athen verbliebenen Skulpturen gelitten haben – vor allem durch die Industrieeinflüsse auf das Klima Athens, auf deren schädliche Auswirkungen man nun verspätet reagiert. Die Marmororiginale in London und die Abgüsse, die sich sehr schnell in den Universitäten und Museen der westlichen Welt verbreiteten, haben den Gelehrten und Künstlern vor Augen geführt, was es mit der klassischen griechischen Plastik wirklich auf sich hat. Sie haben auf die Kunst und auf die Einstellung zum antiken Griechenland in den letzten 150 Jahren einen stärkeren Einfluß ausgeübt, als in den vorausgegangenen zweieinhalb Jahrtausenden, und das Land, das so viel getan hat, um das griechische Erbe zu erhalten und zu verstehen, bietet die angemessene Umgebung, in der sie weiterhin ihren wohltuenden Einfluß ausüben können. Die Gründe, dagegen zu protestieren, reichen von sentimentalen Überlegungen (Byron hätte Bauwerk und Skulpturen lieber auf natürliche Weise zugrunde gehen lassen) bis zu politischem Eigeninteresse.

Dem Gelehrten bereiten die Skulpturen enorme Schwierigkeiten. Fries und Metopen lassen sich trotz ihrer Beschädigungen mehr oder weniger erfolgreich wiederherstellen und studieren, obwohl von den Metopen mit Ausnahme der meisten Südmetopen lediglich Schemen erhalten geblieben sind. Aus den Giebeln besitzen wir einige wenige fast vollständige Figuren und viele Fragmente, wobei jedes Jahr neue Bruchstücke identifiziert, angepaßt oder versuchsweise in die Gesamtkomposition eingefügt werden. In einem bemerkenswerten Forschungsprogramm hat man in der Basler Abgußsammlung versucht, fehlende Teile zwischen den Abgüssen in leichtem Kunststoff zu ergänzen, so daß es möglich wird, genauer zu beurteilen, welche Figur oder welches Fragment an welcher Stelle passen könnte; dennoch ist man sich über Zugehörigkeit oder Nicht-Zugehörigkeit ganzer Figuren, ja sogar von Gespanngruppen, wie auch über die Haltung der Mittelfiguren keineswegs einig. Im Altertum scheinen die Skulpturen nie – sei es in Malerei oder Stein – genau kopiert worden zu sein; Nachwirkungen lassen sich nur in jenen Fällen einigermaßen identifizieren, wo die Originale selbst gut genug erhalten sind. Wir werden Beispiele dafür sehen.

Der Marmor für den Tempel wurde am Pentelikon gebrochen, und die Skulpturen wurden vor dem Transport grob ausgehauen, um dann auf der Akropolis vollendet zu werden. Im Jahr 442/41 arbeitete man noch an den Säulen, die Metopen können demnach erst später an ihren Platz versetzt worden sein, doch waren sie sicher vorher schon in Arbeit. Der Fries war vielleicht 438 bereits an Ort und Stelle, er ist möglicherweise aber auch *in situ* gearbeitet worden. Die Giebelfiguren könnten ganz zum Schluß an ihren Platz gebracht worden sein, also bis zum Jahr 432, aus dem die letzten Abrechnungen stammen. Innerhalb von 15 Jahren war das gesamte Werk vollbracht – und das war nicht das einzige Projekt, an dem man in diesen Jahren in Athen und Attika arbeitete.

Über den Stil der Skulpturen ist bereits einiges im vorangehenden Kapitel gesagt worden, ihre Thematik wird in Kapitel 12 behandelt und die Bildunterschriften erörtern die Ergänzungen und Identifizierungen der Figuren. Pausanias, der Reisende aus dem 2. Jh. n.Chr., ist unsere einzige antike Quelle für die Parthenonskulpturen. Er überging Metopen und Fries und beschrieb nur die Themen der Giebeldarstellungen – den Streit zwischen Poseidon und Athena um Attika im Westgiebel und die Geburt der Athena im Ostgiebel –, die wir aus den erhaltenen Fragmenten vielleicht nur mit Mühe hätten erschließen können. So bleibt uns nur die Aussage der Steine selbst und das, was Besucher sahen und zeichneten.

Die Giebel

Die Einlassungen in den Böden der beiden Giebelfelder sagen bemerkenswert wenig über die Figuren aus, die sie hielten. Rechteckige Vertiefungen außen in den Ecken dienten wahrscheinlich zur Verankerung einer Hebevorrichtung und nicht von Skulpturen, und zur Mitte der Giebelfelder hin finden sich Einlassungen für Eisenträger, die das zusätzliche Gewicht überhängender Figuren tragen sollten. Die Skulpturen waren rundplastisch gearbeitet und auch am Rücken vollständig ausgeführt – ein Zeichen für die künstlerische Lauterkeit oder ein Hinweis darauf, daß die Figuren vor ihrer endgültigen Versetzung eine Weile öffentlich zur Schau gestellt worden waren, oder auch beides. Dennoch hatte man einige Teile, die vom Boden aus nicht sichtbar waren, unvollendet belassen, während wiederum andere Details, die ebensowenig sichtbar waren, bis in alle Einzelheiten ausgeführt waren. Obwohl jede Figur daraufhin entworfen worden sein muß, daß sie im Giebelfeld ihren Platz fand, erweisen gelegentlich Abweichungen in der Ausführung, daß Partien beschnitten werden mußten – z.B. bei A im Westgiebel [*79.1*]. Die Tiefe des Giebelbodens erlaubte, daß manche Figuren – unter ihnen selbst liegende – schräg plaziert werden konnten, und diese Tatsache bewirkte in Verbindung mit den verschiedenartigsten Körperwendungen sogar bei Sitzfiguren und der Bereitschaft, die Gestalten über die Vorderkante herausragen zu lassen, daß die wuchtige Frontalität, die bei flacheren oder einfacher entworfenen Giebelkompositionen fast unumgänglich ist, abgeschwächt wurde. Die meisten Giebelfiguren blieben so lange erhalten, daß Carrey sie noch zeichnen konnte, und von einigen sind immerhin noch substantielle Teile vorhanden.

Die Komposition ist gedrängt, und die Zwänge, die die ungünstige Form des Giebelfeldes bot, bedeuteten ohne Zweifel für den entwerfenden Künstler eine ebenso ärgerliche Herausforderung, wie sie sie oft auch bei aller Gutwilligkeit für den modernen Betrachter darstellen müssen. Nehmen wir die Figuren aus den Giebelfeldern heraus, so verlieren sie auch bei Einzelbetrachtung nur wenig, und in den Fällen, wo eine Abfolge wie die von A–G und

77 Parthenon, Westgiebel. Die Zeichnung vereinigt die erhaltenen Fragmente mit den Zeichnungen von Carrey; nach Berger. (Die Originale befinden sich, wenn nicht anders angegeben, in London.)

A – liegender Heros (oder Flußgott, „Ilissos"; vgl. Abb. 18 A, P). B, C – König Kekrops und Tochter, zwischen ihnen eine eingerollte Schlange. D–F – vielleicht weitere Tochter des Krekrops und dazwischen sein Sohn Erysichthon. G – Athenas Wagenlenkerin, wohl Nike. H – Hermes. I, K – die Pferdeleiber wurden vielleicht von einem Triton gestützt. L – Athena (London und Teil des Kopfes Akr.). M – Poseidon, vgl. Abb. 81. Zwischen L und M setzen viele einen Olivenbaum an (von dem vielleicht hier zugehörige Fragmente gefunden wurden); oder das Blitzbündel des Zeus (Simon). N – geflügelte Hüterin des Poseidongespannes, wahrscheinlich Iris. O – Poseidons Wagenlenkerin: seine Gattin Amphitrite; unter ihr eine Seeschlange (Ketos) mit Schweineschnauze. P, Q, R – Frau mit zwei Kindern, wahrscheinlich die athenische Prinzessin Oreithyia mit Kalais und Zetes. S, T, U – ein Knabe auf dem Schoß einer Frau und eine zweite Frau. V – kniender Mann. W – liegende Frau. Die Benennungen „Kephalos" und „Prokris" für V und W sind nicht einleuchtend. Lokale Fluß- oder Quellgottheiten (Kallirrhoe) liegen näher (vgl. A, und Olympia Ostgiebel nach Pausanias). Wahrscheinlich sind A–F und P–W durchweg Angehörige des athenischen Königshauses oder attische Heroen.

78 Parthenon, Ostgiebel. Die Rekonstruktion in Basel (nach Berger).

A–C – Die Sonne (Helios) und sein Gespann. D – Liegender auf einem Tierfell: fast sicher Dionysos. Außerdem wurden vorgeschlagen: Herakles (ebenfalls ein „Außenseiter" unter den Olympiern; doch ist es unwahrscheinlich, daß er bei der Geburt der Göttin anwesend ist, die ihn in den Olymp einführte); noch unwahrscheinlicher ist seine Benennung als Ares, und ganz ausgeschlossen die als Theseus (wie er früher in der Regel gedeutet wurde). E, F – Frauen, die auf Kisten sitzen. Wenn diese auch den eleusinischen Cisten nicht sehr ähnlich sind, mag es sich doch um Demeter und Kore handeln. Andernfalls Horen (Jahreszeiten), die aber gewöhnlich nicht in Paaren und auch nicht auf dem Olymp auftreten. G – vielleicht Artemis. K, L, M – wahrscheinlich Hestia und Aphrodite im Schoß ihrer Mutter Dione. N (Akr.), O – der Mond (Selene) oder die Nacht (Nyx) und ihr Gespann. Zusätzlich gibt es den Torso (H), der gewöhnlich dem Hephaist zugewiesen wird; Fragmente einer Peplosstatue (Akr.), vielleicht Hera; Fragmente einer Leier (Akr.) des Apollon.
(Bergers Benennungen: A–C – Helios; D – Dionysos; E, F – Kore, Demeter; G – Eileithyia (Geburtsgöttin); Ares (Wagen), Iris, Hephaistos, Hera, Zeus, Athena, Poseidon, Hermes, Amphitrite (Wagen), Apollon; K, L, M – Leto, Artemis, Aphrodite; N – Nyx).

K—O im Osten erhalten geblieben ist, können wir in Ansätzen die Genialität des Entwurfes würdigen; wir nehmen an, daß nur wenig davon bei Versetzung der Figuren in 16 m Höhe verlorenging. Aber es gibt keinen früheren Giebel, der so angefüllt gewesen wäre.

Westgiebel [77]
Das Mittelstück stellte eine große Kreuzkomposition aus den beiden Göttern Poseidon und Athena dar, die auseinanderdrängen, dabei aber durch ihre Blicke, ihre Gegnerschaft und die Richtungsführung ihrer Waffen miteinander verbunden werden. Die sich aufbäumenden Gespanne mit Streitwägen reagieren auf den Ausbruch des Zweikampfes und bringen diesen unter Kontrolle, wobei auch die Wagenlenker und beiwohnenden Gottheiten von der Bewegung und dem Streit hin und her getrieben werden. Hinter ihnen wird es ruhiger, und die kraftvolle Symmetrie der Mittelgruppe wird nicht mit dem gleichen Nachdruck bis in die Ecken weitertransportiert. Sitzende, liegende und kniende Gestalten beiderlei Geschlechts und jeder Altersstufe wohnen dem Kampfgeschehen bei — man kann noch nicht einmal wirklich sagen, daß sie ihm beobachtend folgen. Es muß sich bei ihnen um die frühen Könige und Heroen Attikas und ihre Familien handeln; eine Identifizierung im einzelnen ist nicht leicht. Sie sind anwesend, weil sie dabei sein müssen, nicht weil sie in irgendeiner Weise ein Gefühl der Sorge um die Zukunft ihres Landes zu vermitteln hätten. Athena hat den Ölbaum versprochen, der irgendwo in der Nähe der Mitte zu sehen gewesen sein muß. Poseidon drohte mit Überschwemmung, daran gemahnt das Seeungeheuer, das seine Gemahlin und Wagenlenkerin Amphitrite begleitet und dem Landtier, der Schlange, entspricht, das zusammengerollt neben B liegt und damit diesen mit Sicherheit als den attischen König Kekrops bezeichnet, der im klassischen Athen oft selbst mit Schlangenbeinen dargestellt wird. Schlangen spielen in der athenischen Vorgeschichte eine wichtige Rolle und begleiten Athena als Promachos und Parthenos.

Von den Einzelfiguren fordert die liegende Gestalt A [*79.1*] zum Vergleich mit den Flußgöttern von Olympia heraus. C scheint sich von dem Geschehen in der Mitte wegzuducken und bei ihrem Vater Schutz zu suchen [*79.2*]. Unruhige, tief eingeschnittene und gebündelte Falten bilden einen Wirbel über ihren Brüsten und über dem rechten Oberschenkel. Was die Hauptfiguren angeht, so sind nennenswerte Teile nur von den Torsen erhalten [*79.4*], aber der Oberteil des Poseidon (M) scheint für die Tritonen an der Fassade des 2. Jhs. n.Chr. am Odeion des Agrippa auf der Athener Agora kopiert worden zu sein [*81*]. Die Iris (N) ist die kraftvollste der Giebelfiguren [*79.5*], und der Wagenlenker (O) neben ihr ist im Vergleich langweilig wiedergegeben. Carreys Zeichnungen und die Originalfragmente zeigen, daß einige der Westgiebelfiguren in stark verkleinertem Maßstab kopiert wurden (B, C, L, Q, W?; andere wurden vielleicht nur adaptiert) für einen Giebel des 2. Jhs. n.Chr. in Eleusis, der allerdings ein anderes Thema zeigte (den Raub der Persephone) [*82*]. Eine neuere Vermutung, nach der das Blitzbündel des Zeus die streitenden Götter trennte, scheint durch ein Vasenbild des späten 5. Jhs. im Museum von Pella gestützt zu werden. Sonst finden sich nur auf einigen wenigen Vasen entfernte Anklänge an die Mittelgruppe. Dieser Giebel liefert das erste Zeugnis für diesen Streit, doch wird in der späteren Literatur berichtet, daß Zeus intervenierte, oder daß die Götter oder früheren Könige und Heroen Attikas das Urteil fällten.

Ostgiebel [*78*]
Bei diesem Giebel wissen wir weit mehr über die Ecken als über das Mittelstück. Bei letzterem handelte es sich eher um eine Epiphanie als um eine in Aktion befindliche Gruppe (vgl. Olympia): Athena, erwachsen und bewaffnet, steht vor ihrem Vater Zeus, aus dessen Haupt sie entsprungen ist. Hephaistos, der erschreckt von dem außergewöhnlichen Geburtsereignis, bei dem er assistiert hatte (durch einen Axthieb auf den Kopf des Zeus: vgl. die frühere Behandlung SVA Abb. 62, 123.1, 175 und

RVAAZ Abb. 355), zurückweicht, wird dem Geschehen ein Element von Erregung und Bewegung beigesteuert haben; man erkennt ihn in der Regel im Torso (H) (der in der Baseler Rekonstruktion für Poseidon in Anspruch genommen wird). In Basel rekonstruiert man Zeus nahezu frontal auf einem Felsen sitzend und unter ihm den Adler [*78*]. Die meisten setzen ihn in Profil- oder Dreiviertelansicht auf einen Thron, und so erscheint er auch sonst in dieser Szene. Die Mittelszene muß zumindest Zeus und Athena zusammen mit Hephaistos und wahrscheinlich Hera (zu der vielleicht Fragmente einer stattlichen Peplophoros gehören) umfaßt haben. In Basel rekonstruiert man zusätzlich beiderseits je einen Wagen, die als Rahmen der Mittelgruppe gedient haben sollen (wie im Westgiebel), doch haben sie in dieser Szene keine erzählerische Funktion, und es befinden sich Wagen bereits in den Ecken. Die spätere Kunst liefert uns keinen Beitrag zur Rekonstruktion. Eine römische Brunneneinfassung in Madrid zeigt Zeus, Athena und Hephaistos, mit einer Nike, die Athena krönt, und den drei Schicksalsgöttinnen [*83*]. Falls die Hauptgruppe in irgendeiner Weise dem Parthenon verpflichtet ist, so nur über Vermittlung eines Reliefs des 4. Jhs., das die Schicksalsgöttinnen mit einschloß.

Bei den Zuschauern dieses Ereignisses muß es sich um olympische Götter handeln. Sie reagieren auf sehr verschiedene Weise: die meisten überhaupt nicht. Es genügt, daß sie anwesend sind und daß sich alles im Olymp abspielt. Es gibt keinen großartigeren Bericht über die olympische Familie – weder in der bildenden Kunst noch in der Literatur, und auch nicht auf dem Parthenonfries [*94*], wo sich die Einzelfiguren leichter erkennen lassen. Da es sich um die Geburt der Schutzgöttin Athens handelt, fühlte sich die Stadt in ganz besonderer Weise zuständig. Auf ihrem Marktplatz waren „die zwölf Götter" zum erstenmal in Griechenland als Familie verehrt worden, und zwar an einem Altar, der im späten 6. Jh. errichtet worden war. Am Parthenon zeigten sich, wie wir sehen werden, ihre Dienste für die Stadt auf ganz einzigartige Weise.

Von den beiwohnenden Göttern eilt die schöne Gestalt G in

rauschender Bewegung vom Zentrum weg zum Schutz der Sitzenden E und F [*80.2*]. Die abnehmende Spannung reicht bis hin zu D [*80.1*], der den Blick von der Mitte abwendet und zur Ecke schaut, wo der aufsteigende Wagen der Sonne über den Giebelboden hinaufdrängt. Hinter dem Wagen des Mondes (oder der Nacht), der in der anderen Ecke versinkt, befindet sich wieder eine ruhige Gruppe (L, M), von der K sich abwendet, hin zu einer fehlenden Figur neben ihr [*80.3*]. Die Bildhauerarbeit an den erhaltenen Figuren ist hervorragend und in ihrer Art sehr unterschiedlich. D ist die einzige fast vollständige Figur, die noch ihren Kopf besitzt: eine schwer in sich ruhende, unbekleidete liegende Gestalt. Das Gewand der Peplosfiguren E und F ist in harten scharfen Falten angeordnet mit tief eingeschnittenen Furchen dazwischen, die den Schatten halten sollen; die Gestalten wirken fest und sicher. G, ebenfalls im Peplos, zeigt ähnlich wiedergegebenes Gewand, aber der Faltenfluß über dem Bein akzentuiert ihre Bewegung zart und doch kraftvoll; die Bewegung wird über den Körper bis in den Kopf hinauftransportiert und kehrt von dort ins Zentrum zurück. Man vergleiche damit die Dreiergruppe der mit Chiton bekleideten Gestalten K, L, M (lange begreiflicherweise, aber fälschlich, für die drei Schicksalsgöttinnen gehalten), wo das über die Beine geführte Himation (das wie die Peploi bei E–G gearbeitet ist) mit den sich kräuselnden, eng anliegenden Falten des darunter befindlichen Gewandes kontrastiert, das die Körperformen kaum verhüllt und von den glatt polierten nackten Schultern und Hals herabgleitet. Das gemahnt an Stilrichtungen, wie sie später im Jahrhundert auftreten. Und dann der angespannte athletische Körper der wagenlenkenden Selene (N) und die überwältigende Majestät ihres Gespanns (O) [*80.4,5*].

Die Metopen

Die Metopen sind 1,2 m hoch und schließen oben mit einer breiten flachen Leiste ab. 32 von ihnen schmückten die Nord- und Südseite, 14 die Ost- und Westseite – insgesamt waren es also 92

[*85–91*]. Die Figuren sind fast rundplastisch gearbeitet und manche von ihnen nur noch ganz leicht mit dem Hintergrund verbunden (mit dem zusammen sie natürlich in einem Stück gearbeitet worden sind); dieser war wohl rot bemalt gewesen. Viele der innerhalb der rechteckigen Felder entwickelten Kompositionen sind großartig angelegt, aber es gibt auch viele, die weniger überzeugend sind als die besten aus archaischer Zeit oder aus Olympia. Manche Figuren sprengen ihren Rahmen und über die Oberfläche herausragende Glieder sind nicht selten – besonders in den kraftvollen Gruppen der Südmetopen, die am besten erhalten geblieben sind. Andere wirken eher wie Ausschnitte aus einem Fries, aus dem sie fast zufällig entnommen wurden. Für die klassische Beherrschung des Raumes bieten Metopen ein ungeeignetes Medium, und Giebel kaum ein besseres.

Vielleicht handelt es sich dabei um die frühesten für den Bau angefertigten Skulpturen; man hat auch vermutet, daß manche für einen älteren „kimonischen“ Parthenon hergestellt worden seien, der nie vollendet wurde (Carpenter). Mittlerweile muß das als höchst unwahrscheinlich gelten. Die interessante These, daß manche von ihnen wie in Olympia für eine Plazierung über der Vorhalle bestimmt gewesen, aber letztlich nicht dort angebracht worden seien, da man sich entschlossen hatte, hier den Fries anzusetzen, wird sich wohl kaum aufrechterhalten lassen, auch wenn man damit der Lösung mancher der mit den Südmetopen verbundenen Probleme näherkommen könnte.

Alle Ost- und Westmetopen befinden sich noch am Bau, sind aber schwer beschädigt. Von der Nordseite haben sich weniger als die Hälfte erhalten, auch sie in gleich schlechtem Zustand (und zwei von ihnen aus dem Bauzusammenhang gelöst), ausgenommen N 32 im Westen: die Christen verschonten sie, weil die Darstellung einer Verkündigungsszene ähnelt. Die Südmetopen hatte man ebenfalls verschont, doch wurden sie fast zur Hälfte (jene in der Mitte) durch die Explosion von 1687 zerstört; die übrigen befinden sich fast alle in London (S 1 ist noch am Bau, S 12 im Akropolismuseum, S 10 in Paris). Mehrere Köpfe und

Bruchstücke verteilen sich auf andere Museen. Zum Glück hat Carrey alle Südmetopen gezeichnet.

Westmetopen [*85–6*]
W 1 zeigt einen Reiter, die übrigen bringen Zweikämpfe, abwechselnd zu Fuß und mit einem Reiter, woraus sich eine einfache rhythmische Komposition ergibt. Die Kämpfenden sind – offenbar meist unbekleidete – Griechen und Amazonen in orientalischen Gewändern und Kopfbedeckungen. Brommer hat darauf hingewiesen, daß es sich bei letzteren um Perser handeln könnte, da sich ihre Geschlechtszugehörigkeit nicht mehr eindeutig erkennen läßt. Doch sind persische Reiter in solchen Zweikämpfen untypisch für diese Zeit, außerdem ist das Kräfteverhältnis einigermaßen ausgewogen, wie das häufig bei Amazonomachien der Fall ist. Die Kampfgruppen zeigen keinerlei neue Kompositionsschemata und lassen sich zum größten Teil an früheren attischen Werken nachweisen.

Nordmetopen [*87–8*]
Rechts (im Westen) zeigen drei Metopen Gottheiten, die den Vorgängen auf den anderen Metopen beizuwohnen scheinen – man kann nicht recht sagen, daß sie sie beobachteten oder über sie urteilten. Diese schildern zum Teil ohne Zweifel die Eroberung von Troja; damit fassen wir höchstwahrscheinlich das auf allen Metopen dargestellte Thema, auch wenn sich für mehrere Gruppen – bei aller Beliebtheit des Themas – nicht ohne weiteres Parallelen andernorts finden. Nur N 32 [*88*] läßt sich stilistisch beurteilen. Die mit einem Chiton bekleidete und auf einem Felsen sitzende Göttin zeigt ein quer über die Körpermitte und die linke Seite geführtes welliges Faltenschema, wie es weder in den Giebeln noch im Fries vorkommt; es bildet einen Kontrast zu der vergleichsweisen Strenge der vor ihr stehenden Peplophoros. Die Strenge dieser Figur wird gemildert durch einen Mantel, den sie gewissermaßen als Folie hinter ihrem Körper hochhält. Da es sich

bei ihr um Athena handelt, dürfen wir annehmen, daß diese Eigenarten in Stil und Pose beabsichtigt sind (ebenso wie die Tatsache, daß das die erste Metopenfigur ist, die jedem, der sich dem Parthenon näherte, entgegenblickte). Die Hauptserie der Metopen wird durch einen Wagen (N 1) und eine Reiterdarstellung (N 29), wohl Helios und Selene/Nyx, eingerahmt, wie das auch im Ostgiebel der Fall ist.

Ostmetopen [*89*]
Dargestellt ist eindeutig der Kampf zwischen Göttern und Giganten, allerdings in ungewöhnlicher Form, da er in Zweikämpfe aufgeteilt ist; da die Metopen schlecht erhalten sind, bleibt deshalb in manchen Fällen die Identität fraglich. Von den vier Metopen mit Wagendarstellungen mag O 14 wieder Helios zeigen, während die anderen Gespanne wohl eher zu benachbart auftretenden Göttern gehören, als daß sie tatsächlich olympische Hauptgottheiten transportieren. Somit bliebe Raum für neun Olympier, Herakles und Nebenfiguren (Nike, Eros), die zusammen mit einem der Götter auf einer Metope auftreten; die weniger aktiven Göttinnen blieben dann aus dem Spiel.

Südmetopen [*90–1*]
Die Metopen 1–12 und 22–32 zeigen Kentauren, die gegen Griechen kämpfen oder deren Frauen davontragen. S 21 mit zwei Frauen, die bei einer Kultstatue Schutz suchen, mag ebenfalls zu dieser Serie gehören. Hier kann es sich nur um den Kampf mit den Lapithen handeln, wie er im Westgiebel von Olympia dargestellt war [*19*], wobei hier in gleicher Weise mit Waffen wie mit Hausrat (Wasserkrügen, Bratspießen) gekämpft wird. Die beiden Phasen des Kampfes – Kampf beim Mahl und offene Feldschlacht – werden aber dennoch nicht geradezu miteinander verschmolzen, da die vereinzelt vorkommenden Schilde nur einen schwachen Hinweis auf die Feldschlacht abgeben (man hätte sie genausogut im Haus ergreifen können) und da die Kaineusepi-

sode fehlt. Die Hauptfiguren des Theseus und Peirithoos sind hier nicht leichter zu identifizieren als in vielen anderen Kentauromachien des 5. Jhs., aber wir können Theseus vielleicht in dem Griechen in Tyrannenmörderhaltung auf S 32 [*91.11*] erkennen. Jedenfalls handelt es sich sicher nicht um irgendeine hypothetische attische Kentauromachie, für die es sonst keine Belege gibt. Die Metopen 13–20 zeigen auf den ersten (und auch auf den zweiten) Blick kein gemeinsames Thema oder gemeinsame Handlung. Sie haben deshalb viel Spielraum für Spekulation und Unsicherheit geboten, zumal wir sie nur aus Carreys Zeichnungen und winzigen Originalfragmenten kennen – immerhin aber zeigen diese deutlich genug, daß die Zeichnungen bestimmte Details falsch interpretieren können. Der Wagen auf S 15 erinnert an die Wagen in den Ecken des Ostgiebels und in den Nordmetopen (vgl. auch O 14). Wenn diese Platten von einem anderen Projekt übernommen wurden, so braucht die Abfolge weder vollständig zu sein noch der ursprünglich geplanten Anordnung zu entsprechen. Es gibt keinerlei Anklänge in der reichhaltigen Kleinkunst – etwa der Vasenmalerei –, aber es herrscht ja selten große ikonographische Übereinstimmung zwischen großer und Kleinkunst. Dennoch würden wir, wenn das Thema wichtig und – wie wir annehmen müssen – erkennbar war (in dieser oder anderer Form), irgendwelche Belege dafür in der übrigen Kunst oder Literatur erwarten, auch wenn es dort anders ausgedrückt worden sein mag.

Die Kentaurenmetopen sind die am besten erhaltenen und sie zeigen am meisten Originalität in der Komposition; es gehören auch einige recht ungeschickte (S 31) [*91.10*] Darstellungen dazu, ein paar in höchst angespannten Haltungen und einige, deren Überschwang den Rahmen zu sprengen droht. Da Bruchstücke, vor allem Köpfe, und auch Metallzubehör verlorengegangen sind, entgeht uns viel von den erzählerischen Details. So hat der unglückselige Jüngling auf S 1 [*91.1*] in Wirklichkeit dem Kentauren einen Spieß in den Leib gestoßen. Die Variationsbreite in Stil und Qualität der Ausführung ist beträchtlich. Zwei der Metopen mit Frauen sind sehr schwach (S 10, 29) [*91.8*]. Die Bildhauerarbeit zeigt gelegentlich eine zögernde Hand und viel ist überarbeitet – so mußte bei S 9 das Haar schließlich mit Hilfe von Bohrlöchern eigens angesetzt werden. Bei manchen Kompositionen kann das Gewand eine wichtige Rolle spielen: bei S 27 [*91.6*], wo der herabgleitende Mantel den Körper des Jünglings einrahmt (der Mantel wird bemalt gewesen sein, der Körper nicht), oder die Gewandbäusche und Tierfelle der Kentauren, die im leeren Hintergrund wehen. Die gewichtigen Pferdeleiber und die straffen, fast archaisch schematisierten Muskelangaben der Jünglinge steigern nicht nur die Spannung, sie verstärken auch den Gegensatz zwischen der verhältnismäßigen Ruhe im Gesichtsausdruck der Griechen und den Grimassen der Kentauren. Sie tragen dazu bei, daß die Stimmung des Kampfes über die eines betrunkenen Hochzeitskrakeels hinaus in eine zeitlose Sphäre gehoben wird: es wird ein Kampf zwischen Zivilisierten und Barbaren, zwischen Gut und Böse. Wahrscheinlich war das auch der Grund, warum die Südmetopen von den Christen verschont wurden. Aber es finden sich auf ihnen auch ein paar Kentauren mit fast olympischen Gesichtszügen und einige Jünglinge in schweren Nöten.

Der Fries

Der Fries ist 160 m lang und verläuft kontinuierlich um den Mittelblock (die Cella) des Gebäudes [*92–6*]. Vom Inneren der Ringhalle aus ist die Ansicht so schräg, daß man ihn nicht ohne weiteres verstehen kann, auch wenn der obere Teil in etwas höherem Relief gegeben ist. Von außerhalb der Ringhalle bietet sich die beste, allerdings von den Säulen unterbrochene Ansicht aus einer Entfernung von mindestens 20 m, und da der Fries nur einen Meter hoch ist, bedeutet das, daß nur wenige Details leicht zu erkennen waren, auch wenn das indirekte Licht, das auf ihn fiel, wohl relativ stark war. Auf Grund des erhaltenen Bestandes, zu dem viele Fragmente gehören, sowie der Zeichnungen sind wir über die meisten Figuren gut unterrichtet, mit Ausnahme von Teilen des Reiterzuges und einiger Details der Ausrüstung. Der

Fries war reichlich mit Metallzubehör versehen, das heute verloren ist, und natürlich können manche Gegenstände nicht plastisch, sondern durch Farbe wiedergegeben gewesen sein.

Der Fries stellt eine Prozession dar, die in zwei Strängen über die Langseiten des Gebäudes verläuft; sie beginnt an der Südwestecke, nicht in der Mitte der Westseite, erreicht aber ihren Höhepunkt in der Mitte der Ostseite über dem Haupteingang in den Tempel [*95*]. Siebzig Prozent ihrer Länge nimmt ein Reiterzug ein, dem Wagen vorausfahren. Voran gehen Prozessionshelfer und Opfertiere, und auf der Ostseite werden sie von Heroengruppen und Göttern in Empfang genommen, während in der Mitte der Ostseite sich eine kleine Gruppe mit einem Gewand befaßt. Es handelt sich bei dieser Prozession ganz offensichtlich um eine Schilderung des Panathenäenzuges, mit dem alle vier Jahre bei den Großen Panathenäen der neue Peplos auf die Akropolis geleitet wurde, wo man ihn der Statue der Athena darbrachte. Wir haben zu Beginn dieses Kapitels Ort und Rolle dieser Statue besprochen und müssen uns in Kapitel 12 mit der Interpretation des gesamten Frieses im Kontext beschäftigen.

Die Friesblöcke, auf die die Reliefs aufgetragen wurden, sind gleichmäßig breit; sie stimmen auf der Nord- und Südseite mit den Maßen der Wandblöcke überein, während sie auf der Westseite das Normalmaß beträchtlich überschreiten. Hier nehmen die Relieffiguren Rücksicht auf die Blockgrenzen und scheinen fast metopenartig einzeln komponiert zu sein. Vielleicht legte die Plazierung unmittelbar über den dorischen Säulen der Vorhalle einen solchen dorischen Rhythmus eher nahe als ein ionisches kontinuierliches Fließen. Im Osten wird ähnliches durch die Massierung der Vertikalen – bewirkt durch die stärker statischen Figuren – erreicht (51 Stehende plus 12 Sitzende gegenüber 13 Männern mit 23 Pferden im Westen); auch hier wurden jedoch die Blockgrenzen beachtet, ohne daß dadurch die Komposition bestimmt würde. Ost- und Westfries könnten demnach durchaus unten auf dem Boden gearbeitet worden sein. Auf Nord- und Südfries jedoch überschneiden Figuren häufig die Blockgrenzen. Das bedeutet natürlich nicht, daß sie nicht auf dem Boden gearbeitet worden sein könnten, aber es ist ebensogut möglich, daß sie *in situ* gemeißelt wurden; das kann dann allerdings – so will mir scheinen – nur als letzte Notlösung betrachtet werden, die durch den Bauverlauf diktiert wurde (wobei dieser allerdings keineswegs Übereilung erkennen läßt – trotz der bemerkenswert kurzen Erbauungszeit des Parthenon).

Die Kompositionsweise auf den Blöcken des Westfrieses ist frei und erfindungsreich [*92*]. Selbst dort, wo Reiterpaare dargestellt sind [*96.1*], zeigt jede Figur eigene Haltung, Gestik oder Bekleidung. Neben ihnen finden sich hervorragende Studien von Jünglingen, die dastehen, Pferde halten, oder sich anziehen [*96.5*]. Und die Pferde zeigen ihr Feuer nirgends besser als auf einer der Mittelplatten, wo ein bärtiger Mann (und es gibt nur noch einen einzigen weiteren mit Bart, ebenfalls im Westfries [*96.2*]) sein Tier zurückhält und dabei einen Fuß gegen einen Felsvorsprung stemmt [*96.3*]. Diese kleineren Detailangaben, die kaum die Bezeichnung „Landschaft" verdienen, finden sich hier und da im Fries: bisweilen sind sie funktionell bedingt, wie in diesem Fall, oder wenn ein Jüngling den Fuß anhebt, um die Sandale zu binden (zweimal an der Weistseite); an anderer Stelle bedeuten sie Unebenheit des Geländes, selbst dort, wo im Osten die Götter sitzen. Man hat angenommen (Fehl), daß sie im größten Teil des Frieses den Panathenäischen Weg und dort, wo die Götter sitzen, den Olymp bezeichnen sollen, aber es ist unwahrscheinlich, daß sie zwei getrennte Bereiche oder überhaupt irgendein bestimmtes Gebiet charakterisieren sollen. Und noch weniger wahrscheinlich ist es, daß die Felsen, die den Sandalenbindern ihren Dienst leisten, die Akropolis und Eleusis meinen sollen (Harrison). Die freiere Kompositionsweise bietet auch Beispiele für die kompositionelle Verwendung fliegenden Gewandes (Figuren 14 und 15); dafür fanden sich einige Belege auf den Südmetopen, und in späteren Friesen wird es zu einem wichtigen Kompositionsmittel werden.

In den Kavalkaden der Nord- und Südseite begegnen wir gekonnt eingesetzter Tiefenwirkung, die durch die Überschneidung von Figuren erzielt wird; dabei begnügt man sich jedoch mit geringfügigster Vertiefung der Reliefebenen [*96.7*], wie das eben die Flachheit des Reliefs forderte. Ähnliches hatten die besseren Relieffriese des 6. Jhs. zu erkennen gegeben (vgl. GPAZ Abb. 212.1: Siphnierschatzhaus). Die Reiter sind in Reihen zusammengefaßt, etwa je zehn im Norden wie im Süden (im Süden ist es jedoch deutlicher), und unter einer weniger fähigen Hand wäre daraus ein wirres Durcheinander oder ein hölzernes Repetieren geworden. Statt dessen aber sehen wir eine fließende Bewegung in gebändigter Freiheit, in der es nur ganz wenige langweilige Stellen gibt (im Norden). Am Gebäude muß der Fries, so wie er jeweils durch die Lücken zwischen den Säulen sichtbar wurde, ähnlich wie ein Filmstreifen gewirkt haben. Abwechslung wird durch die Abstände, durch Einschieben stehender Festordner [*96.10*], durch die unterschiedliche Haltung der Menschenköpfe (manche sind gedreht) und der Köpfe und Beine der Pferde, sowie durch die bunte Vielfalt der Reiterbekleidung erzielt. Im Süden ist jede Reihe auf andere Weise gekleidet. Diese betonte Unterscheidung könnte darauf hinweisen, daß hier die zehn Stämme des demokratischen Athens dargestellt sind, da aber alle Gewänder athenisch sind (selbst die thrakischen Details an den Pelzkappen [*96.9*, vgl. *2, 3*], die die athenischen Ritter schon seit langem übernommen hatten), müssen wir nicht annehmen, daß jedem Stamm ein eigenes Gewand zugeordnet war. Das kann kaum der Fall sein, denn die Tracht reicht von voller Rüstung beim einen [*96.6*] bis zur fast völligen Nacktheit beim anderen, und die Kopfbedeckung vom Pelzhut über den Sonnenhut bis zur Barhäuptigkeit. Die unterschiedliche Bekleidung ist ein weiteres Kunstmittel zum Zweck der Differenzierung.

Vor den Reitern befinden sich mit vier Pferden bespannte Wagen. Zehn auf der Südseite tragen Lenker und Krieger und werden offenbar jeweils von einem Helfer vor oder neben den Pferden begleitet. Manche fahren im Galopp dahin [*96.7*], andere — an der Spitze — stehen oder sind gerade zum Stillstand gekommen. Zwölf (oder elf) auf der Nordseite sind ähnlich, aber mit mehr Aktion komponiert; sie zeigen, wie der bewaffnete Krieger während der Fahrt auf den Wagen aufspringt oder von ihm abspringt. Die Erregung wird durch einen Festordner verstärkt (Figur 58), dessen Mantel keinem anderen Zweck dient, als seinen prachtvollen nackten Körper hervorzuheben und einzurahmen [*96.11*]. Die Übung des Auf- und Abspringens bei fahrendem Wagen geht auf Vorbilder der heroischen Vergangenheit – etwa homerische Kriegführung – zurück, und gehört nicht zur tatsächlichen militärischen Praxis des 5. Jhs. Sie war Teil der Panathenäischen Spiele, und nach Aussage des Frieses und eines Reliefs von der Athener Agora gehörte sie auch zum Panathenäenzug auf einer Teilstrecke des Panathenäischen Weges – dort, wo er relativ flach über die Agora führte und *dromos* (Rennbahn) hieß. Hier wurden während der Prozession auch Pferderennen vorgeführt. Die Bewegung der Reiter und Wagen kommt im Norden wie im Süden zu einem plötzlichen Halt; sie trifft auf eine Gruppe stehender alter Männer, und von hier bis zu den Ecken sehen wir Prozessionsteilnehmer und Opfertiere, die in den Bildunterschriften im einzelnen beschrieben werden [*93*].

Im Ostfries [*94*], an der Tempelfront, setzt sich die Prozession von beiden Ecken aus mit einer Anzahl langsam schreitender Frauen fort [*96.15*]. Mit ihnen ist der Zug als solcher abgeschlossen. Vor ihnen steht jeweils eine Gruppe von Männern – insgesamt zehn –, die gewöhnlich als die eponymen Heroen der zehn Stämme Athens gedeutet werden [*96.16*]. Sie stehen lässig da und unterhalten sich, gewissermaßen in Erwartung der Hauptprozession. Hinter ihnen folgen zwölf bedeutende olympische Gottheiten – sie sitzen je zu sechst auf jeder Seite und werden von zwei untergeordneten Göttern begleitet [*96.17,18*]. Sie lassen deutlicher erkennen, daß sie die Prozession erwarten, doch wird die Gruppenbildung dadurch verstärkt, daß eine Figur den Körper wegdreht und daß sich immer wieder Paare durch Haltung (23 + 24) oder Kopfwendung (29 + 30; 36 + 37; 38 + 39) zusammenschließen. Sie sitzen auf Hockern, Zeus (30) dagegen auf einem Thron. Es kommt zu leichten Überschneidungen, wobei die vordersten Figuren (Zeus und Athena) jene sind, die der Mitte des Frieses am nächsten sitzen. Als Sitzfiguren, deren Köpfe bis zur Oberkante des Frieses reichen, sind sie ganz eindeutig und angemessenerweise in größerem Maßstab wiedergegeben als die anderen Figuren des Frieses. Die Heroen (18–23; 43–46) sind nicht merklich größer als andere Männer – etwa die unmittelbar benachbarten Festordner (47–49), von denen der vorderste über die Heroen und Götter hinweg dem zweiten Strang der Prozession Zeichen gibt. (Diese Geste verbindet ganz offenkundig die beiden Prozessionsstränge miteinander und bietet einen schwerwiegenden Einwand gegen jene Deutungen, die jeden Prozessionsstrang auf ein eigenes Opfer beziehen [Deubner, Simon] oder sogar in eine andere Zeit verweisen [Harrison].) Aber da es sich bei den meisten übrigen Figuren auf dem Ostfries um – entschieden kleiner gebildete – Frauen handelt, heben sich die Heroen doch ab, und ihre lässigen, raumfüllenden Haltungen lassen sie umfangreicher erscheinen als die aufgerichtet stehenden Festordner, zumindest auf der Seite, wo Heroen und Festordner nebeneinander stehen. Die Mittelszene, der die Götter den Rücken zuwenden (auch phantasievolle Versuche nachzuweisen, daß sie sich in Wirklichkeit der Mitte zuwenden, fehlen nicht!), zeigt eine fünffigurige Gruppe [*96.19*], die nicht ausdrücklich auf die Götter oder die Prozession Bezug nimmt. Was Details und Benennung dieser Figuren angeht, sei der Leser auf die Bildunterschriften verwiesen, hinsichtlich ihrer Funktion auf Kapitel 12.

Akrotere

Als Akrotere hat man umfangreiche florale Kompositionen rekonstruiert, von denen in der Tat umfangreiche Fragmente erhalten sind; es wurde jedoch die Frage aufgeworfen, ob man zusätzlich noch nach figürlichen Akroteren suchen müsse, so wie bei anderen, später vollendeten attischen Tempeln.

Planung und Ausführung

Am Parthenon blieb nichts dem Zufall überlassen. Architektur und Skulptur sind genauer aufeinander abgestimmt als bei allen anderen griechischen Tempeln – die Giebelfiguren sind auf die darunter plazierten Säulen bezogen und die Friesblöcke der Langseiten auf die Wände, die sie bekrönen. Wie wir sehen werden, sind auch viele Übereinstimmungen und Querverweise in der Thematik festzustellen. Selbst in der langgezogenen und komplizierten Anlage des Frieses werden Figurenzahlen – und zwar nicht nur bei Göttern und Heroen – genau beachtet. Wir kommen kaum umhin zu schließen, daß es einen Generalplan gegeben haben muß, der Anzahl und Plazierung aller Figuren vorschrieb. Ob das auch für ihre Haltungsmotive galt, steht auf einem anderen Blatt. Die Giebel forderten mit Sicherheit den bis in alle Details reichenden Entwurf eines einzigen Künstlers. Bei den Metopen mag besonders dort, wo es um keine spezielle Erzählung ging (bei den meisten Metopen im Süden und jenen im Westen), den Bildhauern mehr individuelle Freiheit zugestanden worden sein, eine Kentauromachie oder eine Amazonomachie mit oder ohne Reiter zu gestalten. Und was den Fries angeht, so könnten Anzahl der Figuren, bestimmte Gruppierungen in Teilen des Reiterzuges, oder Identität bzw. Funktion anderer Figuren durch allgemeine Richtlinien festgelegt worden sein, ohne daß ihre Haltungen genau vorgeschrieben worden wären; auf jeden Fall aber muß die Ausführung streng überwacht worden sein, sonst hätte es nicht zu jener Einheitlichkeit in Komposition und Stimmung kommen können.

Plutarch berichtet, Phidias sei der Leiter und Oberaufseher der gesamten Perikleischen Planung für Athen und Attika gewesen. Es kann kein Zweifel daran bestehen, daß er der Schöpfer des maßgeblichen Entwurfs für das Skulpturenprogramm des Parthenon und vielleicht auch anderer Tempel war. Wir können nicht sagen, bis zu welchem Grad wir seinen Entwurf oder seine Hand bei einzelnen Figuren bestimmen können, aber es ist wahrscheinlich, daß diese seine Oberaufsicht über die Ausführung am stärksten bei den Giebelfiguren zum Ausdruck kam. Wir können keine anderen daran beteiligten Meisterbildhauer namentlich nennen, aber man darf vermuten, daß Männer, die wir von anderen überlieferten Werken her kennen, samt ihren Gehilfen hier mitarbeiteten: vielleicht Myron, und jüngere Bildhauer, die als Schüler des Phidias gelten. Manche Forscher haben Übereinstimmungen in der Ausführung verschiedener Figuren entdeckt, doch herrscht dabei keine Einhelligkeit, und selbst dort, wo sich ganz ungewöhnliche Details in der Bildhauerarbeit feststellen lassen, sind wir nicht berechtigt, sie als die Signatur eines einzelnen Bildhauers aufzufassen – so, wie wir das bei Details der Zeichnungen im Fall der Vasenmaler tun. Letztere sind wertvoll bei der Bestimmung einzelner Malerhände, da sie unbewußt verwendet werden; aber bei der Bearbeitung von Marmor gibt es nichts Unbewußtes, und gewisse Eigenheiten können leicht innerhalb einer Werkstatt oder auch außerhalb derselben kopiert worden sein. Gerade dieses Nebeneinander vieler Steinmetzen und der Druck, man könnte fast sagen, das Fieber der bildhauerischen Aktivität, die länger als eine Generation in Athen herrschten, müssen zu der außergewöhnlichen Einheitlichkeit des Stils beigetragen haben.

Kultstatue

Daß Phidias der Schöpfer der Goldelfenbein-Kultstatue der Parthenos war, steht fest. Vom Original ist nichts erhalten und auch ihr Schicksal in der späteren Antike ist ungewiß – vielleicht ist sie nach Konstantinopel verbracht und dort zerstört worden. Die Statue stand in der Cella des Parthenon und blickte zur Osttüre; seitlich und rückwärtig wurde sie durch eine Reihe aufeinandergestellter dorischer Säulen eingefaßt. Vor ihr befand sich ein flaches Wasserbecken, das die gesamte Fußbodenfläche vor der Türe einnahm. Dieses Wasser sorgte für eine dem Elfenbein zuträgliche Luftfeuchtigkeit und außerdem reflektierte es das durch die Tür hereinfallende Licht. Neuerdings wurde Beweismaterial für die Existenz von Fenstern beiderseits der Tür vorgelegt; durch diese einströmendes Licht wäre – gefiltert durch die Säulenstellungen – unmittelbar auf die Kultstatue gefallen.

Die Statue wurde rechtzeitig zur Einweihung des Tempels im Jahr 438 fertig, denn wir hören aus den Jahren vor und nach 438 von den Verkäufen überschüssigen und nicht mehr für sie benötigten Goldes und Elfenbeins. Wie sie aussah [*106*], wissen wir aus antiken Beschreibungen, durch verkleinerte Kopien und durch Teilkopien in anderen Medien und Zusammenhängen [*97–105*]. Laut Plinius war die Statue 25 Ellen hoch – wahrscheinlich etwa 11,5 m. Pausanias beschreibt den Helm mit einer Sphinx in der Mitte und Greifen in Relief zu beiden Seiten; es gab einen Elfenbeinkopf der Medusa auf ihrer Brust (natürlich auf der Ägis); sie hielt eine etwa 4 Ellen hohe Nike und einen Speer; zu ihren Füßen stand der Schild und neben dem Speer sah man eine Schlange; auf der Basis stellte ein Relief die Geburt der Pandora dar. Zu letzterem gibt Plinius noch ein Detail: es sind zwanzig Götter dabei; außerdem sagt er, auf den (Rändern der) Sohlen ihrer Sandalen sei die Schlacht zwischen den Lapithen und Kentauren abgebildet. Zum Schild s.u.

Kopien lassen erkennen, daß der Helm drei Büsche trug und daß die seitlichen Helmbuschhalter wohl die Gestalt von Flügelpferden hatten. Pferdeprotomen begrenzten das Stirnstück und Greifen in Relief schmückten die hochgeklappten Wangenklappen. Die Hand, die die Nike trug, wird in einer der genaueren Kopien durch eine Säule gestützt [*97*], aber auf manchen Münzen tritt an ihrer Stelle ein Baumstamm auf, und man hat eingewandt, daß ursprünglich überhaupt keine Stütze notwendig gewesen sei. Zu irgendeinem Zeitpunkt ist die Statue offenbar beschädigt worden, aber das Ausmaß der Reparatur ist unbekannt (man hat sogar an einen vollständigen Ersatz gedacht); ebensowenig weiß man, wann, in welcher Form oder ob überhaupt eine Stütze für die Hand hinzugefügt wurde. Die Statue trug eine kleine latzartige Ägis mit Gorgoneion (Medusa) und einen Peplos mit langem Überfall, der in einer für die Göttin spezifischen Weise gegürtet war. Die Haltung des linken Beines steht zwischen jener frühklassischer Figuren und der polykletischen. Den Schild hält sie aufrecht an der linken Seite und in ihm ringelt sich die Schlange. Die Nike wirkte offenbar so, als hätte sie sich eben erst auf der Hand der Göttin niedergelassen; sie hielt einen Kranz oder eine Binde. Es ist möglich, daß sie durch die goldenen Niken kopiert oder eher nachempfunden wurde, die kurz danach auf die

Akropolis geweiht und von denen Kopien identifiziert wurden. Und es gibt auch noch sonst verwandte Niken, die von jenen oder auch der phidiasischen angeregt sein mögen. Der Kopf der Nike ließ sich mittlerweile mit größerer Zuversicht in Kopien von der Agora und in Rom identifizieren [*105*]. Zur Komposition auf der Basis mit Pandora besitzen wir nur ein paar skizzenhafte Figuren auf [*98, 101*] und zur Kentauromachie auf den Sandalen gar nichts.

Es ist schwierig, ja, sogar unmöglich, sich die Wirkung klarzumachen, die eine solche Kolossalstatue mit den starken Vertikalen des Gewandes und der Stütze, dem Schimmer des Goldes im indirekten oder reflektierten Licht, den lebhaften Details gegossenen oder getriebenen Metalls und dem elfenbeinernen Fleisch ausgeübt haben muß; sich den Kontrast vor Augen zu rufen zwischen feiner Detailerzählung auf Sandalen, Schild und Basis und der opulenten Schlichtheit des goldenen Gewandes. Obwohl die Technik im archaischen Griechenland schon vorweggenommen worden war, müssen doch Umfang und Darbietung kostbarer Materialien wie eine unverhüllte Zurschaustellung schieren Reichtums gewirkt haben, mit dem die Stadt in Dankbarkeit ihre Göttin beschenkte – nicht ohne dabei jedoch auch an jene anderen Mittel für weltlichere Zwecke zu erinnern, die im Raum hinter ihr aufbewahrt wurden.

Dieser Inhalt muß klar übermittelt worden sein, und die Aussagen späterer chryselephantiner Kolossalstatuen mögen im Vergleich damit etwas abgefallen sein. Die Botschaft eines griechischen Kunstwerkes setzt sich oft zusammen aus Religion, Mythenerzählung, Politik und Propaganda, wobei die „künstlerische“ Qualität bestimmt wird durch die Angemessenheit der Antwort auf diese Funktionen und nicht durch irgendeine Demonstration von „Kunst um der Kunst willen“. Wenn wir auf jeden Versuch verzichten, klassische Kunst unter Einbeziehung der Absichten ihrer Schöpfer und Auftraggeber zu beurteilen, können wir die Parthenos nur als prahlerisches und überspanntes Zurschaustellen eines überheblichen Stadtrates abtun.

Der Teil der Statue, der sich am erfolgreichsten rekonstruieren läßt, ist der Schild. Verkürzte Fassungen seiner Außenverzierung finden sich auf einigen Kopien der Gesamtstatue [*98, 99, 107*], aber es gibt noch detailliertere Kopien – ebenfalls in etwas abgekürzter Form – des Schildes allein [*108*]; Einzelgestalten und Figurengruppen in maßstabsgetreuen Reliefkopien haben sich im Schiffswrack vom Piräus gefunden [*109*]. Plinius berichtet, daß er außen die Schlacht mit den Amazonen und innen eine Gigantomachie zeigte. Von letzterer kennen wir nichts, ausgenommen zwei Gigantengestalten, die auf eine der Schildkopien aufgemalt sind (auf dem Strangford-Schild [*108*]). Eine attische Vase des späten 5. Jhs. bringt eine Gigantomachie in einer Art, die für einen Schild geeignet wäre, aber wenn es eine genaue Kopie nach dem Parthenos-Schild wäre, so wäre das ein einmaliger Fall. Die Außenseite des Schildes, die wir einigermaßen genau rekonstruieren können [*110*], ist nie auf Vasen kopiert worden; im besten Fall klingt sie gelegentlich in Einzelfiguren oder Gruppen an. Ihre Figuren bestanden wahrscheinlich aus Metall, vielleicht aus ver-

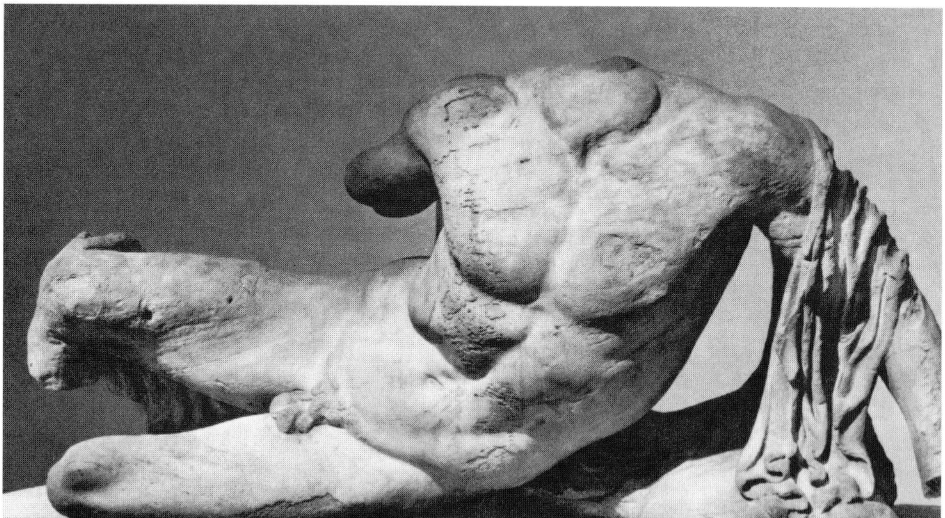

79.1 Parthenon, Westgiebel A.

79.2 Parthenon, Westgiebel B, C.

79.3 Parthenon, Westgiebel H
(Abguß in Basel mit neuen Fragmenten).

79.4 Parthenon, Westgiebel L.

79.5 Parthenon, Westgiebel N.

80.1 Parthenon, Ostgiebel D.

80.2 Parthenon, Ostgiebel E, F, G.

80.3 Parthenon, Ostgiebel K, L, M.

80.4 Parthenon, Ostgiebel N.

80.5 Parthenon, Ostgiebel O.

82.2

81 Kopf eines Triton. Er stammt aus dem Odeion des 2. Jhs. n.Chr. auf der Athener Agora und kopiert wohl den Poseidon aus dem Westgiebel. (Athen, Agora S 1214. H. 0,57).

82.1

82.3

82 Giebelgruppen aus einem Tempel des 2. Jhs. n.Chr. in Eleusis. Sie hängen von den Figuren des Westgiebels ab. 1: vgl. B + C (Athen 200. H. 0,41). 2: vgl. L (Eleusis 5073. H. 0,85). 3: vgl. Q? (Athen 201 + Eleusis. H. 0,58).

83 Relieffiguren auf einer zylindrischen Brunneneinfassung (Puteal), 2. Jh. n.Chr. Sie kopiert wohl ein Original aus dem 4. Jh. v.Chr. Geburt der Athena in Anwesenheit der drei Moiren. (Madrid 2.691. H. 0,99).

84 „Kopf Laborde"; weiblicher Kopf, wohl von einem Parthenongiebel. Ergänzt (Nase, Lippen, Kinn). (Paris. H. 0,41).

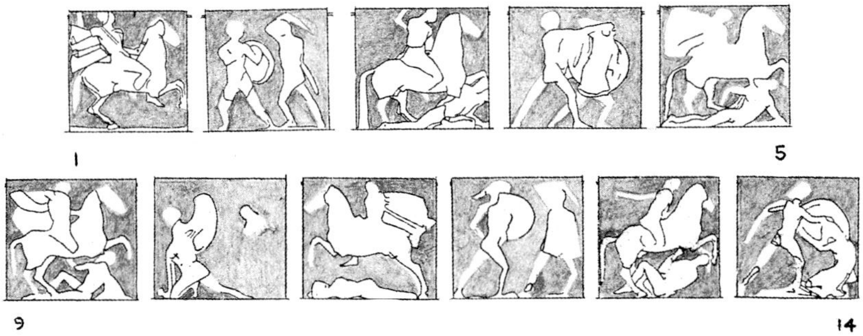

85 Parthenon, Westmetopen. Amazonen (zu Pferd und zu Fuß) kämpfen gegen Griechen. Die Figuren sind in der Zeichnung ergänzt; 6–8 sind hoffnungslos abgerieben. In den Reitermetopen sind wohl die Griechen die Unterlegenen, in den übrigen sind sie die Sieger oder zumindest gleich stark. In situ. H. der Metopen 1,20.

86 Parthenon, Westmetopen 1,2 (in situ).

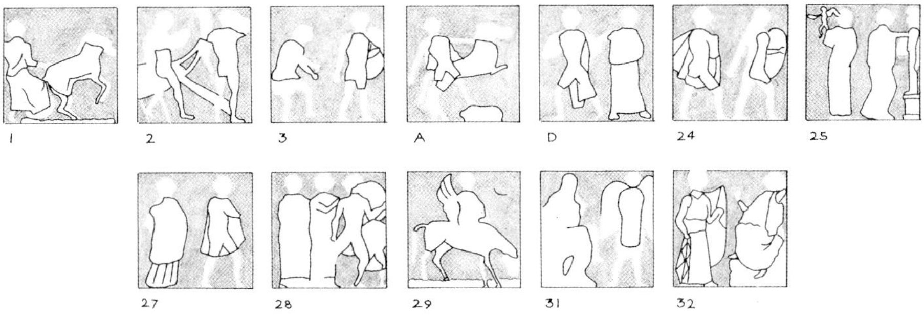

87 Parthenon, Nordmetopen. Troja. 1–3, 24, 25, 27–32 sind in situ; A und D sind aus dem Bauverband gelöst (Akr. Mus.). 1: Wahrscheinlich Wagen des Helios, doch ist das Geschlecht des Wagenlenkers nicht sicher auszumachen. 2: Männer steigen vom Heck eines Schiffes herab; entweder Ankunft der Griechen in Troja (vgl. A) oder Rückkehr aus Tenedos vor der Eroberung der Stadt. 3: Griechen rüsten sich, links Spannen eines Bogens. A: Mann mit Pferd. Es wird sich kaum um Troilos handeln (Dörig: eine frühe Episode vor Troja, vgl. 2 und RVAAZ Abb. 232), da Achilleus, der ihn vom Pferd reißt, nicht getrennt auf einer anderen Metope dargestellt gewesen sein kann. D: Rettung der Aithra durch einen ihrer Enkel (vgl. RVAAZ Abb. 172.2), oder Polyxena, die zur Opferung am Grab des Achilleus geführt wird (vgl. RVAAZ Abb. 245.2 links).
24: Ein Grieche und Menelaos mit gezogenem Schwert bedrohen 25: Helena, die bei einer Statue der Athena Zuflucht sucht; hinter ihr stehen Aphrodite und Eros (auf ihrer Schulter) und überreden Menelaos, sie zu schonen (vgl. RVAAZ Abb. 158).
27: Frau und Mann. 28: Eine Frau, Anchises, Aeneas und sein Sohn fliehen aus Troja. Die Anwesenheit der Frau ist ungewöhnlich, und in der Regel trägt Aeneas seinen Vater (vgl. RVAAZ Abb. 135 oben links). 29: Reiterin mit wehendem Mantel, deren Pferd in die Wellen eintaucht; vielleicht Selene oder Nyx. 30–32: Götter (die Troja wohlgesinnten Götter sind wohl eher nicht zu erwarten. 30: 2 Götter – Poseidon und Hermes? 31: Zeus und Iris. 32: Athena und Hera oder Themis.

88 Parthenon, Nordmetope 32 (Abguß in Oxford).

89 Parthenon, Ostmetopen. Götter kämpfen gegen Giganten. Die meisten Götter sind nicht sicher zu identifizieren; sie halten sich nicht alle an die aus anderen Kunstgattungen bekannten Schemata. In situ. 1: Hermes. 2: Dionysos, unterstützt von einem Löwen und einer Schlange. 3: Ares (der einzige Gott mit Schild) oder Hephaistos. 4: Athena; neben ihr fliegt Nike. 5: Wagen (Amphitrite; Gattin von 6?). 6: Poseidon, der mit einem Felsen einen Giganten niederschlägt. 7: Wagen mit Flügelpferden auf felsigem Grund (Hera?). 8: Zeus?, der am Schild eines Giganten zerrt. 9: Herakles mit Löwenfell, der sich verteidigt (der einzige nichtgöttliche Teilnehmer am Kampf gegen die Giganten, der aber unbedingt dabeisein mußte; er ist der einzige, der offensichtlich in Bedrängnis gerät. Er muß notwendig neben Zeus kämpfen.). 10: Wagen (wohl mit einer Frau). 11: Eros mit dem Bogen und ein Gott (Apollon? – wenn er es ist, so mag 10 oder 12 Artemis sein; oder Ares? – dann wird es sich bei 10 oder 12 um Aphrodite handeln). 12: Göttin. 13: Hephaistos, der Feuerbrände schleudert. 14: Wagen, der sich aus dem Meer erhebt (ein Fisch neben dem Rad). Der Fahrer ist männlich, wahrscheinlich Helios. Vgl. RVAAZ Abb. 187 (zu 4,8), 196 (zu 4,6), 280.1 (zu 6), 337.2 und 359 (zu Löwe und Schlange bei 2).

90 Parthenon, Südmetopen. Die Zeichnungen kombinieren den erhaltenen Bestand (Umrißzeichnung) mit den Carrey-Zeichnungen. Auf 1–9, 11, 23–4, 26–8, 30–2 kämpfen Lapithen gegen Kentauren; auf 10, 12, 22, 25, 29 greifen Kentauren Lapithenfrauen an; 21: Lapithenfrauen suchen Zuflucht bei einer Götterstatue. Die Jünglinge sind nackt oder tragen einen Mantel; zwei haben einen Schild, einer vielleicht einen Helm (32); Wasserkrüge (für das Hochzeitsfest) sind auf 4, 9, 23 zu sehen. 13–20: Nach der Deutung von Robertson handelt es sich um ein Thema aus der Geschichte des Daidalos, der sowohl ein gottbegnadeter Handwerker wie ein Angehöriger des attischen Königshauses war. 13: Schwester und Sohn des Daidalos (letzteren tötete er, woraufhin er Athen verlassen mußte). 14: Überraschung über die Gaben des Daidalos an Athen: scheibengearbeitete Keramik. 15, 16: Der Wagen des Helios und Daidalos mit dem zusammenbrechenden Ikaros – eine eindrucksvolle Identifizierung. 17, 18: Daidalischer Tanz: ein Statuenchor (die Figuren wirken sehr archaisch) wird durch einen Musiker in Bewegung gesetzt. 19, 20: Frauen an einem Webstuhl oder Bett (Carreys Buchrolle ist nicht zutreffend). Simon rechnet 13 und 14 zur Kentauromachie und sieht in 15–20 die Geschichte des Ixion (die mit der Kentaurengeschichte zusammenhängt). Andere sehen darin Erzählungen aus dem attischen Königshaus.
(1 in situ; 2–9, 26–32 in London; 10 in Paris; 12 im Akr. Mus.; 11, 13–25 existieren nur noch in Zeichnung).

91.1 Parthenon, Südmetope 1.

91.2 Parthenon, Südmetope 2.

91.3 Parthenon, Südmetope 4.
Köpfe in Kopenhagen.

91.4 Parthenon, Südmetope 7.
Köpfe in Athen.

91.5 Parthenon, Südmetope 26.

91.6 Parthenon, Südmetope 27.

91.7 Parthenon, Südmetope 28.

91.8 Parthenon, Südmetope 29.

91.9 Parthenon, Südmetope 30.

91.10 Parthenon, Südmetope 31.

91.11 Parthenon, Südmetope 32.

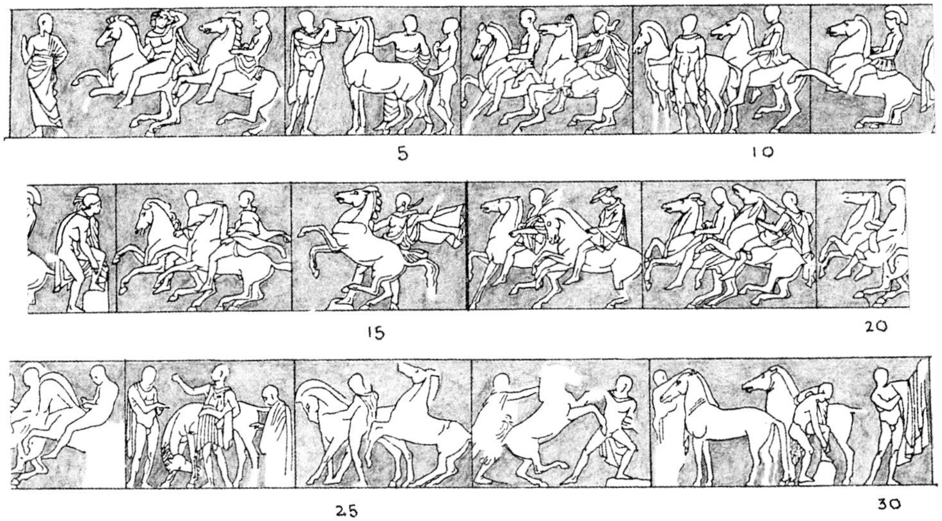

92 Parthenon, Westfries.

93a Parthenon, Südfries, östliches Ende. (Figuren bis 105 nach den Zeichnungen von Carrey in Umrissen). 84–101: Die Ältesten; oft als thallophoroi – „Zweigträger" – bezeichnet (doch sind die Zweige weder erhalten noch lassen sie sich leicht ergänzen). 102–5: Männer mit Leiern (?) (Brommer schlägt Tafeln vor). 106: Ein Tablettträger; anschließend Männer mit Opfertieren.

94 Parthenon, Ostfries. ▷

Sterbliche und Heroen. 1: Festordner, der um die Ecke zum Südfries hinüber gestikuliert. 2–11: Frauen mit Phialen oder Oinochoen (für Spendeopfer). 12–15: Frauenpaare, die zwei schwere Ständer zwischen sich tragen (für einen Webstuhl?). 16–17: Frauen ohne Mitbringsel (12–17 sind vielleicht die Peplosweberinnen). 18–23, 43–46: die eponymen Heroen der zehn attischen Stämme. 47–49, 52: Herolde; 47 gestikuliert zur anderen Hälfte der Prozession hinüber, 49 hält eine Platte (wohl kaum das rituelle „kanoun", das von Mädchen getragen wurde und viel größer gewesen sein muß). 50–51, 53–57: Frauen, 55 mit Phiale, 57 mit Räuchergefäß. 58–63: wie 2–11. Götter. 24: Hermes, mit dem Reisehut auf dem Schoß. 25: Dionysos, mit Stab oder

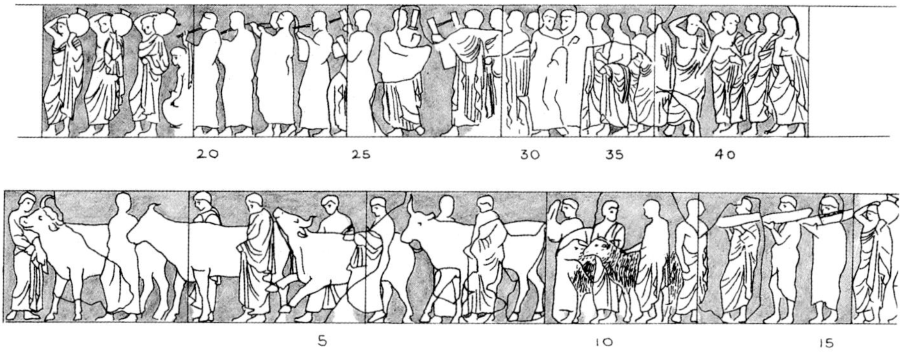

93b Parthenon, Nordfries, östliches Ende. (Figuren nach den Carrey-Zeichnungen in Umrissen). Von West nach Ost: 43–28: vgl. Süd 84–101. 27–24: Kitharaspieler. 23–20: Flötenbläser. 19–16: Jünglinge mit Wasserkrügen (die für die Opfer benötigt werden). 15–13: skaphephoroi („Tablettträger“: ansässige Ausländer, „Metöken“). 12–10: Männer mit gehörnten Schafen. 9–1: Männer mit Rindern.

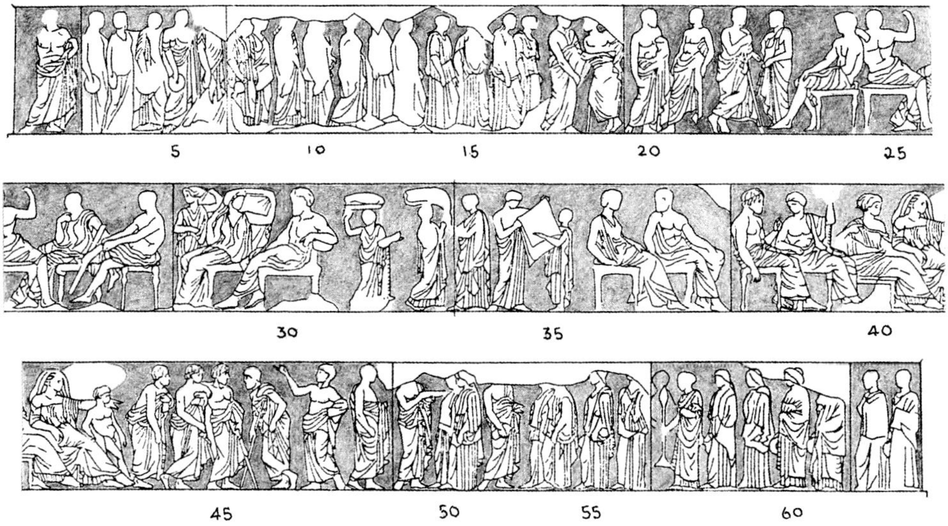

94

Thyrsos (Robertson schlägt Herakles vor). 26: Demeter, mit langer Fackel (Kenner schlägt Hekate vor). 27: Ares mit Speer (zum größten Teil gemalt?). 28: Nike (oder Iris) steht neben 29: Hera, die sich in ritueller Geste entschleiert vor 30: Zeus, der auf einem Thron (nicht, wie die anderen, auf einem Hocker) sitzt. 38: Poseidon. 39: Apollon. 40: seine Schwester Artemis. 41: Aphrodite mit 42: Eros, der an ihr Knie gelehnt dasteht und einen Sonnenschirm hält (bekannt durch einen Abguß aus dem 19. Jh.; die Figur ist inzwischen zerstört).
Mittelszene: 31: Mädchen, das einen Hocker und einen Fußschemel herbeibringt. 32: Mädchen, das einen Hocker herbeiträgt, der in Empfang genommen wird von 33: einer Frau, wohl der Athenapriesterin. 34: ein Mann, wohl der „archon basileus“, nimmt den Peplos in Empfang von 35: einem kleinen Mädchen, einer „arrephoros“, die die Verantwortung für den Peplos übertragen bekommen hat. 35 ist in der Regel für einen Knaben gehalten worden, doch gibt sich die Figur durch die Venusringe (die viele der Frauen am Parthenon aufweisen) als Mädchen zu erkennen, was auch der historischen Realität entspricht.

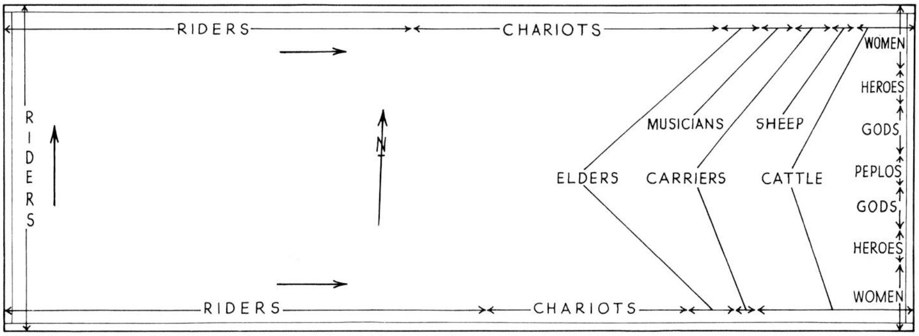

95 Anlageplan des Parthenonfrieses.

96.1 Parthenon, Westfries, Platte II.

96.2 Parthenon, Westfries, Platte IV.

96.3 Parthenon, Westfries, Platte VIII (Abguß in Oxford. Der Kopf ist mittlerweile weitgehend zerstört.).

96.4 Parthenon, Westfries, Platte XI.

96.5 Parthenon, Westfries, Platte XII.

96.6 Parthenon,
Südfries, Platte XIII.

96.7 Parthenon,
Südfries, Platte XXX.

96.8 Parthenon, Südfries, Platte XL (112–5).

96.9 Parthenon, Nordfries, Platte XXXVIII.

96.10 Parthenon,
Nordfries, Platte XXIX.

96.11 Parthenon,
Nordfries, Platte XVII.

96.12 Parthenon, Nordfries, Platte IX (31–2; Wien. Abguß in Oxford).

96.13 Parthenon, Nordfries, Platte VIII (27–8; Akr.).

96.14 Parthenon, Nordfries, Platte VI (16–19; Akr.).

96.15 Parthenon, Ostfries, Platte VII (49–56; Louvre).

96.16 Parthenon, Ostfries, Platte VI (44–8; hauptsächlich Akr. Mittlerweile weitgehend zerstört und zerschlagen. Früher Abguß in London).

96.17 (oben) Parthenon, Ostfries, Platte VI (38–40; Akr.).

96.18 (oben rechts) Parthenon, Ostfries, Platte VI (41–2; Akr.; Eros [42] inzwischen weitgehend zerstört. Früher Abguß in Oxford).

96.19 Parthenon. Ostfries, Platte V (31–5).

97 ,,Varvakion-Statuette" aus Athen. Eine Wiederholung aus dem 2. Jh. n.Chr. der Parthenos. Helm und Helmbuschhalter: Sphinx und Pegasoi. (Athen 129. H. 1,05 mit Basis).

98 ,,Lenormant-Statuette" aus Athen. Eine Wiederholung des 2./3. Jhs. n.Chr. der Parthenos. Summarische Wiedergabe der Figuren auf Basis und Schild. (Athen 128. H. 0,42 mit Basis).

99 „Patras-Statuette". Eine Wiederholung des 2. Jhs. n.Chr. der Parthenos. (Patras. H. 0,86).

100 Wiederholung der Parthenos, 2. Jh. n.Chr. (Boston 1980. 196. H. 1,54).

101 Hellenistische Wiederholung der Parthenos mit Basis, aus Pergamon. Der Helm hat Einlassungen für drei Helmbüsche. Auf der Basis sind Reste von 6 (von ursprünglich 10) Figuren erhalten (auf der Basis der Parthenos waren es 21); sie sind jedoch so wiedergegeben, daß sich weder ihre Benennung noch ihre Handlung erschließen läßt. (Berlin (O). H. der Statue 3,105; Vorderseite der Basis: 0,405 x 1,85; Basis nach Abguß in Oxford, Cast Gallery).

102 Goldmedaillon aus Kertsch (S-Rußland), 4. Jh. v.Chr. Kopf der Parthenos. Als Helmbuschhalter Sphinx und Pegasoi; Greifen auf den Wangenklappen; Hirsche und Greifen über der Stirnzone. Eine Eule sitzt auf der linken Wangenklappe. (Leningrad. Dm 0,072).

103 Roter Jaspis-Intaglio mit dem Kopf der Parthenos, signiert von Aspasios (1. Jh. v.Chr.). Wie 102, aber Pferde über der Stirnzone. (Rom, Thermenmus. H. 0,03).

104 Nike von Kyrene, möglicherweise eine gleich große Kopie der Nike auf der Hand der Parthenos. Überraschend ist die Aegis, die sie vor allem auf dem Rücken trägt. (Philadelphia L-65-1. H. 1,12).

105 Kopf, möglicherweise eine Kopie nach der Nike der Parthenos. Andere Kopien (der „Hertz-Kopf") wurden einst mit der Nike des Paionios in Verbindung gebracht, s. Abb. 139. (Athen, Agora S 2354. H. 0,42).

106 Modell der Parthenos innerhalb des Parthenon. Rekonstruktion von N. Leipen in Toronto, Royal Ontario Museum. Etwa ein Zehntel der natürlichen Größe.

107 Schild der Statuette Abb. 99 mit Amazonomachie. (Dm. 0,45).

108 (unten)
„Strangford-Schild" aus Athen, 3. Jh. n.Chr. Kopie des Schildes der Parthenos mit Amazonomachie. Ein Ausschnitt aus einer Gigantomachie war auf der Innenseite des Schildes aufgemalt. (London 302. H. 0,50).

109.1

109.2

109 Reliefs aus einem Schiffswrack im Piräus und in Rom. Größengetreue Wiederholungen von Einzelszenen auf dem Parthenosschild aus dem 2. Jh. n.Chr. Es wurden Fragmente von 20 solchen Reliefs aus dem Wrack geborgen, darunter auch Kopien des Monuments, das auf dem Puteal Abb. 83 wiederholt wird, und der Chariten Abb. 76. 1: Piräus. 0,92 x 1,30. Auf einer zweiten Fassung im Piräus fehlt der Architekturhintergrund. 2: Piräus. 0,92 x 1,31. Bogenschütze und Amazone. 3: Rom, Villa Albani 20. H. 0,60. Grieche, der im Rücken getroffen ist; gewöhnlich wird er als Kapaneus oder Erechtheus bezeichnet. Zu ergänzen mit einer Amazone, die bergauf kämpft.

109.3

110 Rekonstruktion des Schildes der Parthenos, nach E.B. Harrison. Der „Phidias“ findet sich oben in der Mitte (mit Stein), der „Perikles“ unten rechts von der Mitte (mit über das Gesicht geführtem Arm). Bei der Gruppe unten links ist nicht klar, ob es sich um eine Amazone handelt, der ein Grieche zu Hilfe kommt (in diesem Fall wäre es die freundlich gesinnte Antiope), oder ob sie von einem Griechen niedergestochen wird. (Urspr. Dm etwa 4,8).

goldetem Silber oder Bronze, und waren auf einem Hintergrund befestigt, der ebenfalls verziert gewesen sein könnte.

Die Figuren sind in einem ringförmigen Band rund um ein zentrales Gorgoneion angeordnet; in der Regel stehen immer zwei Figuren übereinander, und es sind etwa 30 Griechen und Amazonen. Bei der Schlacht handelt es sich um jene Amazonomachie, in der die Amazonen durch Theseus vor Athen zurückgeschlagen wurden; die Figurenanordnung, die zum Teil durch die ungewöhnliche Reifenform des Bildfeldes bedingt wird, läßt an die Abwehr eines auf ansteigendem Gelände erfolgenden Angriffs denken, wobei sich im Vordergrund getrennte Zweikämpfe abspielen. Einige der Piräusreliefs zeigen zusätzlich im Hintergrund Architektur- oder Landschaftsdetails. Das mag auf dem Schild zweidimensional oder in ganz flachem Relief wiedergegeben gewesen sein, während die Figuren in Hochrelief gearbeitet waren. So erklärt sich vielleicht, warum diese Angaben nicht auf allen Kopien auftreten – sicherlich waren sie dort in Farbe auf den Marmorhintergrund aufgemalt. Hieraus ergibt sich die Möglichkeit einer Rekonstruktion, wie sie Harrison vorgelegt hat und auf der eine detaillierte Topographie für die Schlacht angegeben ist [*110*]. Vielleicht war die Darstellung in Wirklichkeit nicht ganz so detailliert und zusammenhängend, aber es ist wahrscheinlich, daß diese Rekonstruktion im großen und ganzen zutrifft. Es gibt auf den Piräusreliefs selbst bei der Wiedergabe ein und derselben Figur gelegentlich Varianten, aber diese liegen nicht weiter auseinander, als wir sie innerhalb einer Kopistenwerkstatt erwarten dürfen – selbst wenn diese so in der Nähe des Originals zu Hause war. Der Stil ist „parthenonisch", und in der Anlage, wenn schon nicht in der Ausführung einzelner Figuren, können wir etwas von der Kraft einer Komposition verspüren, die von allem am Parthenon ausgeführten Bildschmuck die Aufmerksamkeit der Kopisten und Sammler am stärksten erregte.

Kapitel 11

ANDERE ARCHITEKTURPLASTIK IN ATTIKA

Die weiteren Planungen des Perikles zu Neubauten auf der Akropolis, in Athen und Attika führten zur Errichtung einer Reihe anderer Tempel, die zwar im Maßstab weniger anspruchsvoll waren als der Parthenon, im Detail aber ebenso viele Neuerungen brachten. Wir beginnen mit der Betrachtung dorischer Tempel, die offenbar während der Erbauungszeit des Parthenon geplant, wenn auch nicht in allen Fällen fertiggestellt wurden; sie scheinen alle von der Hand ein und desselben Architekten zu stammen. Hinzu kommt ein dorischer Tempel auf Delos, und dann folgen die ionischen Bauten, die in das dritte Viertel des Jahrhunderts gehören.

Dorische Tempel

a) Der Tempel des Hephaistos und der Athena über der Agora in Athen. Er ist der besterhaltene dieser Tempel, hatte aber das Unglück, lange unter einem falschen Namen zu laufen (Theseion); neuerdings ist seine Identität wieder bedroht (Harrison: Tempel der Artemis Eukleia). Die Arbeit an ihm begann 449/48; die Metopen, die noch ziemlich streng wirken [*111*], und vielleicht auch eine Kentauromachie für einen Giebel entstanden um diese Zeit. Dann folgte eine Unterbrechung, und die Friese [*112–4*] wurden in den dreißiger Jahren des Jahrhunderts oder noch etwas später hergestellt. Der zweite Giebel stammt ebenfalls aus dieser zweiten Phase, wenn die Gruppe von zwei Mädchen (die man immer für einen Akroter gehalten hat) ihm zuzurechnen ist [*115*]; ein „Nereiden"-Akroter mag ebenfalls dazugehören [*116*]. Sie bestehen alle aus parischem Marmor. (Eine zweite Giebelgruppe wurde aus Fragmenten aus pentelischem Marmor rekonstruiert, aber das wird heute in der Regel abgelehnt.) Die Reste der Giebel und Akrotere sind sehr spärlich, und die Zuweisungen sind strittig. 421/20 kamen Kultstatuen hinzu, 416/15 wurden sie geweiht (s. [*226*]).

b) Tempel des Poseidon in Sunion, auf dem Kap der südlichsten Spitze Attikas; heute viel besucht. Fries- und Giebelfragmente scheinen aus den dreißiger Jahren des 5. Jhs. zu stammen [*120–1*].

c) Tempel des Ares und der Athena, im späten 1. Jh. v.Chr. auf die Agora verpflanzt, doch ursprünglich in Acharnai, 11 km nördlich von Athen, errichtet. (Das ist fast sicher die richtige Erklärung seiner Geschichte.) Skulpturenfragmente aus pentelischem Marmor [*117–9*], die ihm zugewiesen werden, können auch von anderen Bauten auf der Agora – einschließlich der hier genannten – stammen. Alles ist eindeutig nach-parthenonisch.

d) Tempel der Nemesis in Rhamnus an der Ostküste Attikas, 5 km nördlich der Ebene von Marathon. Wir besitzen den Teil eines Akroters, genügend Fragmente der Kultstatue, um sie in Kopien identifizieren zu können, und viel von ihrer Basis (aus der Zeit um 425) [*122–3*].

e) Tempel der Demeter und Kore in Thorikos an der Ostküste Attikas nahe Laureion. Er ist unvollendet geblieben und Teile von ihm wurden samt der Kultstatue (aus der Zeit um 420–10) im 1. Jh. v.Chr. in die Agora transferiert.

Die Skulpturenfragmente von den Giebeln des Hephaisteions und vielleicht vom Arestempel verraten uns wenig Zuverlässiges über die Komposition oder auch nur die Thematik. (Unter solchen Umständen sind Fragmente von Kentauren oder Amazonen geradezu ein Gottesgeschenk, da sie uns sofort das Thema erkennen lassen.) Und wir wissen einiges über die Kultstatuen der Nemesis [*122*] und Demeter. Interessanter ist die Anordnung des Friesschmuckes, den drei dieser Bauten mit dem Parthenon gemeinsam haben, wenn auch nicht genau in der gleichen Art und Weise. Am Hephaisteion befinden sich die Friese an den beiden Fronten der Cella (des mittleren Baublocks), nicht an den Längsseiten, aber der Ostfries läuft über die beiden Seitenhallen bis auf die äußere Säulenstellung durch. An der Außenseite des Gebäudes befinden sich an diesem Ende Reliefmetopen, die sich über die Front hinziehen und an den Ecken umbiegen bis zu dem Punkt, wo innen der Fries auf die Ringhalle übergreift. Schaut man also vom Boden hinauf, so blickt man gewissermaßen in einen skulpturengeschmückten „Kasten", bei dem sich alle Figuren nach außen wenden – sowohl die Metopen außen, wie der Fries innen. Dieses „Kasten-Schema" findet sich auch in Sunion, allerdings ohne Metopen und mit einem Fries, der offenbar gänzlich innerhalb der Vorhalle verlief, weshalb eine Seite nur von einem Standpunkt innerhalb der Ringhalle aus zu sehen war; dem ist zu entnehmen, daß man einen derart steilen Blickwinkel akzeptierte, so unbefriedigend er auch gewesen sein muß. Auch der Arestempel besaß vielleicht einen Fries. Man kann diese Dekorationsschemata – einschließlich jenes des Parthenon – vielleicht am treffendsten als „experimentell" bezeichnen. Gewöhnlich nimmt man an, daß sie alle durch den Parthenon angeregt worden seien, aber der früheste Bau, an dem dergleichen Verwendung fand – das Hephaisteion – scheint von Anfang an so entworfen worden zu sein, daß der Ostfries auf die Ringhalle und das Ende der reliefdekorierten Metopenreihe ausgerichtet war. Sollte also dies das Experiment gewesen sein, das zum Parthenon führte? Die Entscheidung für diese Lösung muß wenigstens zumindest ebenso früh gefallen sein wie jene für den Parthenonfries. Der Stil der Hephaisteionfriese wirkt jünger als der des Parthenonfrieses, aber vielleicht konnte man durchaus ein Urteil über das Experiment fällen, ohne schon ausgeführte Platten an Ort und Stelle anzubringen. Die Anordnung der mit Sicherheit frühen Metopen und der Grundriß implizieren einen Fries an dieser Stelle. In seiner

Komposition klingt er an den Parthenon an – gleichgültig welcher früher entworfen sein mag: mit den beiden Göttergruppen, die eine offenbar heroische Schlacht beobachten [*112*], wobei sie sich hier jedoch den handelnden Gruppen zwischen ihnen zuwenden und zusätzliche Figuren in den Ecken hinter ihnen agieren. Andere Friesfragmente von der Agora werden unterschiedlich Tempeln oder einer Balustrade zugeordnet; vielleicht werden sie nie eine gesicherte Heimat finden. Der Sunionfries entzieht sich auf Grund seines Erhaltungszustandes einer Beurteilung [*120*]; die Figuren greifen nicht über die Blockkanten hinweg, wie das im Nord- und Südfries des Parthenon der Fall ist.

Bei einigen weiblichen Figuren handelt es sich vermutlich um Akrotere, die dem einen oder anderen Agoratempel zugehörten; vielfach sind sie in Bewegung wiedergegeben, und da die meisten offenbar erst ganz zuletzt an den Gebäuden angebracht worden sind, greifen sie in der Darstellungsweise bereitwillig die neuen stilistischen Möglichkeiten des enganliegenden Gewandes auf [*116, 118–9*]. Der Gebrauch solcher Figuren kam vielleicht erst zu spät auf, als daß sie noch für den Parthenon in Frage gekommen wären, der bereits mit schönen Marmoranthemien ausgestattet war. Eine Nikestatue [*118*], die heute versuchsweise dem Arestempel zugeschrieben wird, war früher der nahegelegenen Stoa des Zeus Basileios zugeordnet worden. Diese war der offizielle Wohn- und Amtssitz des Archon Basileus, des Beamten, der für die religiösen Belange Athens zuständig war. Auf dem Dach dieses Gebäudes sah Pausanias Terrakottagruppen des Theseus mit Skiron und der Eos mit Kephalos, von denen Fragmente gefunden wurden. Es gibt Reste weiterer dorischer Architekturplastik in Athen, die sich an keinem der hier genannten Bauwerke mit Sicherheit unterbringen lassen, und eine Metope aus pentelischem Marmor in Rom hat man für attisch gehalten und mit Rhamnus in Verbindung gebracht, doch wirkt ihr Stil eher provinziell.

Zwischen 425 und 417 errichteten die Athener einen Tempel für Apollon auf Delos, der die Reinigung der Insel durch Athen und die Einführung eines neuen Festes unterstrich. Er beherbergte sieben Bronzestatuen, die wahrscheinlich in einem anderen athenischen Tempel des Gottes aus archaischer Zeit gestanden hatten. Akrotere aus pentelischem Marmor zeigen Zweifigurengruppen mit Boreas und Oreithyia im Osten [*124*], Eos und Kephalos im Westen, und Mädchen an den Ecken.

Ionische Tempel

Das Erechtheion auf der Akropolis war der eigentliche Ersatz für den alten, von den Persern zerstörten Athenatempel. Der neue Bau hatte, wahrscheinlich weil er mehrere Funktionen erfüllen sollte, einen ungewöhnlichen Grundriß. Wir nehmen an, daß er einerseits das alte Kultbild beherbergte, daß er andererseits aber auch den Kulten des Erechtheus und Poseidon diente und daß in ihm oder um ihn herum weitere Kultstätten und Kultobjekte versammelt waren, die mit der frühesten Geschichte Athens zusammenhingen. Die Bauarbeiten waren 421 begonnen worden, aber der größte Teil der Arbeiten wurde erst zwischen 409 und 406 fertiggestellt. Die sechs Karyatiden [*125*] – die Frauenstatuen, die das Dach der falschen Süd-Vorhalle tragen – sind vielleicht kurz vor dieser letzten Bauphase entstanden, denn sie haben tektonische Funktion (die allerdings für den Hauptblock des Bauwerks nicht von wesentlicher Bedeutung ist). Der Fries [*126*], der um die Außenseite des Gebäudes umlief, ist mit Sicherheit spät. Seine Figuren waren aus pentelischem Marmor gearbeitet und auf einem Hintergrund aus dunklem (eleusinischem) Marmor befestigt – ein Effekt, der bei Reliefs aus einem Stein durch Bemalung des Hintergrundes erzielt wird. In Abrechnungen sind die Zahlungen für Friesfiguren verzeichnet – üblich waren 60 Drachmen pro Figur, sei es Mensch oder Tier, für Kinder weniger. Diese Rechnungen vermitteln uns das Bild einer unter den Einwohnern Athens weit verbreiteten Fertigkeit in der Marmorbearbeitung; sie erwähnen nicht einen einzigen Künstler, der uns aus einer anderen Quelle bekannt wäre. Die Karyatiden sind, wie es ihrer Funktion angemessen ist, kräftige Gestalten, die an die spätesten Parthenonskulpturen erinnern; mit ihren anliegenden Gewändern und der betonten Stellung von Hüften und Beinen weisen sie jedoch voraus auf die noch reichere Gestaltungsweise des fortgeschrittenen Jahrhunderts. Vom Fries besitzen wir nur eine Menge Fragmente und nur sehr wenige fast vollständige Figuren. Die meisten sind Frauen und die einzige Gestalt, die sich durch Haltung oder Attribut deutlich zu erkennen gibt, ist ein Apollon mit Omphalos, bei dem es sich um eine römische Ersatzfigur handelt [*126.5*]. Der Fries hat, wie es scheint, keine der üblichen Erzählungen zum Thema; vielleicht sollte er Ursprung und Funktion der vielen in den Händen von Mädchen liegenden Kulte in diesem Gebiet vor Augen führen.

Der kleine ionische Tempel für Athena Nike (Athena als Siegesgöttin) auf der Bastion südlich des Aufgangs zu den Propyläen der Akropolis wurde in den späten zwanziger Jahren errichtet. Sein Fries an der Außenseite, der fast vollständig, wenn auch mit Ausnahme von drei Platten in London nur in schlechtem Zustand erhalten ist, zeigt Götter auf der Front und Schlachtenszenen auf Rück- und Längsseiten [*127–8*]. Man kann den Stil, bei dem die reichlich bemessenen Zwischenräume zwischen den Figuren mit wehenden Gewändern gefüllt sind, fast flamboyant nennen. Dieser Zug war schon bei den Parthenonmetopen angewandt worden; er wird hier als ein Kompositionsmittel eingeführt, das nun über ein Jahrhundert hinweg Frieskompositionen bestimmen wird. Die Gewalt der Schlachtszenen wird besonders eindrucksvoll bei den langgliedrigen, schwungvollen Figuren deutlich, die sich drehen und dem Betrachter den Rücken zukehren – sie vermitteln ein Gefühl der Tiefe, die die unnatürliche Kompositionsmanier vergessen macht, der sich kein Fries entziehen kann. Der Tempel besaß Bronzeakrotere, vielleicht einen Bellerophon mit Chimaira und Niken; ihr Material erschließt man aus einer Inschrift und den Basen, ihre Themen aus einer Inschrift, die allerdings nicht mit Sicherheit auf diesen Bau zu beziehen ist.

Ein Geist, der jenem der Athena-Nike-Friese vergleichbar ist, manifestiert sich in einem etwas weiter fortgeschrittenen Stadium und an ruhigeren Figuren in jenem zweiten Fries, der mit dem Tempel der Athena Nike zu verbinden ist. Er befand sich auf einer Balustrade, welche die Bastion, auf der der Tempel sich erhob, an der Süd-, West- und Nordseite umfaßte (an der Nordseite knickte sie neben den Stufen, die zur Tempelplattform führten, ein kurzes Stück nach Süden ab). Darstellungsthema sind Nikefiguren (Siegesgöttinnen), die Siegeszeichen (Tropaia) errichten oder Stiere zum Opfer führen, und jeweils eine sitzende Athena auf jeder Hauptseite [*129, 130*]. Beträchtliche Teile von etwa einem Drittel der Figuren sind erhalten und lassen sich ziemlich genau plazieren. Sie geben die Handschriften von sechs Meistern zu erkennen, von denen jeder die Hälfte einer Langseite arbeitete (wahrscheinlich jeder acht Figuren, wobei sie sich die Figuren auf einer Platte aufteilten und Meister A die beiden Extraplatten neben den Stufen arbeitete; allerdings bleibt die Länge des Frieses auf der Südseite unsicher). Das Relief ist nicht besonders hoch herausgearbeitet, aber die Figuren sind nur leicht verkürzt und gewissermaßen gegen den Hintergrund gepreßt. Das Stilmerkmal der anliegenden Gewänder erreicht hier seinen Höhepunkt: sie enthüllen starke, aktive, aber durchaus weibliche Körper, denen jene fast sinnliche Weichheit fehlt, die die kommenden Generationen beitragen sollten – und wir können hier gut auf sie verzichten. Die Arbeit ist wohl in das vorletzte Jahrzehnt des Jahrhunderts zu datieren.

In Athens Unterstadt am Ilissos stand ein weiterer ionischer Tempel, der dem der Athena Nike sehr ähnelte und wohl etwa zur gleichen Zeit erbaut und geschmückt wurde (auf Grund neuerer Untersuchungen hat man das Datum um etwa 25 Jahre gesenkt). Pausanias erwähnt den Tempel für Artemis Agrotera nahe dem Ilissos, und auch das Metroon für Demeter in Agrai muß in dieser Gegend gestanden haben. Der Tempelfries [*131–2*], der an derselben Stelle wie beim Athena-Nike-Tempel angebracht ist, gibt Rätsel auf und trägt nichts zur Identifizierung des Gebäudes bei. Stuart und Revett zeichneten den – inzwischen zerstörten – Bau im 18. Jh., aber damals hatte er bereits seinen Fries verloren, von dem Teile in der Nähe des Standplatzes ausgegraben wurden, die eine Identifizierung anderer Teile in den Museen Wiens und Berlins ermöglichten. Bemerkenswert ist, daß römische Kopien des Frieses existieren. Sonst scheint sich die späte Kopistentätigkeit weitgehend auf untergeordnete erzählende Kompositionen an perikleischen Skulpturen zu beschränken – den Schild der Parthenos, die Basis von Rhamnus.

Die Skulpturen dieser Bauten liefern uns in Verbindung mit den rundplastischen und monumentalen Werken, wie sie der Parthenon in reicherem Maß bietet, eine Abfolge für die zweite Hälfte des 5. Jhs., anhand deren wir die stilistische Einheitlichkeit und Entwicklung der athenischen Bildhauerkunst beurteilen können. Glücklicherweise gibt es deutliche Querverbindungen in Ausführung, Komposition oder Einzelmotiven zwischen den Werken an verschiedenen Bauten, die uns Hinweise auf Gleichzeitigkeit oder Aufeinanderfolge vermitteln. Die Entwicklung läßt sich mit einiger Sicherheit bestimmen, da ja einige Daten auch durch andere als stilistische Gründe erschlossen werden können – aber eben doch nicht mit letzter Sicherheit.

Ein falsch interpretierter Erlaß zum Athena-Nike-Tempel hatte bewirkt, daß bis vor kurzem die Ilissos-Skulpturen 25 Jahre zu früh angesetzt wurden. Mehrere Gebäude scheinen, nach stilistischen Kriterien zu schließen, zu ganz verschiedenen Zeiten zusätzlichen Skulpturenschmuck erhalten zu haben. Die Verbindung aus Inschriften zu einzelnen Bauten mit der Kenntnis der wechselhaften Geschichte Athens in diesen Jahren verführt dazu, Mutmaßungen anzustellen über die Gründe von Bauverzögerungen oder Baueinstellungen – vor allem etwa durch den Ausbruch des Peloponnesischen Krieges im Jahr 432/31 und dann durch jenen Zeitabschnitt, in dem es zu alljährlichen Einfällen in Attika kam. Das alles scheint recht gut zusammenzupassen, aber es liegt im Wesen der Kunst wie an der Verhaltensweise des Bildhauers, daß letzte Präzision bei stilistischen Datierungen unerreichbar bleibt – Irrtümer bis zu zwanzig Jahren sind nicht auszuschließen.

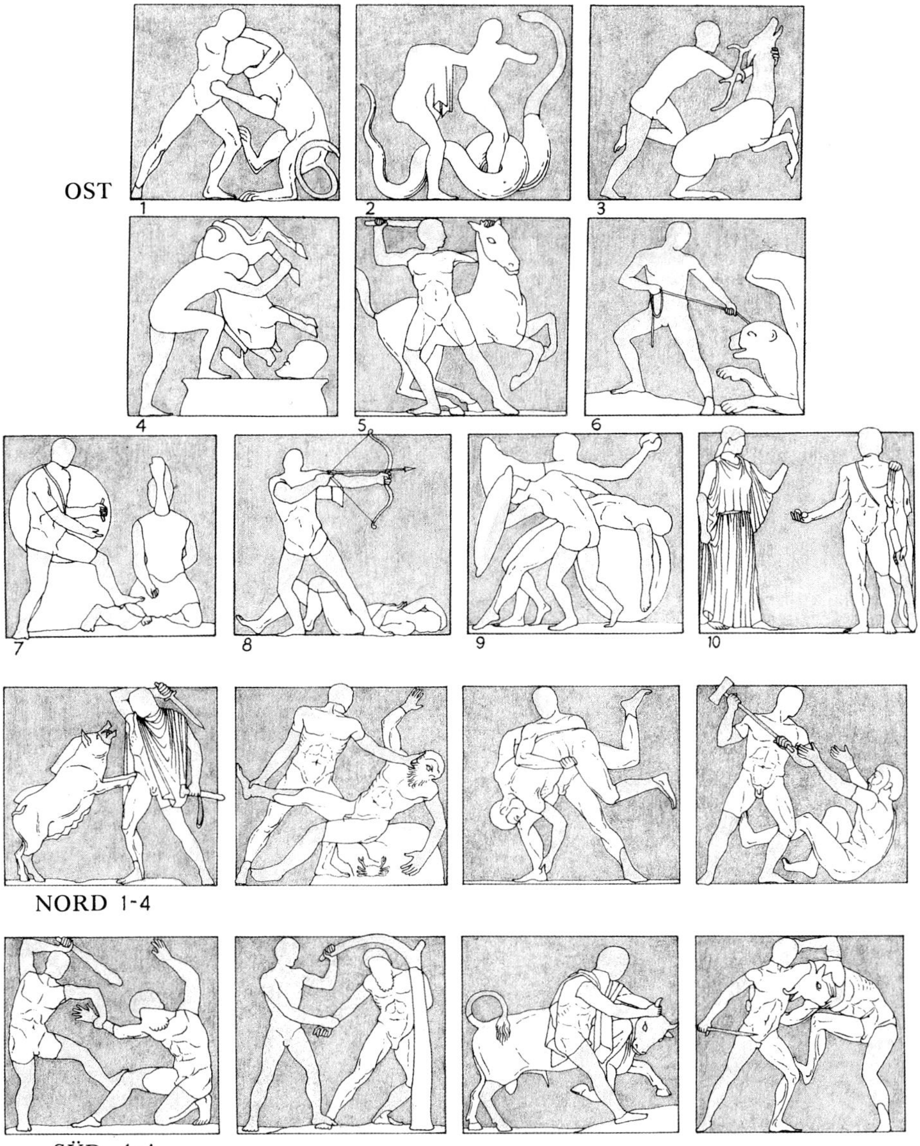

111 Hephaisteion, Metopen. In situ. H. 0,63. Osten: Taten des Herakles. 1: H. und Löwe. 2: H. und Iolaos im Kampf gegen die Lernäische Hydra. 3: H. und Hirschkuh. 4. H. bringt den Erymanthischen Eber zu Eurystheus. 5: H. und die Rosse des Diomedes. 6: H. schleppt den Kerberos aus dem Hades. 7: H. und Amazone. 8–9: H. kämpft über dem Leichnam des Hirten Eurytion gegen Geryoneus. 10: H. mit den Äpfeln der Hesperiden vor Athena. Im Vergleich zu Olympia Abb. 22 fehlen hier die Stymphalischen Vögel und der Stall des Augias; 1 ist in der alten archaischen Weise dargestellt (vgl. Athener-Schatzhaus, GPAZ Abb. 213 (15)), bei 2 kommt Iolaos hinzu und bei 8 Eurytion, wie das auch sonst häufig der Fall ist; die Darbietung der Äpfel an Athena auf 10 ist neuartig (vgl. Vögelmetope in Olympia).

Nord/Süd: Taten des Theseus. Nord (von Osten) – 1: mit der Krommyonischen Sau. 2: mit Skiron. 3: mit Kerkyon. 4: mit Periphetes? Süd (von Osten) – 1: mit Prokrustes? 2: mit Sinis. 3: mit dem Marathonischen Stier. 4: mit Minotauros. Die Darstellungsweisen von Süd 2,4 erinnern an das Athener-Schatzhaus (GPAZ Abb. 213 (1,7) und vgl. (4) mit Süd 1); andere finden Parallelen in der Vasenmalerei.

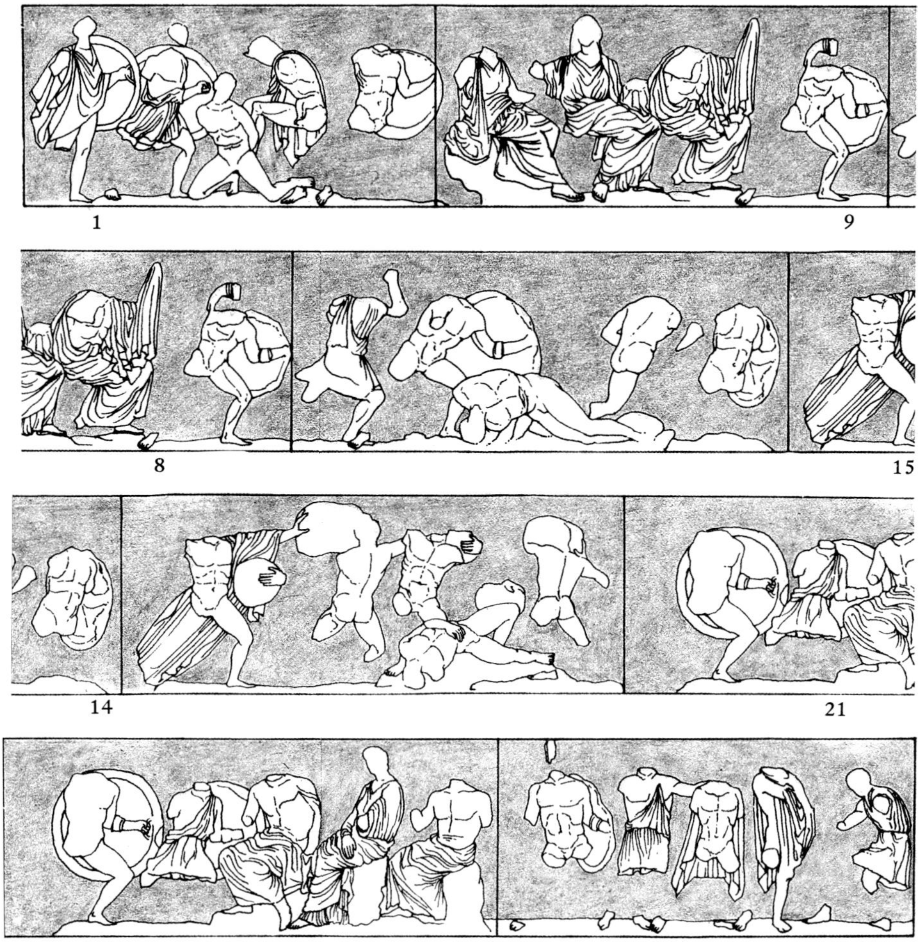

112 Hephaisteion, Ostfries. In situ. H. 0,85.

1–5: Krieger fesseln einen Gefangenen (3), der letzte (5) bewegt sich nach rechts, blickt aber zurück. 6–8: Götter sitzen auf Felsen und beobachten die Figuren 9–21. 6: Athena mit Speer in der rechten Hand (?); Bohrlöcher für die Befestigung der Ägis; 7: wahrscheinlich Hera und vor ihr 8: wohl Zeus, mit Szepter in der linken Hand. 9–14: Krieger, die mit Speer, Schwert und Schild kämpfen; 9, 11 und der Gefallene 12 sind wahrscheinlich die Gegner von 10, 13 und 14. 15–19: Männer kämpfen mit Felsblöcken; der heruntergleitende Mantel bei 15 ist Kennzeichen eines Heros (vgl. Olympia Abb. 19 M): deswegen vielleicht Theseus, doch fehlt seine Waffe. Der Gefallene 18 mag sein Kamerad gewesen sein. 20, 21: zwei Krieger fliehen nach rechts. 22–24: Götter sitzen auf Felsen und beobachten die Figuren 9–21. 22: Poseidon oder Hephaistos; ist es ersterer, so ist 23 Amphitrite. 24: ein Gott. 25–29: Krieger bereiten sich zur Schlacht vor; 26–27 bilden ein Paar, 29 spannt seinen Bogen. Die heroische Kampfszene mit Felsblöcken (15–19) scheint den Kernpunkt zu bilden einer konventionellen Schlachtdarstellung mit Vorbereitung für den Kampf rechts (25–29) und Überlegung des Vorgehens und Einbringung eines Gefangenen (3, ein ungewöhnliches Motiv und deswegen wohl von Bedeutung) links (1–5). Die Götter befinden sich auf einer anderen Ebene – wohl auf dem Olymp –, doch immerhin in Reichweite der Handlung und nicht abseits wie am Siphnier-Schatzhaus (GPAZ Abb. 212,2).

WEST

113 Hephaisteion, Westfries. Lapithen kämpfen mit Kentauren; nach der Hochzeit, nicht wie in Olympia Abb. 19 und wohl auf den Parthenon-Südmetopen Abb. 90. Bemerkenswert ist der rücklings zusammenbrechende Kentaur (5). Zur Haltung von 7 (wahrscheinlich mit Axt) und 11 (nach Art der Tyrannenmörder, vgl. Abb. 3) vergleiche die Heroen in Olympia Abb. 19 K, M. Demnach wird es sich um Theseus und Peirithoos handeln. 8–10: zwei Kentauren stampfen den unverwundbaren Kaineus in die Erde (vgl. RVAAZ Abb. 326).

114.1 Hephaisteion, Westfries (in situ).

114.2

114.3

114.4

114.5

114 Hephaisteion, Ostfries. 2 (Figur 3). 3 (Figur 6). 4 (Figur 24). 5 (Figur 15).

114.6

114.7

114 Hephaisteion, Westfries. 6 (Figuren 16–7). 7 (Figuren 7–10).

115 „Ephedrismos"-Gruppe (parischer Marmor). Ein Mädchen trägt ein anderes auf dem Rücken. Gewöhnlich dem Hephaisteion als Akroter oder Giebelfigur zugewiesen. (Athen, Agora S 429. H. 0,65).

116 Frau (parischer Marmor), gewöhnlich als Akroter dem Hephaisteion zugewiesen und als „Nereide" bezeichnet. (Athen, Agora S 182. H. 1,25).

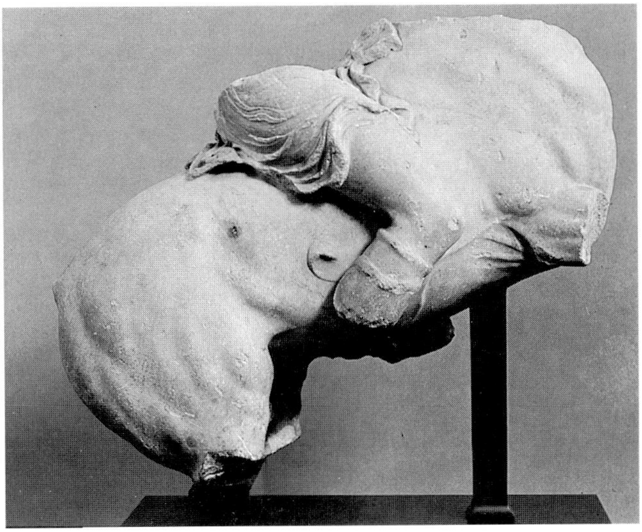

117 Berittene Amazone (pentelischer Marmor); Herkunft unbekannt, doch wird sie gewöhnlich als Giebelfigur einem Tempel auf der Athener Agora zugewiesen. (Boston 03.751. L. 0,91).

118 Nike (pentelischer Marmor); gewöhnlich als Akroter dem Arestempel zugewiesen (ursprünglich der Zeushalle zugerechnet). (Athen, Agora S 312. H. 1,29).

119 Nereide, die auf einem Delphin reitet (pentelischer Marmor); gewöhnlich als Akroter dem Arestempel zugewiesen. (Athen 3397. H. 0,57).

120 (oben) Friesplatten vom Pronaos des Poseidontempels in Sunion. Die Darstellungsthemen sind Lapithen und Kentauren (1–5), einschließlich des Raubes von Lapithenfrauen (2, 4) und des In-den-Boden-Stampfens des Kaineus (3; vgl. Abb. 113.8–10); ein Wagen (6); Gigantomachie (7?; 8 Athena); Theseus mit der Krommyonischen Sau (9) und Skiron. Um 430. (Sunion. H. 0,825).

121 Sitzende Frau vom Giebel des Poseidontempels in Sunion. (Athen 3410. H. 0,58).

122 Kopie der Kultstatue der Nemesis in Rhamnus, von Agorakritos. Von Despinis anhand von Fragmenten des Marmororiginals identifiziert. Pausanias berichtet, der Marmorblock sei von den Persern nach Marathon gebracht worden, um daraus ein Siegesmal herzustellen; aber diese Geschichte klingt recht unglaubwürdig. Er sah die Statue mit einer Krone, die mit Hirschen und Niken geschmückt war; in der einen Hand hielt sie den Zweig eines Apfelbaums, in der anderen eine Phiale, die mit Negerköpfen verziert war (solche „Äthioper" sind bei dieser Form ein gewohnter Dekor). (Kopenhagen, Ny Carlsberg 304a. H. 1,85).

123 Relief; abhängig von der Basis der Nemesis in Rhamnus Abb. 122. Ergänzt (insbesondere der rechte Unterarm der rechten Figur). Nach Pausanias zeigte die Basis, wie Helena von Nemesis zu Leda gebracht wurde, in Anwesenheit von Familienangehörigen (Tyndareos, Agamemnon, Menelaos), lokaler Heroen und anderer Figuren. Auf vorliegendem Relief sind vielleicht Tyndareos, Menelaos?, Helena und Leda dargestellt. Reste der originalen Basis lassen sich vielleicht noch finden. Sie zeigte auf drei Seiten jeweils vier Figuren, die in sehr hohem Relief gegeben waren (H. 0,50). (Stockholm 150. H. 0,51).

124 Akroter vom Apollontempel in Delos. Boreas und Oreithyia. Um 410. (Delos, H. 1,70).

125 Karyatide von der Südhalle des Erechtheions. Kopien in Rom und in der Villa des Hadrian zeigen, daß die Figuren (insgesamt 6) ursprünglich Phialen in ihrer rechten Hand hielten (vgl. Parthenonfries Abb. 94). Die im architektonischen Verband jeweils der Mitte zugewandten Beine der Mädchen sind abgewinkelt. Zu archaischen Karyatiden s. GPAZ Abb. 209, 210. Der Name Karyatide stammt nach Vitruv von Karyai in Lakonien, weil dort die Frauen mit Körben auf den Köpfen tanzten. Seine weiteren Behauptungen aber, der Name sei deswegen für Stützfiguren in architektonischem Kontext verwendet worden, um damit an das feige Überlaufen der Bewohner von Karyai zu den Persern zu erinnern, sind absurd. Der Begriff begegnet zum erstenmal im 4. Jh.; wir kennen jedoch archaische lakonische Stützfiguren (vgl. GPAZ S. 25–26). (London 407. H. 2,31).

126.1

126.2

126.3

126.4

126.5

126 Fragmente vom Fries des Erechtheions. 1: zwei Frauen; 2: Mann und Jüngling; 3: Frau?, die sich von einem Thron erhebt, dessen Armlehne von einer Sphinx getragen wird; 4: Frau mit Kind; 5: sitzende Gestalt (Apollon?) mit Omphalos (römisches Ersatzstück). (Akr. Mus. 1071 [H. 0,49]; 1073 [H. 0,49]; 1239 [H. 0,37]; 1075 [H. 0,38]; 1293 [H. 0,32]).

NORD

m

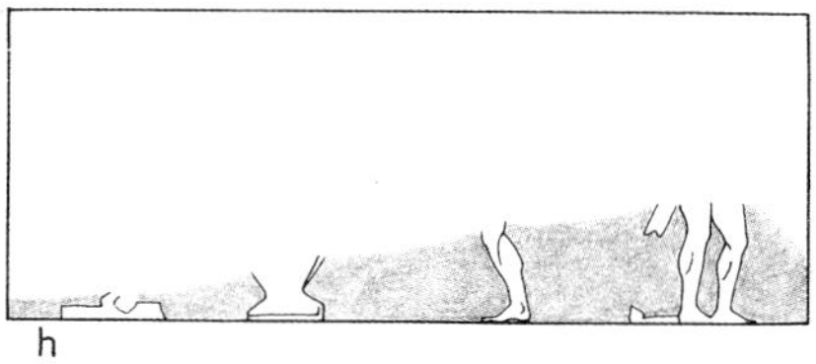

h

127.1 Tempel der Athena Nike: Nordfries. Schlacht zwischen Griechen, an der auch Berittene teilnehmen. Block m (und weitere Fragmente).

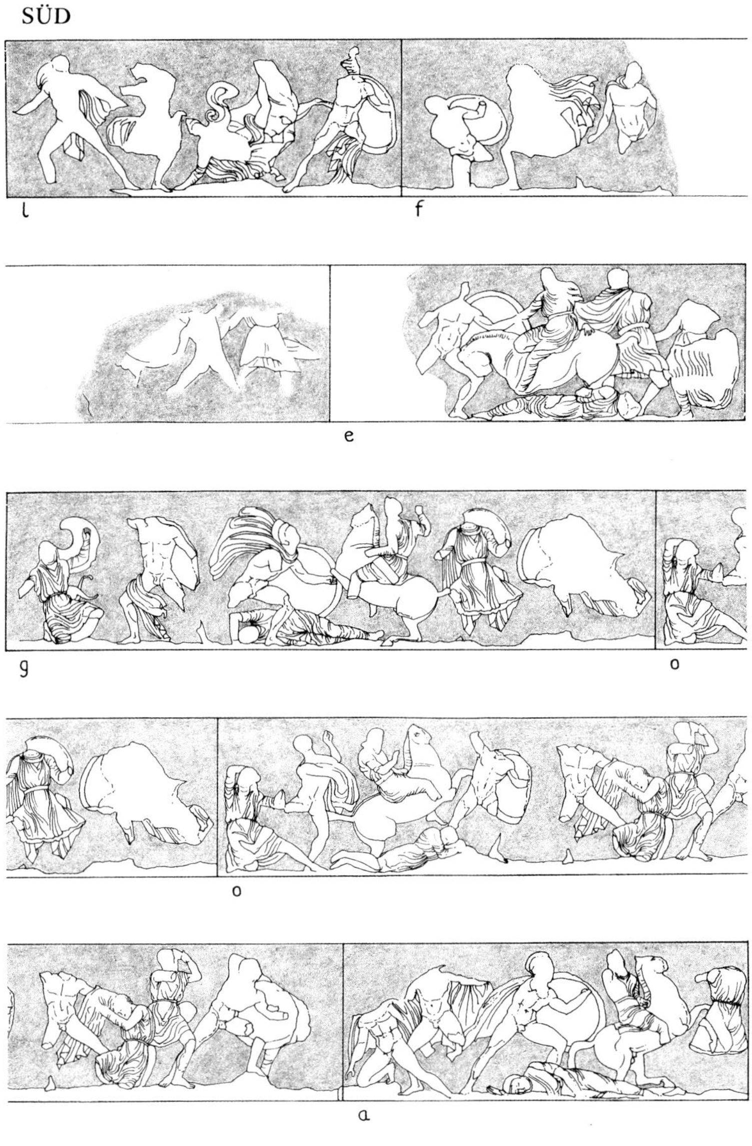

127.2 Tempel der Athena Nike: Südfries. Marathon (?). Schlacht zwischen Griechen und persischer Kavallerie sowie Bogenschützen in orientalischer Tracht (lange Hosen, lange Ärmel). Man beachte die „heroische" Pose von 14. Blöcke l, f + e, g, o, a.

OST

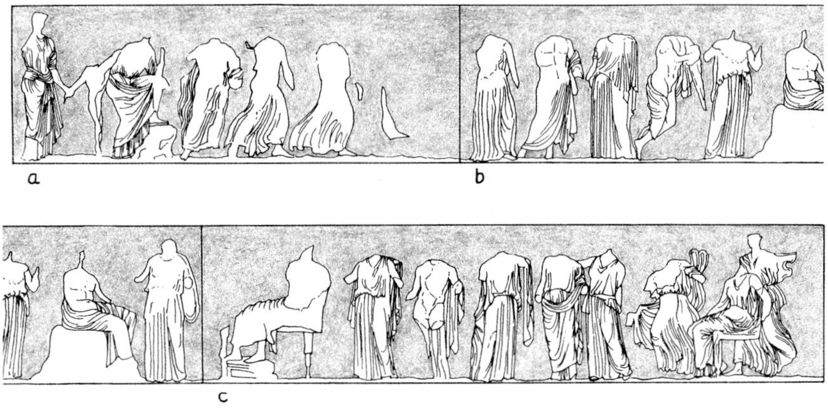

127.3 Tempel der Athena Nike: Ostfries. Der rechte Eckblock fehlt. Olympische Götter. Alle Benennungsversuche bleiben Spekulation mit Ausnahme jenes der Athena (14) und des Zeus (16), die eine Gestalt zwischen sich einschließen (Nike?), des Eros (2) und damit wahrscheinlich der Aphrodite (3). Die hervorgehobene Figur 13 mag Poseidon, die „lahme" Figur 11 den Hephaistos meinen. Bemerkenswert sind die laufenden Gestalten 4–6 und 22, 24. Blöcke a, b, c.

WEST

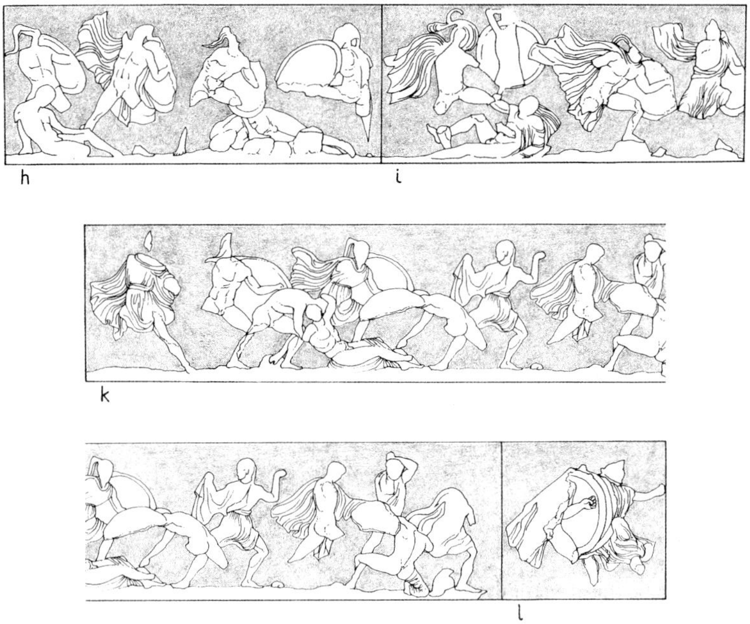

127.4 Tempel der Athena Nike: Westfries. Schlacht zwischen Griechen. Blöcke h, i, k, l. (Akr. in situ; die Blöcke g, o, i, k befinden sich in London 424, 423, 421, 422. H. 0,49).

128 Fries des Athena-Nike-Tempels, Blöcke k (1), g (2), a (3).

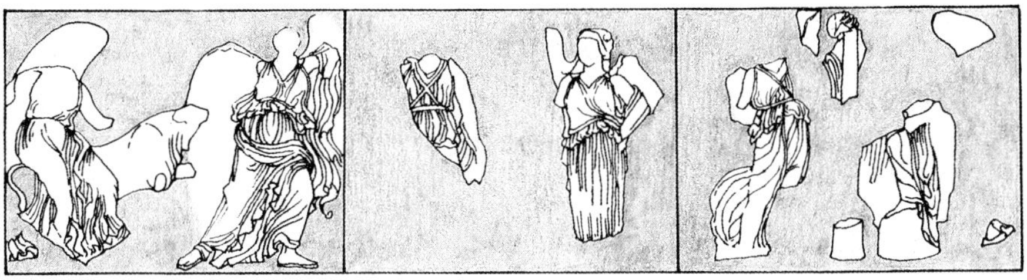

1 2 3

4 5 6

129 Fries auf der Balustrade des Athena-Nike-Tempels, Athen. Eine Auswahl ergänzter Platten. 1–3 – von der N-Seite: zwei Niken führen eine Kuh zum Opfer herbei; zwei Niken, von denen eine eine Beinschiene hält; zwei Niken „bekleiden“ ein Tropaion mit einem „griechischen“ Helm und Schild (?). 4, 5 – von der W-Seite: Nike mit Schild; Athena und eine Nike, die einen „attischen“ Helm hält. 6 – von der S-Seite: Athena und Nike, zwischen ihnen ein Tropaion; die Zugehörigkeit der beiden Figuren zu ein und derselben Platte ist nicht gegen jeden Zweifel gesichert. (Akr. Mus. H. 1,40).

130.1

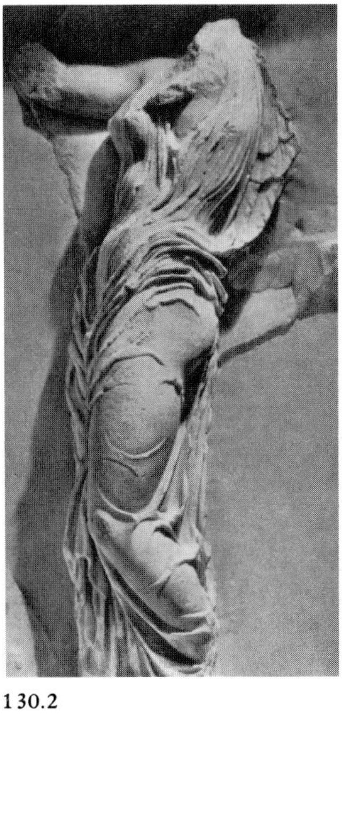

130.2

130.3

130 Athena-Nike-Tempel; Details von der Balustrade. 3 zeigt ein Tropaion mit persischen Beutestücken; das Ärmelgewand gehört zur persischen Tracht. Links ist der Arm einer Nike erhalten, die einen Köcher hält, mit dem sie das Tropaion schmücken will. Auf der Balustrade begegnen persische Tropaia (wie das eben genannte), Tropaia mit Hoplitenwaffen (Schild, Helm, vgl. Abb. 129.2–5), und offenbar auch Tropaia für Seesiege (mit Steuerruder). Vielleicht entsprechen sie jeweils den auf der gleichen Seite im Fries dargestellten Schlachten (jedenfalls befanden sich die *sicher* persischen Tropaia auf der Südseite).

130.4

132 Fries vom Ilissos-Tempel. Platte D.
s. Abb. 131. (Berlin 1483a).

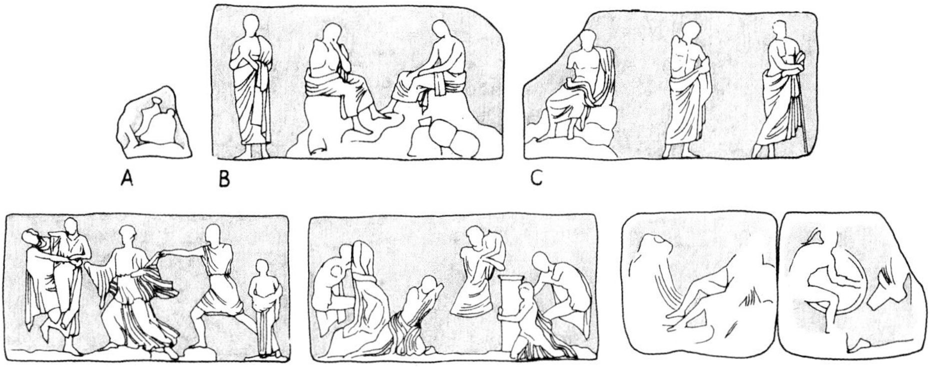

131 Friesplatten vom Tempel am Ilissos. Die Themen bleiben unsicher. Auf den Felsen unter den nachdenklichen Sitzenden auf B läßt sich ein Eimer, ein zusammengebundener Sack (vgl. A) und ein Bündel, wie es Reisende tragen, erkennen. D und E zeigen den Raub von Frauen, wobei eine in einem Heiligtum von einem Pfeiler weggerissen wird (auf E). Bei F handelt es sich um einen sehr stark verriebenen Eckblock mit größeren, schlankeren Figuren. (A, F – Athen 1780, 3941; B, C 2, D – Berlin 1483 b, c, a; C 1, E – Wien 1094, 1093. H. 0,47).

Kapitel 12

THEMEN IN DER ATTISCHEN PLASTIK

Bei der Wirkung, die die Architekturplastik der neuen attischen Tempel auf den zeitgenössischen Betrachter ausübte, muß das, was wir ihren ästhetischen Reiz nennen – die Qualität der Ausführung, die Komposition und der Stil – eine wichtige Rolle gespielt haben. Auch heute übt sie noch einen solchen ästhetischen Reiz aus, aber dieser hat sich, seit diese Skulpturen für westliche Augen sichtbar wurden, in seinem Wesen verändert; er kann nicht mehr derselbe sein wie im Athen des 5. Jhs., teils, weil wir keine Athener des 5. Jhs. sind, und teils, weil wir sie nicht in ihrem Originalzustand (frisch aus der Bildhauerwerkstatt und farbig gefaßt) oder ihrer ursprünglichen Umgebung sehen können. In jedem Fall hängt ein solcher ästhetischer Reiz von subjektiven Kriterien ab, die dem Betrachter von der Kultur, innerhalb deren er lebt, von seiner Erziehung und von seiner Sensibilität diktiert werden. Einen weiteren Bestandteil ihres Reizes machte jedoch die inhaltliche Aussage der Skulpturen aus. Die Griechen sahen und deuteten ihre Gegenwart durch ihre Vergangenheit – man denke an die Stoffe des attischen Dramas – und da wir, was die Mythen betrifft, einiges in Erfahrung bringen können und auch darüber, in welcher Weise sie als Gleichnisse verwendet wurden, einige begründete Vermutungen anstellen können, dürfen wir hoffen, in die Nähe dessen zu kommen, was der Betrachter des 5. Jhs. vor diesen bemerkenswerten Schöpfungen empfand. Ich lehne es jedoch ab, Spekulationen darüber anzustellen, welche Botschaften diese Werke zusätzlich transportiert haben mögen; denn seien sie nun vorhanden gewesen oder nicht – beweisbar sind sie jedenfalls nicht. Man hat für diese Monumente manches in dieser Richtung vorgeschlagen – scharfsinnige topographische oder persönliche

Anspielungen, die Verherrlichung der Frau oder der Familie, und mehrdimensionale Querbezüge (was Zeit und Raum angeht).

Das Programm der attischen Tempelneubauten wurde durch die historische Tatsache getragen, daß die Stadt eine neue Führerstellung errungen und die Perser im Felde besiegt hatte. Wir dürfen deshalb bis zu einem gewissen Grad eine diesen Umständen entsprechende thematische Einheit in der Wahl der Darstellungsgegenstände erwarten, sowohl in bezug auf einzelne Bauwerke (bei denen diese zum Teil durch die jeweilige Gottheit bestimmt werden), wie auch für den gesamten Komplex der Neubauten; das gilt um so mehr, als wir aus den Quellen entnehmen können, daß bis zu einem gewissen Grad eine zentrale Planung gegeben war. Im folgenden bringe ich eine Übersicht über die Themen der attischen Bauplastik, die ich mit einer gesonderten Betrachtung eines ungewöhnlichen Monumentes – des Parthenonfrieses – und des gesamten thematischen Programms des Parthenon abschließen will. Die Gründe für die Identifizierung von Themen oder Figuren, die in vielen Fällen keineswegs sicher ist, sind in den vorigen beiden Kapiteln oder den Bildunterschriften angegeben.

Die olympischen Götter spielen in der Thematik eine ungewöhnlich große Rolle. Die Tatsache, daß die Giebel des Parthenons die Geburt der Stadtgöttin und ihren Sieg über Poseidon beim Streit um die Herrschaft über die Stadt darstellen, wird erst dann bemerkenswert, wenn man andere griechische Tempel zum Vergleich heranzieht, bei denen der Bezug auf die in ihnen verehrte Gottheit sehr viel weniger unmittelbar ausgedrückt wird. Das Thema von Athena und Poseidon war vielleicht auch in dem Poseidon gehörigen Tempel in Sunion (im Giebel) aufgegriffen worden – mit weniger starker Betonung der Niederlage –, und vielleicht auch im Ostfries des Athena-Nike-Tempels (Empfang der Athena nach dem Wettstreit). Es war eine neue Geschichte, die ihre erste Fassung am Parthenon fand. Eine vergleichbare Erzählung, von der wir nicht wissen, wie alt sie ist, spinnt sich um Troizen, den Geburtsort des Theseus. Theseus war in den früheren Jahren der jungen athenischen Demokratie ein prominenter Heros gewesen, aber in der heroischen Thematik des Parthenon spielt er nicht jene dominierende Rolle, die wir vielleicht hätten erwarten können; Perikles mag die Bedeutung des Heros seines Vorgängers und Rivalen Kimon (der fast ein zweiter Theseus war) bewußt heruntergespielt haben. Die Niederlage von Theseus' Vater Poseidon im Streit mit Athena; die militärische Bedeutung, die dem Land und nicht dem Meer beigemessen wurde gerade zu der Zeit, in welcher man den Parthenon plante und in der die Ressourcen von Athens Seeherrschaft sich auf das Land Attika zu konzentrieren begannen – viele ineinandergreifende Motive mögen die Themenwahl beeinflußt haben.

Die Verehrung der olympischen Götterfamilie als solcher (ein eher literarisches als religiöses Konzept) begann in Athen gegen Ende des 6. Jhs. In der Kleinkunst versammeln sich die Götter anläßlich einiger weniger angemessener olympischer Gelegenheiten, die oft starken literarischen Einschlag aufweisen (vgl. etwa die homerische Gruppe am archaischen Siphnier-Schatzhaus, GPAZ Abb. 212.2), oder beim Gigantenkampf (s.u.). Am Parthenon wohnen sie der Geburt der Athena im Ostgiebel bei, sie sind bei der Prozession im Ostfries zugegen, und sie fehlen nicht bei der Geburt der Pandora auf der Basis der Parthenos; beim Athena-Nike-Tempel begleiten sie Athena auf dem Ostfries. Während andere griechische Städte bei ihren Tempeln kaum auf mehr Anspruch erheben als auf die Schutzherrschaft ihrer Hauptgottheit, verlangt Athen, die selbsternannte Führerin Griechenlands, daß die gesamte olympische Götterfamilie ihre Aufmerksamkeit Gelegenheiten zuwendet, die wohl alle Athen betreffen: so segnen und beschenken die Götter eine neu geschaffene Pandora, die „Alles-Beschenkende", wie sie Athen und sein Volk segnen und mit Eigenschaften beschenken, durch die dieses ganz Griechenland erziehen kann. Diese Göttergeburten sind ein weiteres immer wiederkehrendes Thema in der attischen Plastik. Die Geburt der Athena war bereits vorher in der monumentalen Kunst gefeiert worden, nicht aber die der Pandora und auch nicht die der Helena (Basis von Rhamnus), die von Leda aus dem von Zeus gezeugten und von Nemesis gelegten Ei ausgebrütet wird. Dies scheint eine Lokalsage gewesen zu sein, aber auch Helena brachte

Gaben für die Menschheit – wenn auch schreckliche, denn sie hatte den Trojanischen Krieg verursacht und die Sterblichen die Unausweichlichkeit des Zeusgebots und der Nemesis gelehrt. Man vermutet eine Geburt des Erichthonios auf der Basis der Kultstatuen im Hephaisteion (s. [*240*]; er war Athenas Pflegekind). In Olympia schmückte Phidias die Zeusbasis mit einer Geburt der Aphrodite. Auf etwas niedrigerer und betonter patriotischer Ebene treten die Heroenkönige Attikas im Westgiebel auf, und die eponymen Heroen der zehn Stämme (ein politisches Produkt, so, wie die olympische Götterfamilie ein literarisches Produkt war) im Ostfries. Die rätselhaften Mittelmetopen der Parthenonsüdseite mögen ebenfalls frühe Könige und Heroen Athens darstellen.

Unter den bedeutenderen Heroen, die Attika sich zu eigen gemacht hatte, hatte vor den demokratischen Reformen von 510 Herakles den ersten Rang eingenommen, danach löste ihn Theseus ab. Am Hephaisteion werden ihnen – wie vorher schon am Schatzhaus der Athener in Delphi (GPAZ Abb. 213) – ungefähr gleiche Ehren erwiesen; wieder ein Hinweis auf den archaisierenden Charakter eines Teils des Bauschmucks an diesem Tempel. Es wirkt so, als sei das Mythenprogramm für das perikleische Athen noch nicht etabliert. Danach findet man Herakles nur noch in Gigantomachien. Theseus spielt eine Rolle in Kämpfen gegen Amazonen und die Kentauren (s.u.), wo er allerdings nicht immer leicht zu erkennen ist, und er könnte auch auf dem Ostfries des Hephaisteions in einer anderen (in der Kunst sonst nicht aufgegriffenen) Episode aus der Frühgeschichte Athens zu finden sein. Vielleicht ist er in Sunion (am Tempel seines Vaters), in Rhamnus (man vermutet ein Akroter mit Theseus und Helena) und am Athena-Nike-Tempel zugegen (man schlug für den Ostfries eine Einführung des Theseus in den Olymp vor), aber die Deutungen mögen unrichtig sein. Lediglich auf dem Dach der Zeusstoa wird er mit Sicherheit (wenigstens durch Pausanias) bei einem seiner traditionellen Zweikämpfe – mit Skiron – identifiziert. Diese Erzählungen, die mit der Geburt der Demokratie aufgekommen waren, blieben in der athenischen Kleinkunst immer noch beliebt, und die Skirontat eignete sich gut für diese Zeit, da der Zweikampf bei Megara stattfand, mit dem Athen kurz zuvor in heftigem Streit gelegen hatte.

Die neue Gestaltungsweise für Akrotergruppen verlangte als Thema ein kämpfendes Paar. Wir haben die Theseus-Skiron-Gruppe auf der Zeusstoa bereits erwähnt; daneben gab es dort (wie auf dem Tempel in Delos) Eos, die Kephalos entführt. Nach einer Fassung des Mythos war letzterer ein attischer Prinz, den Eos (die Morgenröte) nach Osten bringt. Ein anderes Akroter in Delos zeigte Boreas (den Nordwind), der Oreithyia entführt: letztere eine athenische Prinzessin, ersterer von den Athenern verehrt, seit er ihnen geholfen hatte, am Athos und bei Artemision die persische Flotte zu zerstreuen (vgl. RVAAZ 247). Die Bellerophon-Chimaira-Gruppe, die vielleicht den Athena-Nike-Tempel schmückte, ist nicht so leicht zu erklären, da Bellerophon ein korinthischer Heros war und in diesen Jahren den Athenern keine Stadt verhaßter war als Korinth. Darüber hinaus wird angenommen, daß der Westfries des Tempels einen Sieg über Korinth darstellt. Doch Bellerophon war auch ein Schützling Athenas gewesen, und er tötete die Chimaira in Lykien, nicht weit von der Stelle, wo Athen den Persern die endgültige vernichtende Niederlage (467 am Eurymedon) beigebracht hatte. Eine Gruppe des Peleus im Kampf mit Thetis wird für den Arestempel angenommen; sie würde die Nereiden (Schwestern der Thetis) erklären, die man ebenfalls diesem Tempel zurechnet. Ihr Kampf weist auf den Trojanischen Krieg voraus; ihr Kind war Achilleus. Sonst treten als Einzelfiguren bei Akroteren oft Niken (Siegesgöttinnen) auf, die keiner weiteren Erklärung bedürfen: vielleicht auf dem Tempel der Athena Nike, des Ares, und auf dem Hephaisteion, dem entspricht ihr Erscheinen auf der Hand der Athena Parthenos und vielleicht der Promachos, sowie auf der Athena-Nike-Balustrade.

Die anderen wichtigen und beliebten Themen sind solche des Kampfes (mit Giganten, Kentauren, Amazonen) und seiner Nachwirkungen (Eroberung Trojas). Der Sieg der Griechen in Troja war ein Sieg über den Osten, und nach Herodot führten die Perser ihren Streit mit den Griechen auf diesen zurück. Er war lange ein beliebtes Thema in der griechischen Kunst und Literatur gewesen und fand seinen Platz auch auf den Nordmetopen des Parthenon (zweifelhaft bleibt sein Auftreten in einem der Hephaisteiongiebel). Die Einstellung der Griechen zur Trojasage war ambivalent; sie respektierten die Trojaner. Die Zerstörung Trojas scheint als Strafe für eine Übeltat (Raub der Helena) aufgefaßt zu werden, die auch auf jene fiel, die vielleicht am Verbrechen unschuldig waren, die aber dennoch die gerechte Strafe mitleiden mußten. Man hat die Vermutung ausgesprochen, die einzige Zerstörung einer großen Stadt in den Perserkriegen – jene Athens – sei vielleicht mit der Trojas gleichgesetzt worden.

Die Kentauromachie war auf den Südmetopen des Parthenons und auf den Sandalen der Parthenos, auf dem Westfries und in einem Giebel des Hephaisteions sowie am Tempel in Sunion dargestellt. (Außerdem auf dem Schild der Promachos, s.u. S. 258.) Sie schloß Theseus mit ein, doch mag das vielleicht nicht unbedingt den Hauptgrund für ihre Beliebtheit abgegeben haben. Ihre Rolle in Olympia wurde bereits erwähnt (S. 54–55). Es war durch die Anwesenheit des Theseus ein mit Hilfe Athens errungener Sieg. Allgemeiner gesehen aber bedeutete der Sieg einen Triumph der zivilisierten über die tierische Welt (die Perser genossen wie alle Invasoren keinen guten Ruf), und er ereignete sich in Nordgriechenland, wo man im allgemeinen die persischen Eindringlinge willkommen geheißen hatte.

Amazonen kommen aus dem Osten und in der klassischen Kunst werden sie in persischer Tracht dargestellt; in manchen griechischen Städten brachte man ihnen durchaus Respekt, ja sogar kultische Verehrung entgegen, und sie galten als Gründerinnen einiger ostgriechischer Städte. Amazonenkämpfe sind auf den Westmetopen des Parthenons und auf dem Schild der Parthenos dargestellt, vielleicht auch am Arestempel, am Tempel der Athena Nike und am Hephaisteion. Am Athener-Schatzhaus in Delphi (GPAZ Abb. 213) mag es sich um den Einfall in das Land der Amazonen – vielleicht durch Theseus und Herakles gemeinsam – handeln: ein Ereignis, das den von Athen unterstützten

Angriff der Ionier auf die persische Zentrale in Sardis im Jahr 499 (ionischer Aufstand) verherrlicht haben könnte. Doch bald erfand man mit einem Amazoneneinfall, der von Theseus in Athen selbst abgewehrt wurde, eine neue Kampfsituation, die den Einfall der Perser in Attika bei Marathon widerspiegeln sollte. Es ist nicht immer eindeutig, welcher Kampf im klassischen Athen dargestellt wird, aber auf dem Schild der Parthenos ist es mit Sicherheit der Kampf um Athen; auf jeden Fall ist die allgemeine Aussage, die vermittelt werden soll, immer eindeutig.

Der Kampf der Götter und Giganten (auf den Parthenonostmetopen, dem Parthenosschild, vielleicht in Sunion und einem Giebel des Athena-Nike-Tempels) war seit langem mit Athen und Athena verbunden. Oft, wenn nicht sogar immer, scheint mit dieser Erzählung der Peplos verziert gewesen zu sein, der Athena dargebracht wurde, und diese tritt seit archaischer Zeit in der Regel zusammen mit ihrem Schützling Herakles in der Mittelgruppe neben Zeus auf (vgl. GPAZ Abb. 199, 212.1, 215; SVA 240; RVAAZ Abb. 187). Die spezifische Rolle der Götter in der Plastik Athens wurde bereits erwähnt. Ganz abgesehen von der besonderen Rolle, die Athena spielte, muß natürlich der Triumph der Götter über die „Mächte der Finsternis" – wie man das Thema umschreiben könnte – besondere Anziehungskraft ausgeübt haben. Die Geschichte vom Sieg des Theseus über Pallas und seine 50 Söhne bei Pallene in Attika könnte eine bescheidene lokale Variante des Sieges über die Giganten bei Pallene in Nordgriechenland darstellen. Das läßt die Identifikation von Theseus und den Pallantiden im Hephaisteionostfries, wo, wie in den Gigantomachien, Felsbrocken als Waffen verwendet werden, in einem neuen Licht erscheinen.

Andere Schlachten, die noch weiter von den Olympiern entfernt sind, zeigen drei Friese des Athena-Nike-Tempels. Jene auf der Südseite wird gegen Leute aus dem Osten (nicht Amazonen wie auf den Parthenonmetopen) geführt. Details legen nahe, daß die Schlacht von Marathon gemeint ist. Auf den übrigen Friesen sind die Kämpfer als Griechen gekleidet. Im Nordfries mag die Schlacht von Plataiai gezeigt sein, in der die Athener die perserfreundlichen Böotier besiegten. Schlachten zwischen Sterblichen sind normalerweise kein Thema für griechische Tempel, aber die Athener, die die Perser geschlagen hatten, waren von ihren Landsleuten heroisiert worden: man hatte ihnen gewissermaßen den Status von Halbgöttern zugebilligt. Zwanzig Jahre, nachdem man durch die Amazonomachien am Parthenon auf ihre Erfolge angespielt hatte, mag es durchaus an der Zeit erschienen sein, sie bei der Aktion selbst zu zeigen; und wenn überhaupt, so waren ja nur noch wenige von denen, die mitgekämpft hatten, am Leben. Daß der Westfries einen Sieg der Athener über andere Griechen, ohne irgendeinen Zusammenhang mit den Perserkriegen (wie das bei Plataiai und den Böotiern der Fall ist), zeigen könnte, ist schwer glaubhaft, obwohl sich bei den neuen Kriegsverwicklungen Athens die Einschätzung der göttlichen Eigenschaften der im Krieg Gefallenen beträchtlich verstärkt hatte, und die Identifikation mit der Niederlage der Korinther bei Megara durch Myronides im Jahr 458 verlockend ist.

Auch der Parthenonfries ist in der Hauptsache Sterblichen gewidmet, aber sie sind nicht mit der heroischen Aufgabe befaßt, Feinde niederzukämpfen, die Griechenlands Freiheit bedrohen: es muß eine andere Erklärung für die Darstellung gesucht werden. Daß er eine Panathenäenprozession darstellt, ist ebenso klar wie die Tatsache, daß es keine gewöhnliche Prozession ist, da Bürgerschaft und Hoplitenheer fehlen und sie statt dessen durch eine Reiterkavalkade dominiert wird. Die Behauptung, der Zug stelle das zeitgenössische Bild oder ein Gattungsbild dar, übersieht dieses Weglassen und viele andere Probleme. Daß es sich um den Zug anläßlich der ersten Panathenäen handle, ist unwahrscheinlich, da dann identifizierbare attische Heroen oder Könige dabei sein müßten und nicht nur eine undifferenzierte Bürgerschar; und die zehn Stammesheroen gehören in Athens jüngere politische Geschichte und nicht in die graue Vorzeit (in der es nur vier Stämme gab). Ihre Anwesenheit läßt ein Thema vermuten, das dem Parthenon selbst zeitlich näherstehen muß.

Vielfach möchte man verschiedene Teile des Frieses unterschiedlichen Zeiten und Orten zuweisen, aber in klassischen Werken suchen wir nach Einheit, und das scheinbare Fortschreiten im Fries von der Vorbereitung bis zur Vollendung ist eine Illusion. Ich brauche keine Entschuldigung vorzubringen, wenn ich meine eigene Interpretation des Frieses vorlege. Der Leser mag selbst beurteilen, wie gut das im folgenden Vorgeschlagene mit dem Rest des Kapitels zusammenstimmt.

Die Einheit von Zeit und Ort läßt sich definieren: es handelt sich um die Formierungsphase des Panathenäenzuges in den nördlichen Randbezirken und innerhalb der Agora. Den Höhepunkt bildet die Übergabe des neuen Peplos durch einen *arrhephoros* an den Archon Basileus vor der Stoa Basileios (Königshalle). Die Werkstatt für den Peplos befand sich in der Agora und dessen Transport auf die Akropolis (wenn auch zu dieser Zeit nicht zum Parthenon) war der Anlaß für die Prozession. Der Ostfries mag auch auf seine Herstellung angespielt haben, und Athenas Gabe an Pandora (auf der Parthenosbasis) war die Webkunst. Die Panathenäenstraße über die Agora war als die Rennbahn *(dromos)* bekannt, und auf ihr spielten sich jene Ereignisse zu Pferd und zu Wagen ab, die im Reiterzug abgebildet sind. Am Anfang des *dromos* stand der Zwölf-Götter-Altar, und ganz in der Nähe befand sich (wahrscheinlich) der Kultplatz für die Stammesheroen, die auf dem Ostfries beisammenstehen und die Prozession in Empfang nehmen. Doch was ist so Besonderes an dieser Prozession, daß sie von Göttern und Heroen begrüßt wird? Warum nur der Reiterzug? Läßt sich eine Antwort finden, die uns davon entbinden könnte, hier ein ganz einmaliges Beispiel eines friedlichen Ereignisses aus dem Bereich der Sterblichen in so erhaben-göttlicher Umgebung akzeptieren zu müssen? Das Schema der Vorstellung und Aufnahme ist in der griechischen Kunst ganz geläufig, wenn es sich um die Erhebung eines Heros (Herakles) in den Status eines Gottes handelt. Der Reiterzug ist auf seine Art ein heroisches Motiv, da das Pferd in der griechischen Kunst gewöhnlich einen Heros kennzeichnet. Außerdem nimmt man an, daß mit Pferden verbundene Heroenkulte auf der Agora die Erklärung für die Reiterübungen abgeben, die dort bei der Prozession ausgeführt werden. Wir brauchen nicht lange zu suchen, um Athener zu finden, die kurz zuvor in den Stand von Heroen erhoben worden waren: die Gefallenen von Marathon, als Athen zum erstenmal gegen Persien angetreten war. Und die Anzahl der Männer im Reiterzug (dabei sind nur die Wagenlenker ausgenommen, die nicht wichtiger sind als die Pferde) scheint jener der Athener, die bei Marathon gefallen waren, genau oder nächst zu entsprechen — 192. Die alle vier Jahre stattfindenden Großen Panathenäen waren weniger als einen Monat vor der Schlacht gefeiert worden, so daß sich die beiden Ereignisse in den Köpfen der Athener leicht miteinander in Verbindung bringen ließen. Daß man einen Reiterzug wählte anstelle einer realistischen Prozessionsdarstellung mit Bürgern und Fußsoldaten, erklärt sich aus den heroischen Anklängen und Verhaltensweisen. Athen erklärt damit die Göttlichkeit der Männer, die bei der Verteidigung der Stadt gefallen waren; erklärt sie vor den Göttern Griechenlands und den Stammesheroen der Stadt; und zwar an dem Gebäude, das man voller Dank der Stadtgöttin geweiht hatte und das den endgültigen Sieg über die Feinde aus dem Osten verewigte. Erreicht wurde das durch ein Denkmal — den Fries —, das auf geniale Weise die gesamte Botschaft anhand der Darstellung einer bestimmten Phase im Verlauf der heiligen Prozession verkündet — mit allen einschlägigen Anspielungen auf die Topographie der Stadt und der Kulte. Für einen Athener des 5. Jhs. und für Besucher ihrer Stadt konnte die Aussage gar nicht deutlicher sein.

Man erinnere sich nun an das gesamte Programm des Bildschmucks am Parthenon. Äußerlich ist da gewissermaßen ein Abstieg zu konstatieren: von der Welt der Götter in den Giebeln über die der Heroen in den Metopen, zur Begegnung beider mit den Sterblichen im Fries. Im Westen geht es um das Schicksal Athens — die Zueignung der Stadt an ihre Göttin im Giebel, die Rettung vor den Amazonen in den Metopen, die Parabel jenes Erfolges der Sterblichen, auf den der Fries so hintergründig anspielt. Im Osten geht es um das Thema Götter und Menschen. Im Giebel begrüßen die Götter die neugeborene Stadtgöttin; in den Metopen demonstrieren sie ihre Überlegenheit über die erdgeborenen Giganten; im Fries begrüßen sie eine Prozession von Sterblichen, die in den Heroenstand erhoben wurden. Auf den Nordmetopen wird die größte Stadt der mythischen Geschichte erobert, gefaßt jedoch in Szenen menschlicher Begegnungen, nicht nur reinen Gemetzels; auf den Südmetopen wird die Welt des Tierischen zurückgeschlagen. Im Inneren steht die jungfräuliche Göttin aus Gold und Elfenbein. Ihr Schild und die Sandalen greifen nochmals die Themen der besiegten Amazonen, Giganten und Kentauren auf, und auf der Basis wird – wie eine Athena oder Athen – Pandora von den Olympiern erschaffen, damit sie der Menschheit ihre Gaben überbringt: ein bitterer Beigeschmack dabei ist, daß sie auch eine Betrügerin war. Athenas eigenes Geschenk an sie war die Webkunst – vielleicht wieder eine Anspielung auf den Peplos.

Diese Verbindung von Mythos und Parabel in der Bauplastik ist bemerkenswert, aber sie ist nur ein Aspekt eines in sich eng verschränkten Ganzen, wie es von den bildenden Künstlern, den Dramendichtern und Historikern geschaffen wurde; anfangs trugen Stolz und Zuversicht diese Einstellung, später aber mußte sie die Stadt durch dunkle Jahre der Niederlagen und Selbstzweifel hindurch aufrecht halten, in denen jenes Griechenland, das Athen führen und belehren wollte, sich gegen die Stadt wandte, und ihre stolzen Langen Mauern das gleiche Schicksal erlitten wie die Trojas.

Kapitel 13

ANDERE KLASSISCHE SKULPTUREN

Daß außerhalb Attikas so bemerkenswert wenig Bauplastik zu finden ist, mag sich vor allem aus den Zufällen der Erhaltung erklären, aber das übrige Griechenland hatte es ja auch nicht nötig, wie Athen zerstörte Tempel zu ersetzen. (Die Skulpturen der Tempel von Bassai und im argivischen Heraion liegen bereits jenseits der Grenzen dieses Buches.) Eine Giebelgruppe, in der die Tötung der Niobiden durch Apollon und Artemis dargestellt war, wurde bereits in der Antike nach Rom gebracht; von den verschiedenen ihr zugewiesenen Figuren passen drei in Maßstab und Stil so gut zueinander, daß ihre Zusammengehörigkeit als sicher gelten kann [*133*]. Weit weniger sicher ist, welchen Tempel sie einst schmückten – man hat Bassai und die dorischen Tempel in Attika vorgeschlagen, aber Bassai besaß erwiesenermaßen keine Giebelfiguren und der Stil ist nicht erkennbar attisch. Es ist nicht einmal sicher – wenn auch höchst wahrscheinlich –, daß sie überhaupt aus Griechenland kamen und nicht aus irgendeiner griechischen Stadt in Süditalien. Die Figuren scheinen denen des Tempels in Olympia nahezustehen, doch sind sie gekleidet, als gehörten sie zum Parthenon. Ihr Stil ist schwach, aber flüssig, und bei dem zusammenbrechenden Mädchen [*133.1*] begegnen wir zum erstenmal in der Plastik der pathetischen Qualität der Nacktheit: in Olympia hatte es daneben ein erotisches Element gegeben. Aber der Körper ist nur oberflächlich weiblich: Hüften und Beine könnten auch einem Knaben gehören.

Einen Apollon aus ungefähr derselben Zeit [*134*], der offenbar als Bogenschütze dargestellt ist, hat man früher mit den Niobiden in Verbindung gebracht – als ihren Mörder. Auch er wurde in

Rom in der Nähe des Apollon-Sosianus-Tempels gefunden, der bekanntermaßen importierte geraubte griechische Statuen beherbergt hatte. Der Apollon war noch in der Antike mit (hier nicht gezeigten) bronzenen Stirnlocken restauriert und kopiert worden. Kürzlich hat man in einer neuen Interpretation wahrscheinlich gemacht, daß es sich um einen Theseus aus einer Amazonomachie handeln könne – vielleicht aus einer anderen Giebelgruppe.

Abgesehen von der Bauplastik hat Attika eine Reihe weiterer recht qualitätvoller Originalskulpturen erbracht, die in der Regel als Weihgaben gedient hatten. Pausanias sah auf der Akropolis eine Gruppe mit Prokne und Itys, die Alkamenes geweiht hatte. Das ist der Name eines berühmten Bildhauers, und es ist deshalb wahrscheinlich, daß die erhaltene Gruppe [*135*] von seiner Hand stammt, denn es wäre zu gewaltsam, dieses Zusammentreffen nur deshalb zu ignorieren, weil manche die Arbeit nicht hervorragend finden.

Tafel 1 *Spiegelträgerin aus Bronze (s. Abb. 16, S. 48)*

Tafel 2 *Zeus entführt Ganymed (s. Abb. 33, S. 80)*

Tafel 3 *Bärtiger Seher aus dem Ostgiebel des Zeusheiligtums von Olympia (s. Abb. 20.4, S. 61)*

Tafel 4/5 *Bronzestatuen A und B eines Kriegers aus Riace (s. Abb. 38, 39, S. 86, 87)*

Tafel 6 *Grabstein der Ampharete, aus Athen (s. Abb. 150, S. 244)*

Tafel 7 *Relief eines Knaben, vom Athenatempel in Sunion (s. Abb. 40, S. 93)*

Tafel 8 *Pferd von einem Viergespann aus Bronze, um 470 v.Chr., Olympia, Museum*

ΑΜΦΑΡΕΤΗ

Von der Agora stammen Trümmer einer Kolossalstatue aus Marmor, die wir nur allzugern vollständig besäßen [*136*]. Der Stil der Gewandwiedergabe zeigt jene transparente Gestaltungsweise, wie sie für das spätere Jahrhundert charakteristisch ist; die Üppigkeit des Körpers, die er vermittelt, wird durch den fast träge wirkenden Strudel des Chitons noch unterstrichen. Man hat sie Aphrodite genannt, aber wer immer sie sein mag – die Rolle

133.1

133.2

133 Niobiden. Gefunden in den Gärten des Sallust, Rom. Sie sind noch während der Antike überarbeitet worden. Um 430. 1: Zusammenbrechende Niobide, die in den Rücken getroffen ist. (Rom, Thermenmus. 72274. H. 1,49). 2: Fliehende Niobide, die sich zu schützen sucht, indem sie den rückwärtigen Überfall ihres Peplos hochhebt. (Kopenhagen, Ny Carlsberg 398. H. 1,42). 3: Gestürzter verwundeter Niobide. (Kopenhagen, Ny Carlsberg 399. L. 1,65).

133.3

134 Bogenschütze, früher als „Apollon" bezeichnet, vielleicht Theseus aus einer Amazonomachie. Gefunden in der Nähe des Tempels des Apollon Sosianus, Rom. Um 440–30. (Rom, Konserv. Pal. 2768, H. 1,52).

135 Prokne und Itys. Von der Akropolis. Sie erwägt den Mord an ihrem kleinen Sohn, der sich an sie schmiegt. Um 430–20. (Akr. Mus. 1358. H. 1,63).

136 „Aphrodite", von der Agora in Athen. Um 420. (Agora S 1882. H. 1,83).

137 (oben rechts) „Demeter" aus Eleusis. Der Peplos mit gegürtetem Überfall ähnelt dem der Athena, z.B. auf Abb. 41. Um 410. (Eleusis 64. H. 1,80).

138 Bronzekopf der „Nike" von der Athener Agora. Er ist für die Aufnahme eines Überzugs aus Blattgold und -silber hergerichtet, an dem Stift auf dem Scheitel sollte ein gesondert gegossenes Haarteil befestigt werden (vielleicht das flammenförmige Lampadion). Um 420. (Agora B 31. H. 0,20).

139

139 Nike des Paionios in Olympia. Sie ist bei der Landung, aber noch in der Luft schwebend, dargestellt; zu ihren Füßen fliegt ein Adler mit ausgebreiteten Schwingen. Sie stand auf einem sich verjüngenden dreieckigen Pfeiler in einer Höhe von über 10 m.
Um 420 (Olympia 46–8. H. 1,95). Die Inschrift lautet: „Die Messenier und die Naupaktier weihten dies dem olympischen Zeus als den Zehnten aus der Kriegsbeute. Paionios von Mende hat es gemacht, und er siegte (beim Wettbewerb um den Auftrag) für die Akrotere des Tempels.“ (Abguß in Cambridge).

140

141

142

143

140 Leda mit dem Schwan. Die Statue ist umgearbeitet und verstümmelt worden, als man sie als Brunnenfigur adaptierte. (Boston 04.14. H. 0,88).

141 Bronzekopf mit Diadem aus Kyrene. Man hat in dem Kopf ein Porträt des Arkesilaos IV von Kyrene gesehen. Um 440. (Kyrene. H. 0,10).

142 Kopf einer Marmorherme von der Athener Agora. Die Unterlippe ist getrennt gearbeitet und eingesetzt; wahrscheinlich handelt es sich um eine Reparatur des Künstlers, nachdem er einen Fehler gemacht oder einen Mangel im Stein entdeckt hatte. Um 440 (Agora S 2452. H. 0,23).

143 Jüngling aus Rhamnus. Er hielt vielleicht einen Stab und eine Schale. Auf der Basis wird die Weihung durch Lysikleides verzeichnet. Um 420–10. (Athen 199. H. 0,98).

einer solchen Figur zu dieser Zeit läßt sich nicht leicht erschließen: es ist kaum eine Kultstatue; für eine Weihung aber ist sie gewaltig, zudem bleibt sie anonym; und wem war sie geweiht?

Einen anderen Schüler des Phidias, Agorakritos, hat man mit einer Demeterstatue aus Eleusis in Verbindung gebracht [*137*] – mit weniger guten Gründen, basierend auf der Ähnlichkeit mit Figuren auf der Basis von Rhamnus; wieder gibt es Experten, die damit nicht einverstanden sind, da sie sie unzulänglich finden.

Ein weiteres, früheres Stück von der Agora ist ein halblebensgroßer Bronzekopf, der gewöhnlich als Nike bezeichnet wird [*138*]. Der Name wurde durch die Rillen an Hals und Haaransatz nahegelegt, die zur Befestigung von mit Gold überzogenen Silberblechen dienen sollten. Eine solche Technik mag für die goldenen Niken (die für das Jahr 407/6 belegt sind) auf der Akropolis angewandt worden sein, deren kostbares Material entfernt, eingeschmolzen und später wieder ersetzt werden konnte, so wie es die wirtschaftliche Lage gerade erforderte; es läßt sich jedoch nicht mehr mit Sicherheit sagen, ob das gleiche für unsere Bronze gilt. Es handelt sich um ein kühl-klassisches Stück – die erste originale Bronze, die wir in diesem Teil unserer Untersuchung bewundern können.

Unzweifelhaft eine Nike ist die Weihung der Messenier und Naupaktier in Olympia, die den Sieg über die Athener 425 bei Sphakteria feiert und von Paionios von Mende signiert ist [*139*]. Die Art, wie sich der Stoff dicht an den Körper anlegt und dabei ein Bein und eine Brust freigibt, nimmt jene dramatische, wie „naß" wirkende Gewanddrapierung der Figuren aus den späteren Jahren des Jahrhunderts vorweg. Noch viel eindrucksvoller wäre die Figur, könnten wir sie noch mit ihren ausgebreiteten Flügeln und dem fehlenden Teil des Gewandes sehen, das beiderseits des Körpers in tiefen Falten herabwallte. Hier schöpft der Künstler gewissermaßen alle Möglichkeiten aus.

Die Bostoner Leda [*140*] entblößt aufreizend ihren Körper und umarmt unschuldig den hinterlistigen Schwan. Viele setzen diese Gruppe in das spätere fünfte Jahrhundert – sie nimmt die bekannte, eher vulgäre Gruppe vorweg, die eine Schöpfung des folgenden Jahrhunderts ist. Auch sie wurde versuchsweise attischen Tempeln zugewiesen – als Giebelfigur oder Akroter –, doch handelt es sich wahrscheinlich um eine selbständige Weihung.

Auch ein originaler männlicher Bronzekopf verdient hier erwähnt zu werden [*141*]. Man hat ihn für ein Porträt gehalten, aber wir dürfen nicht allzu sicher sein, daß die individuellen Züge – die zusammengepreßten Lippen und der schüttere Bart an einem sonst normalen idealisierten klassischen Kopf – mehr sind als rein gattungsbedingte Merkmale; nach dergleichen würde man eher bei bedeutenderen Werken suchen, nicht in Marmor und sicher nicht aus architektonischem Zusammenhang, wie wir sie bisher betrachtet haben, zumal wenn wir uns deren Zweck und Aussage in Erinnerung rufen. Das Diadem deklariert ihn als König, aber damit braucht keine Porträtähnlichkeit verbunden zu sein. Zum Porträt wird in Kapitel 17 mehr zu sagen sein.

Wir schließen mit Marmorwerken. Das eine ist eine Herme, wie es viele in Athen gab und wie sie als Heiligtümer am Wegrand, als Marksteine für heilige Plätze oder als Weihgaben für das öffentliche Wohl dienten (so stiftete Kimon drei für Athen zur Erinnerung an seinen Erfolg am Eurymedon; zum archaischen Typus s. GPAZ 112, Abb. 169). [*142*], eine etwas unterlebensgroße Herme von der Agora, ist ein gutes Beispiel dafür; der gute Erhaltungszustand der Oberfläche in Verbindung mit den beschädigten Gesichtszügen hat die Vermutung nahegelegt, es könne sich um eine jener Hermen handeln, die von den Gefährten des Alkibiades am Vorabend der unglückseligen Expedition nach Syrakus im Jahr 415 geschändet wurden. Das zweite ist die Marmorstatue eines Knaben [*143*], eine Weihung aus Rhamnus, die in anspruchslosem Stil gegen Ende des Jahrhunderts gearbeitet worden ist.

Kapitel 14

ANDERE KLASSISCHE RELIEFS

Mit den wenigen Beispielen für Reliefplastik, die in der zweiten Hälfte des fünften Jahrhunderts Tempel außerhalb Athens schmückten, brauchen wir uns nicht lange aufzuhalten: der nächste größere Komplex ist der Fries von Bassai, der den für dieses Buch abgesteckten zeitlichen Rahmen bereits sprengen würde. Es gibt jedoch noch ein paar andere Fälle von Bauplastik, und einige große oder nicht leicht bestimmbare Reliefs, die unsere Aufmerksamkeit verdienen, bevor wir uns den umfangreicheren Gruppen zuwenden – den Grabreliefs, den Weihreliefs und den Urkundenreliefs.

Thasos hatte bereits in archaischer (GPAZ Abb. 223, 263) und frühklassischer Zeit einige Beispiele ungewöhnlichen Reliefschmucks zu bieten. Gegen Ende des fünften Jahrhunderts entstanden weitere die Stadttore schmückende Reliefs, darunter eine ziemlich archaisch aussehende Hera mit Iris und ein Zeus mit Hermes auf einer korrespondierenden Platte.

Das berühmte Dreifigurenrelief aus Eleusis [*144*] stammt kaum aus architektonischem Zusammenhang, aber es muß in prominenter Position aufgestellt gewesen sein, da es in der Antike kopiert wurde, ebenso wie die Dreifigurenreliefs aus Athen ([*239*]: nur aus Kopien bekannt). Sein Stil zeigt noch viele strenge Züge, wenn auch Details der Kleidung bereits parthenonisch sind. Das sehr flache Relief verleiht – zu Unrecht – dem Stück vielleicht eine etwas provinzielle Note. Wofür es auch immer bestimmt gewesen sein mag (vielleicht sogar als eine Art Kultgruppe für ein kleines Heiligtum) – der kräftige, altmodische Stil, der manchen ausgesprochen unattisch erscheint, könnte vielleicht vom Zweck vorgeschrieben worden sein.

Ein weiteres großes Relief befindet sich in Rom [*145*]; es ist bereits im Altertum – und zwar fast sicher aus Attika – nach Italien gebracht worden. Es handelt sich wahrscheinlich um ein Weihrelief, doch übertrifft es die üblichen attischen Weihungen bei weitem an Größe; es könnte in weniger ephemerer Funktion in einem Heroon angebracht gewesen sein. Interessant ist es wegen seiner Kompositionsweise in mehreren Ebenen, von der wir wissen, daß sie früher im Jahrhundert bei Wandgemälden angewendet worden war. Landschaftsangaben waren in der Plastik bisher auf bescheidene Felsbuckel beschränkt gewesen, selten war man ausführlicher geworden. Denken wir uns die Farbe hinzu, so sehen wir gewissermaßen ein Tafelbild in Relief vor uns – allerdings ohne wirkliche Perspektive, da die unterschiedlichen Größen der Figuren wohl ihre jeweilige Bedeutung, nicht aber ihre Entfernung angeben – ganz eindeutig gilt das für den kleinen sterblichen Anbeter links im Vordergrund.

Eine hübsche Athena in Basel schließlich scheint wie die Niken zu fliegen (von der Hand des Zeus?); ihr abgeflachter Rücken läßt vermuten, daß sie auf einer Hintergrundplatte befestigt war [*146*]. Die eingelegten Augen überraschen bei einer Marmorfigur und es hält schwer, sich ihren ursprünglichen Anbringungsort und Kontext vorzustellen.

Attische Grabreliefs

Zu Beginn des Jahrhunderts fand – aus welchen Gründen auch immer (GPAZ 197) – die Herstellung dekorierter Grabsteine in Attika ein Ende. Sie beginnt wieder um 430 – zweifellos zur Freude der zahlreichen Steinmetzen, deren Beschäftigung am Bauschmuck des Parthenon und anderer attischer Tempel fast vollständig zum Erliegen gekommen war. Damit manifestiert sich ein neues Interesse an der Dekoration von Privatgräbern, das jenem gleichkommt, das man den öffentlichen Gräbern für die im Dienst des Landes Gefallenen zukommen ließ; dies fällt in eine Zeit, in der der Ausbruch des Peloponnesischen Kriegs die

Sensibilität der Athener in diesem Punkt gesteigert haben muß. Wir wissen nicht, ob irgendein Verbot, Grabsteine zu verzieren, offiziell aufgehoben wurde, oder ob das Wiederaufleben der Produktion durch Erwägungen der Arbeitsbeschaffung, durch Wohlstand, durch Gefühlsgründe oder durch eine Kombination aus all diesen Motiven zustande kam. Im Hauptfriedhof Athens werden Familiengrabstellen angelegt, und in der Gruppierung der Monumente, die häufig – und manchmal recht ausführliche – Inschriften tragen, kommt so etwas wie ein bewußtes Zurschaustellen zum Ausdruck. Ganz in der Nähe, unmittelbar außerhalb der Stadtmauern, hatte man schon im 5. Jh. Staatsgräber für die im Krieg Gefallenen errichtet; ihre Dekoration – Kampfszenen – hat wohl zum Neubeginn der privaten Denkmäler und schließlich auch zu ihrer Ikonographie beigetragen.

In frühklassischer Zeit hielten, wie wir sahen, andere griechische Werkstätten – vor allem auf den Inseln und in Ionien – die Tradition der figürlich geschmückten Grabsteine aufrecht. Neben die archaischen, schlanken, anthemienbekrönten einfigurigen Stelen traten breitere Typen, die Platz für mehrere und vor allem sitzende Figuren boten. Auch konnten zu der Figur oder den Figuren, die eine größere Variationsbreite der dargestellten Lebensalter und Aktivitäten erkennen lassen, Architekturelemente als Rahmung hinzukommen. Die neue attische Serie stützt sich ganz auf diese Tradition und mit fortschreitender Zeit entwickelt sie vor allem die architektonische Einfassung der Stelen. Vieles davon wird schon im 5. Jh. sichtbar, aber zur vollen Entfaltung kommt es erst im 4. Jh. In bezug auf die Grabsteinserie hat die Jahrhundertwende keinerlei Bedeutung, obwohl sie sich in der Politik Athens auswirkt und auf dem Gebiet der Bauplastik, wie wir sahen, praktisch das Ende des athenischen Neubauprogrammes bezeichnete.

In unseren Augen paßt der idealisierte klassische Stil, wie er beispielhaft am Parthenon ausgeprägt ist, gut zur Grabthematik – er zeigt ein Element des Überhöhten, Überirdischen, verbunden mit heroischer Gelassenheit angesichts des Unbekannten und Unausweichlichen, und dazu das Fehlen jedes leidenschaftlichen

Gefühlsausdrucks. Das Thema ist im Grunde immer die Darstellung des Toten im Leben, jetzt aber manchmal mit Figuren verbunden, die wir naturgemäß als Lebende verstehen – in Szenen, die Abschiednehmen, oder Bewundern des Toten, oder die Zusammengehörigkeit mit ihm, verdeutlicht durch den Handschlag *(dexiosis)*, auszudrücken scheinen. Wer von ihnen der Verstorbene oder der Tote ist, ist dabei jedoch keineswegs klar, und es wird auch nicht immer durch die Inschriften klarer gemacht. Viele der Repertoireszenen müssen mit der Zeit als allgemeine Aussage über Abschied, Verlust oder Familiengemeinschaft aufgefaßt worden sein, ohne daß die einzelnen Figuren des Reliefs identifiziert zu werden brauchten. Manchmal wird die Szene durch die Grabinschrift spezifisch eingeengt, manchmal wurde ein zusätzlicher Name beigefügt, der an ein späteres Begräbnis in derselben Grabstätte erinnern soll, ohne daß dabei Rücksicht auf das im Relief Dargestellte genommen würde. Eine umfassende Betrachtung der Darstellungsthemen würde ein Einbeziehen der viel umfangreicheren Serie des 4. Jhs. erfordern. Die Toten sind in der Regel nicht genauer charakterisiert, doch werden sie in ihrem Alltagsgewand gezeigt. Krieger treten in ihrer „Arbeitstracht" auf – in Waffen –, doch wissen wir nicht, ob das immer bedeuten muß, daß sie im Kampf gefallen sind. Es gibt klare Bezeichnungen des Alters oder der Verwandtschaft – der jugendliche Athlet, der alte Mann mit Stock, die spinnende Frau, Gattin und Gatte, Mutter und Kind, Kind mit Spielzeug usw. – und gelegentlich gibt es einen Hinweis auf den Beruf.

Die abgebildeten Beispiele [*147–58*] vertreten die Haupttypen in der ersten Generation der klassischen attischen Stelen. Eine der frühesten ist die des Eupheros [*147*], eine schmale, einfigurige Platte wie in archaischer Zeit, auf der der Jüngling als Athlet charakterisiert wird; der Stein besitzt jedoch eine Giebelbekrönung, die eher wie in Relief auf die Platte aufgetragen wirkt, als daß sie nach freistehender Architektur aussähe. Die „Katzenstele" aus Ägina [*148*] (die ohne Bedenken in die attische Reihe mit einbezogen werden darf) schließt eine zusätzliche Figur mit ein, doch weicht sie insofern vom üblichen Bild ab, als sie außerdem eine Art Stele bringt, auf der eine Katze (?) kauert, und überdies die Oberkante ornamental verziert. Auch das Grabmal der Mnesagora [*149*] besteht aus einem breiten Stein, doch zeigt er oben nur einen breiten Balken, der einer längeren Inschrift Raum bietet. Ampharete und Hegeso [*150–1*] sind Beispiele für den breiten Stelentypus mit vollständig ausgebildetem Giebel und Anten; sie wirken wie Eingänge oder Türöffnungen, vor denen die Figuren sitzen oder stehen, wobei sie die Türpfosten überschneiden.

Individuelle Krieger-Grabsteine sind im späteren 5. Jh. angesichts der kriegerischen Geschichte Athens überraschend selten. Man ehrte die Toten gemeinschaftlich in Staatsgräbern, aber Lykeas und Chairedemos [*152*] besaßen ein eigenes Denkmal auf Salamis, und im Anschluß daran finden sich noch weitere Beispiele von Kriegern, deren man in der Familiengrabstätte gedenkt, obwohl sie wahrscheinlich in Staatsgräbern bestattet waren. Diese trugen Stelen, die die Toten je nach Stammeszugehörigkeit verzeichneten und mit Schlachtenreliefs geschmückt waren. Möglicherweise zeigten manche auch größere Reliefs in architektonischer Fassung wie das Relief Albani [*153*], das nach Rom gelangte. Hier sehen wir den Parthenonstil in lebhafte Aktion übertragen, dazu jenes Wirbeln enganliegender Gewänder, wie es die folgende Generation liebt, und ein paar seltene Landschaftsangaben, die zu dieser Zeit in der Regel auf den Einfluß des neuen realistischen Stils in der Monumentalmalerei zurückgeführt werden.

Gegen Ende des Jahrhunderts können auch Marmorvasen mit Reliefdekor als Grabmäler dienen: entweder Lekythen oder Lutrophoren. Beide Formen waren in Athen als Tongefäße wohlbekannt und wurden im Zusammenhang mit dem Grabkult eingesetzt. Die Themen der Reliefverzierung gehen oft über das Repertoire der Stelenreliefs hinaus, und das hier gezeigte Beispiel [*154*] bringt Hermes als Psychopompos – den Geleiter der Seelen – mit der verstorbenen Myrrhine, die durchaus die berühmte erste Priesterin der Athena Nike sein könnte. Drei Angehörige der Familie, die ein wenig kleiner als Hermes und Myrrhine wiedergegeben sind, schauen zu. Häufiger ist Hermes auf den Tonlekythen zu sehen, die als Grabbeigaben verwendet wurden.

Außerattische Grabreliefs
Die Anthemienstelen und breiteren Grabsteine, wie sie im übrigen Griechenland angefertigt wurden, während Athen die Produktion einstellte, lebten auch nach der Mitte des Jahrhunderts fort; sie scheinen sich allerdings, was Stil und Thematik angeht, allmählich der attischen Serie anzupassen, obwohl immer noch Raum genug für beachtliche Individualitäten bleibt.

Die bemerkenswerte Reihe ostgriechischer Grabsteine, die sich von spätarchaischer bis in frühklassische Zeit erstreckt, wird im Verlauf des Jahrhunderts dünner, auch wenn es immer noch interessante und qualitätvolle Einzelstücke gibt. Das Relieffragment aus Samos [*159*] zeigt in der erhaltenen Jünglingsgestalt eine graziöse Geschmeidigkeit, die an archaische Werke in Ionien erinnert und in klarem Gegensatz zu den härteren und stärker tektonischen Gestaltungsweisen Attikas und der Peloponnes steht. Die merkwürdige Stele der Krito und Timarista aus Rhodos [*160*] ist etwas später und im Stil, wenn auch nicht in Form und Thematik, viel deutlicher attisierend. Aus Euböa stammt ein Fragment einer schönen, stark parthenonisch wirkenden schlanken Stele mit der Darstellung eines Bärtigen [*160*], dessen nachdenkliche Gebärde man an anderer Stelle so interpretiert, daß sich ein Lebender über den Toten Gedanken macht.

In Böotien finden sich vor allem in der Gegend von Thespiai Stelen, die in gutem attisierenden Stil gearbeitet sind, obwohl manche älter zu sein scheinen als der Beginn der attischen Reihe. Ein charakteristisches Motiv ist der Reiter [*162*], während das frontal wiedergegebene Mädchen [*163*], das die Haltung einer Karyatide mit dem eng anliegenden Gewand verbindet, einigermaßen überraschend wirkt.

In Thessalien gelingt es nur mit Mühe, die Qualität der frühklassischen Zeit auf Stelen beizubehalten; die Themen nähern sich stärker dem Attischen an, doch gibt es gelegentlich noch ungewöhnliche Darstellungen, wie etwa eine Frau, die ihr Kind stillt. Der Jüngling mit Sonnenhut kehrt immer wieder – auf [*165*] in guter Arbeit des mittleren fünften Jahrhunderts, auf [*166*] dagegen in provinzieller Manier innerhalb einer Familiengruppe. Die Peloponnes hat wenig zu bieten [*167*].

Weihreliefs

Die Geschichte des klassischen Weihreliefs wird fast ausschließlich in Attika geschrieben; das einzige außerattische Beispiel, das wir hier abbilden [*172*], wurde für den Teil eines Grabsteins gehalten. Weder an ihm noch an anderen außerattischen Stücken lassen sich in irgendeiner Art bemerkenswerte neue Entwicklungen in der Gestaltungsweise solcher Denkmäler erkennen.

In Attika mag das Interesse an Weihreliefs aus Stein – anstelle von solchen aus Holz oder in irgendeinem anderen Material oder in irgendeiner anderen Form – auf ganz gleiche Art und Weise angeregt worden sein, wie jenes, das die neue Serie der Grabreliefs initiierte: beide beginnen etwa zur gleichen Zeit. Für Weihreliefs bevorzugte man in der Regel die Form des niedrigen Rechtecks (man stellte sie jedoch immer auf Pfeilern auf), und die Oberkante wird gewöhnlich als Dach- oder Traufkante mit Palmettenantefixen gestaltet und nicht als Giebel, wie es bei so vielen Grabstelen zu sehen ist. Das 5. Jh. sieht die allmähliche Einführung von Schemata, die dann ab dem 4. Jh. in Attika und anschließend im übrigen Griechenland zu stereotypen Formeln werden – das Grundschema aber läßt sich bis in die archaische Zeit zurückverfolgen. Die Anwesenheit des Stifters, manchmal mit seiner Familie und gelegentlich, wie es scheint, nicht nur als ungesehener Zuschauer sondern enger in den göttlichen Bereich einbezogen, wird immer geläufiger. Diese Sterblichen werden in kleinerem, manchmal beträchtlich kleinerem Maßstab dargestellt; sie können Opfergaben darbringen oder Opfertiere herbeiführen. Die Götter stehen oder – seltener – sitzen bei ihrem Empfang, und die Hauptgottheit kann von ihrem Ehepartner begleitet sein oder von anderen Göttern, die vielleicht als die Besitzer benachbarter Heiligtümer zu interpretieren sind. Heroen liegen beim Festmahl (gelegentlich auch Dionysos [*170*]) und dieses Schema kann im 4. Jh. als „Totenmahl" auch als Motiv für Grabsteine übernommen werden, womit die Heroisierung des Toten impliziert wird. Ein zunehmendes Interesse an den lokalen Heroen Athens und Attikas führt zu einigen interessanten und schwer deutbaren Reliefs, darunter mythologische Szenen, die sonst nirgends belegt sind [*168*]. Oft gelten die Weihungen Flußgöttern, und häufig findet dann auf solchen Reliefs Acheloos als ihr würdigster Vertreter und Herr der Nymphen in Gestalt eines menschenköpfigen Stiers seinen Platz – als Maske oder durch die Darstellung seines Vorderteils [*169*, vgl. *176*]. Auch Pan dringt häufig in die Weihreliefs für die ländlicheren Gottheiten ein. Manchmal werden Göttergruppen allein dargestellt [*175*], sie erinnern dann an die olympischen Familiengruppen in der gleichzeitigen Bauplastik Athens. Es kann nicht überraschen, daß Stil und Haltung oft die zeitgenössische Großplastik widerzuspiegeln scheinen: manchmal ist die Ausführung ebenso vorzüglich wie bei den Vorbildern, gelegentlich aber auch recht anspruchslos. Einige ungewöhnliche Reliefs wie [*173*] zeigen Schlachtenszenen, die man als Wiedergabe fast zeitgenössischer Kämpfe deuten muß; sie lassen sich unmittelbar mit den Darstellungen auf manchen Grabstelen vergleichen – in unserem Fall hinsichtlich der ungewöhnlichen Angabe von Landschaftsdetails mit dem großen Torlonia-Relief. Es gab eine lange Tradition gemalter Tafelbildweihungen, und die Übersetzung der neuen malerischen Schemata in die Sprache der Weihreliefs lag noch näher als in jene der Grabreliefs. Die leeren Hintergründe mancher Reliefs – nicht nur von Weihreliefs – mögen oft weitere aufgemalte Darstellungen oder Figuren getragen haben, die mit den Relieffiguren in Verbindung standen.

Urkundenreliefs

Urkundenreliefs treten in Athen seit etwa 425 am oberen Teil von Inschriftenstelen auf, die Verträge und Beschlüsse verzeichnen [*177–9*]. Sie zeigen in der Regel zwei Figuren, die die beiden Parteien bei einem Vertrag oder Abkommen symbolisieren – so zeigt ein Athener Beschluß, in dem Samier für ihre Hilfeleistung geehrt werden, Hera, die Göttin von Samos, wie sie Athena die Hand reicht [*177*]. Darüber hinaus lassen sich die Reliefs, wenn die Inschrift erhalten ist, aufs Jahr genau datieren – in diesem Fall auf das Jahr 405. Man könnte darin eine wertvolle chronologische Hilfe für die Datierung der attischen Reliefskulptur vermuten – und bis zu einem geringen Grad trifft das in späterer Zeit auch zu –, aber in einer Zeit, in der sich der stilistische Wandel nur langsam oder in Feinheiten vollzieht, können diese kleinformatigen Figuren nur wenig aussagen. Manchmal scheinen sie einen bedeutenderen statuarischen Typus, vielleicht eine Kultstatue, widerzuspiegeln, und im besten Fall können sie ein Datum fixieren helfen, an dem ein bestimmtes Standmotiv oder Gewandschema in das Repertoire der Bildhauer Eingang gefunden hat.

144 Relief aus Eleusis. Demeter, mit Szepter, übergibt dem jungen Triptolemos Kornähren (wahrscheinlich handelte es sich um solche; sie müssen in Bronze oder Gold zugefügt gewesen sein), die dieser der Menschheit schenken soll. Hinter ihm Kore/Persephone mit einer Fackel. Auf attischen Vasenbildern wird Triptolemos nur wenig älter dargestellt (vgl. RVAAZ Abb. 154, 189, 309). Um 440–30. (Athen 126. H. 2,20). Das Detail auf der nächsten Seite zeigt eine fragmentierte Kopie in New York (14.130.9).

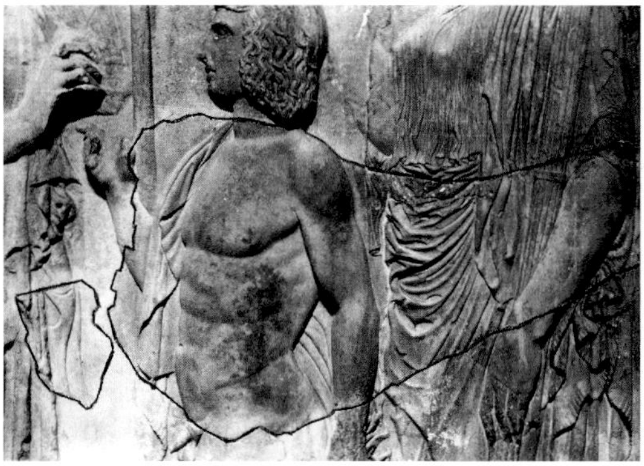

144b

145 (unten) Relief, gefunden in Rom; ursprünglich stammt es wohl aus Attika. Ein Heros mit Pferd und Hund steht vor einem blockförmigen Altar, ein Mann nähert sich verehrend von links. Darüber sitzen auf beiden Seiten jeweils eine Gottheit auf Felsen, zwischen ihnen steht ein Kultschrein mit Säulenfront, in dem der Unterteil einer Statue – wohl einer Kultstatue – sichtbar wird. Vielleicht aus einem Heroon, das im Zusammenhang mit einem größeren Heiligtum stand: man hat an das Heiligtum des Asklepios in Athen gedacht. Um 420–10. (Rom, Torlonia 433. H. 0,40).

146 (rechts) Athena. Die Augen waren eingelegt, die Schlangen der Ägis und der Schmuck des Gürtels waren aus Metall angefügt. Um 420–400. (Basel BS 228. H. 0,53).

147 Grabstein des Eupheros, aus Athen. Er trägt Himation und Sandalen und betrachtet seine Strigilis, die als Grundbestandteil zur Athletenausrüstung gehört. Gefunden in der Nähe des Grabes eines etwa 15 Jahre alten Knaben. Um 430 (daß es sich dabei um ein Opfer der Pest handelt, die in den Jahren von 430–27 in Athen wütete, ist reine Spekulation). (Athen, Ker. P 1169. H. 1,47).

148 „Katzenstele" aus Ägina. Ein Jüngling hält einen Vogel in der einen Hand und hebt die andere zu einer Laterne oder einem Vogelkäfig hin. Vor ihm steht ein junger Diener vor einer Stele, auf der eine Katze (?) kauert. Kopf und Gewand des Jünglings wirken sehr „parthenonisch". Die flammenförmigen Palmetten auf der Stirnleiste stellen frühe Vertreter dieses Typus dar. Um 430. (Athen 715. H. 1,04).

149 Grabstein der Mnesagora und des Nikochares, aus Vari in Attika. Ein Mädchen hält einem Baby einen Vogel hin. Die Grabinschrift legt nahe, daß der Grabstein ein Kenotaph für einen Bruder und seine Schwester markierte. Der Altersunterschied der dargestellten Figuren, die man für Mutter und Kind halten könnte, läßt vermuten, daß der Grabstein nicht eigens bestellt worden war (es sei denn, er bezöge sich auf den Knaben mit seiner Mutter), sondern daß man ihn aus einem fertigen Vorrat als halbwegs passend ausgesucht hat. Das Baby hat die Proportionen (besonders was den Kopf angeht) eines zu klein geratenen Erwachsenen. Um 420–10. (Athen 3845. H. 1,19).

150 Grabstein der Ampharete, aus Athen. Eine sitzende Frau hält in ihrer rechten Hand einen Vogel, in der linken ein Baby. Die Inschrift besagt, daß die Stele für Ampharete und ihr Enkelkind aufgestellt worden war, doch wirkt die Dargestellte so jung, daß es sich vielleicht ursprünglich um eine Mutter-Kind-Stele handelte, die für dieses ungewöhnliche Gemeinschaftsmal adaptiert wurde. Hervorragendes Werk. Um 410. (Athen, Ker. H. 1,20). (s. Farbtaf. 6)

151 Grabstein der Hegeso, aus Athen. Eine gut gekleidete und frisierte Frau nimmt Schmuckstücke aus einem Kästchen, das ihr ein Mädchen (Dienerin?) in ungegürtetem Chiton hinhält. Hervorragende Arbeit in „transparentem" Stil, um 400. (Athen 3624. H. 1,58).

152 Grabstein des Lykeas und Chairedemos, aus Salamis. Sie tragen Schild und Speer – die Grundausrüstung des Hopliten. Um 400. (Piräus 385. H. 1,81).

153 „Relief Albani". Ein Krieger, der vom Pferd abgestiegen ist, schlägt einen anderen nieder. Links ein Hügel (und ein Fluß, der in römischer Zeit in einen Pferdeschweif umgearbeitet wurde?). Um 420–10. (Rom, Villa Albani 985. H. 1,80).

154 Grablekythos der Myrrhine. Sie steht rechts und wird von Hermes (vgl. Abb. 239.1) an drei Zuschauern vorübergeführt. Um 420–10. (Athen 4485. H. 1,38).

155 Grabstein des Sosias und Kephisodoros, aus Athen. Die Krieger mit pilosförmigen Helmen und Schilden reichen sich die Hand. Der Krieger in der Mitte und der Mann links mit dem nach Priesterart lose getragenen Chiton meinen wohl die Verstorbenen. Die Stele zeigt keinerlei architektonischen Schmuck. Um 410 (Berlin (O) 1708. H. 1,05).

156 Grabstein aus Athen. Überraschenderweise trägt der ältere Mann einen Aryballos, der zur Ausrüstung eines Athleten gehört. Um 410. (Athen 2894. H. 1,03).

157 Grabstein des Ktesilaos und der Theano, aus Athen. Die Geste, die die Frau mit ihrem Mantel vollzieht, tritt in der griechischen Kunst oft im Zusammenhang mit Brautdarstellungen auf und meint Sittsamkeit und teilweises Sich-Verschleiern. Um 400. (Athen 3472. H. 0,93).

158 Grabstein des Sosinos, aus Athen. Laut Inschrift war Sosinos aus Gortyn (Kreta) ein chalkoptes – ein Kupferschmelzer –, und bei der Scheibe, die er in der Hand hält, muß es sich wohl um einen Barren handeln. Die Oberkante des Reliefs ist als Traufkante eines Ziegeldaches wiedergegeben. Um 400. (Louvre 769. H. 1,0).

159 Grabrelief aus Samos. Der Jüngling stand vor einer sitzenden Gestalt und reichte dieser eine Haarbinde oder ein Band aus einem Kästchen. Um 420. (Samos, Vathy. H. 1,72).

160 Grabstein der Krito und Timarista, aus Rhodos. Im Bereich des Kopfes der Krito ist das Relief antik umgearbeitet worden. Der gerundete obere Abschluß der Stele ist höchst ungewöhnlich. Um 410. (Rhodos 13638. H. 2,0).

161 Grabrelief aus Karystos (Euböa). Um 440. (Berlin (O) 736. H. 1,49).

162 Grabrelief aus Thespiai (Böotien). Reiter. Die giebelförmige Oberkante des Reliefs schließt das Bildfeld ein. Um 440–30. (Athen 828. H. 1,20).

163 Grabstein der Polyxena, aus Böotien. Sie trägt einen Schleier und hält die Statuette einer Göttin in ihrer erhobenen Hand – vielleicht soll damit eine nicht in Erfüllung gegangene Sehnsucht, Priesterin zu werden, angedeutet werden, vielleicht meint die Statuette aber auch nur ein Spielzeug. Für eine Priesterin scheint sie allzu jung (manche ergänzen sie mit einem Tempelschlüssel in der rechten Hand), und das ungegürtete Gewand paßt eher zu einem Mädchen. Um 400 (Berlin (O) 1504. H. 1,12).

164 Grabrelief aus Thespiai (Böotien). Nach Stil und Thema den attischen Grabreliefs sehr ähnlich. Die Stele wurde in zweiter Verwendung für Diodora wiederbenützt und bei dieser Gelegenheit wurden ein vor ihr stehendes Kind und ein Vogel, den sie in der Hand hielt, weggemeißelt. Um 410. (Athen 818. H. 1,50).

166 Grabrelief aus Phalanna (Thessalien). Familie. Der Mann hält dem Kind einen Vogel hin. Um 430. (Volos 376. H. 1,25).

165 Grabrelief aus Konda (Thessalien). Jüngling mit Hase und einem Ball (oder einer Frucht). Um 450. (Athen 741. H. 2,40).

167 Fragment eines Grabreliefs aus Megara. Um 450. (Berlin (O) 735. H. 0,43).

a

b

168 Doppelseitiges Weihrelief aus Neu Phaliron (Athen). (a) Der Heros Echelos entführt die Nymphe Basile; Hermes führt das Gespann an. (b) Ein Gott und eine Göttin, der gehörnte Flußgott Kephisos, drei Nymphen. Geweiht von Kephisodotos. Um 410. (Athen 1783. H. 0,75).

169 Weihrelief für den Flußgott Kephisos, aus demselben Heiligtum wie Abb. 168. Links Apollon auf seinem Dreifuß; vor ihm steht eine kleiner gebildete Frauengestalt mit einem Kind: die Weihende (Xenokrateia). Vor ihnen vielleicht Kephisos. Andere Göttergestalten sind größer wiedergegeben; sie lassen sich nicht benennen. Ganz rechts eine Statue (?) und der Vorderteil eines Stieres mit Menschenkopf: der Flußgott Acheloos. Um 410. (Athen 2756. H. 0,57).

170 Weihrelief für Dionysos, aus Piräus. Der Gott hat sich gelagert und hält ein Rhyton (hornförmiges Ausgußgefäß mit tiergestaltigem Vorderteil) und eine Phiale, ein Mädchen leistet ihm Gesellschaft. Links, drei Schauspieler mit Masken und Tamburinen: die Weihenden. Gelagerte meinen meist Heroen, aber Dionysos (und Herakles) können ebenfalls in dieser Haltung dargestellt werden. Um 410. (Athen 1500. H. 0,55).

171 Weihrelief. Vielleicht Triptolemos, Kore/Persephone, Demeter und ein Gott; links stand, kleiner gebildet und frontal, ein Verehrender (weggebrochen). Demnach handelt es sich offenbar um ein attisches Thema, doch der Knabe sieht ganz „polykletisch" aus und das Relief wirkt eher peloponnesisch. Um 430–20. (Kopenhagen, Ny Carlsberg 197. H. 0,72).

172 Weih- (? oder Grab-)Relief aus Mantineia (Peloponnes). Eine Frau hält eine Leber (zum Wahrsagen) vor einem Palmbaum (des Apollon). Man wird an Diotima, die Priesterin aus Mantineia in Platons Symposion, erinnert. Um 400. (Athen 226. H. 1,48).

173 Weihrelief aus Eleusis, gestiftet von Pythodoros (einem General des Jahres 414/13). Schlachtszene zwischen Reitern und Hopliten in hügeligem Gelände; die Darstellung erfolgt in zwei Zonen. Um 420–10. (Eleusis 51).

174 Weihrelief aus Athen. Artemis, auf Felsen sitzend, neben ihr ein Hund und hinter ihr ein Hirsch (?). Um 410. (Berlin (O) 941. H. 0,59).

175 Weihrelief aus Brauron (Heiligtum der Artemis an der Ostküste Attikas). Zeus, sitzend, Leto und ihre Kinder Apollon und Artemis (ein begleitender Hirsch ist zum größten Teil weggebrochen). Um 410. (Brauron 1180).

176 Weihrelief für Hermes und die Nymphen (drei von ihnen sind dargestellt). Links steht der Weihende. Rechts der Vorderteil des Acheloos und über ihm, auf dem Felsen sitzend, Pan (zum größten Teil weggebrochen). Um 400. (Berlin (O) 709 A. H. 0,32).

177 Urkundenrelief von der Akropolis. Hera und Athena; von einem Ehrenbeschluß für Samos aus dem Jahr 405. (Akr. 1333. Br. 0,56).

178 Urkundenrelief aus Eleusis. Athena mit einem eleusinischen König oder Heros, neben ihnen Demeter und Persephone. In dem Beschluß geht es um einen Brückenbau am Ort. 422/21. (Eleusis. Br. 0,57).

179 Urkundenrelief aus Athen. Athena, Erechtheus und der Ölbaum. Bei der Inschrift handelt es sich um ein Verzeichnis des Tempelschatzes im Parthenon. 410/09. (Louvre 831. H. 0,70).

Kapitel 15

NAMEN UND ZUWEISUNGEN

Phidias
signierte seine Statue des Zeus in Olympia als Sohn des Atheners Charmides. Von seiner Rolle als Oberaufseher bei der Planung des Perikles für Neubau und Ausschmückung der attischen Tempel war in den Kapiteln 10 und 11 die Rede. Das muß in den Jahren von etwa 449 bis 438 – dem Jahr, in dem die Athena Parthenos geweiht wurde – viel von seiner Zeit in Anspruch genommen haben. Er drückte jenen Skulpturen, die für uns die Beurteilungsgrundlage für den klassischen Stil abgeben müssen, seinen Stempel auf, und die Art und Weise, wie dieser Stil in der Bauplastik und vor allem bei Kult- und Weihestatuen zum Ausdruck kam, setzte Maßstäbe, an denen sich spätere Generationen orientierten und denen sie nacheiferten. Allerdings interessanterweise noch nicht die unmittelbar folgenden Bildhauergenerationen, auf die offenbar das Werk seines Zeitgenossen Polyklet den stärkeren Eindruck machte. Von beiden heißt es, sie seien Schüler des Ageladas gewesen.

Seine frühesten bezeugten Werke entstanden in frühklassischer Zeit und zeigten wahrscheinlich auch diesen Stil: Bronzen, die den Sieg Athens über Persien feierten. In Delphi stand eine Gruppe, die aus der Beute von Marathon finanziert worden war: Apollon, Artemis, attische Könige und Heroen und der Feldherr Miltiades (der bei Marathon gekämpft hatte, aber ein Jahr später gestorben war). Dieser Gruppe weisen manche die Bronzen von Riace zu [*38–9*], die zwar aus ein und derselben Werkstatt, aber von verschiedenen Händen zu stammen scheinen. Kopien, die mit ebendieser Gruppe in Verbindung gebracht werden, sind der Apollon [*69*] und sogar die Athena [*183*], von denen unten die

Rede sein soll. Auf der Akropolis stand ein weiteres Denkmal für Marathon – eine kolossale Bronze-Athena, allgemein Promachos genannt, obwohl sie nicht ausschreitend und zustoßend, sondern in Ruhe wiedergegeben ist. Sie stand gerade innerhalb des Einganges (die neuen Propyläen waren noch nicht erbaut). Nach winzigen Wiederholungen auf römischen Münzen scheint sie stehend, vielleicht mit dem Schild zur Seite und einem Gegenstand auf der ausgestreckten Rechten (einer Eule oder Nike) dargestellt gewesen zu sein. Der Schild war mit einer Kentauromachie geschmückt, die nach Pausanias vom Maler Parrhasios entworfen und vom Metallhandwerker Mys ausgeführt worden war. Wenn das zutrifft, so handelte es sich um applizierte Figuren, die später im Verlauf des Jahrhunderts auf dem Schild angebracht worden waren, vielleicht um der Parthenos nachzueifern. Es gab auch eine Athena (Areia – die kriegerische) für Plataiai, die Verbündete Athens bei Marathon, mit einem Körper aus vergoldetem Holz und Gesicht, Füßen und Händen aus Marmor – die einfachere Version einer Goldelfenbeinstatue.

Die berühmteste Goldelfenbeinkultstatue des Phidias war der Zeus in Olympia. Durch die Entdeckung seiner Werkstatt (s. S. 17) wird sie mit Sicherheit in die Zeit nach der Parthenos datiert. Als Sitzfigur, und damit größer als die Parthenos, war sie ein Ehrfurcht einflößendes und lange bewundertes Werk. Es „fügte der überkommenen Religion etwas hinzu“ (Quintilian) und war, wie wir erfahren (Strabon), absichtlich in homerischem Sinn konzipiert. Pausanias beschreibt die Figur: eine Nike auf der rechten Hand, ein Szepter mit Adler in der Linken; der Thron oben mit Grazien und Jahreszeiten geschmückt, unten mit Niken, Sphingen mit thebanischen Jünglingen, und mit den Niobiden, die von Apollon und Artemis getötet werden; auf den Querleisten Athleten und eine Amazonomachie (wie es heißt, mit Theseus und Herakles); auf dem Fußschemel die Amazonomachie des Theseus; auf der Basis die Geburt der Aphrodite in Gegenwart anderer Götter, was an die Pandora der Parthenosbasis erinnert. Vor der Statue befand sich eine leicht vertiefte Fläche, gefüllt mit Öl (oder öligem Wasser), wie das auch im Parthenon der Fall war. Römerzeitliche Münzen aus Elis zeigen die ganze Figur – allerdings natürlich nicht im Detail – und ihr bekränztes Haupt [*181–2*]. Dies muß auch viele klassizistische Zeusköpfe bei späteren Werken beeinflußt haben.

Gruppen in Ephesus gehen vielleicht auf die Sphingen mit Jünglingen am Thron zurück. Verschiedene Relieffriese mit Niobiden scheinen ebenfalls in diesen Umkreis zu gehören, und ein Vasenbild aus der Zeit um 400 zeigt einen solchen Fries an der Armlehne eines Thrones für Zeus (der allerdings im übrigen nicht der olympischen Statue ähnelt). Vom Zeus wissen wir also weniger als von der Parthenos.

Phidias verfertigte eine Bronze-Athena für die athenischen Kolonisten in Lemnos, die auf die Akropolis geweiht wurde (sie verließen Athen um die Mitte des Jahrhunderts). Ihre Schönheit wurde oft erwähnt und eine sehr späte Quelle (Himerios) nennt für den Künstler eine Athena, deren Schönheit man ihrem Helm vorzog. Die Verbindung von Kopien eines Kopfes in Bologna und eines Körpers in Dresden zeigt eine schöne barhäuptige Athena, die Helm und Speer hält – vielleicht dürfen wir in ihr die Lemnia erkennen [*183*]. Ich habe meine Zweifel, aber s.o. und S. 110.

Es überrascht nicht, daß die Gelehrten versucht haben, Kopien vieler anderer Werke zu identifizieren, die dem Phidias im Altertum zugeschrieben wurden; einige davon werden zusammen mit seiner Amazone im nächsten Kapitel besprochen.

Phidias war nicht nur der Schöpfer des klassischen Stils in Athen, er war auch ein vielbeschäftigter Mann. Seine Arbeit für Perikles sicherte ihm seinen Ruhm, und die Verbindung von Macht und Ruhm erzeugte Neid. Wir können nicht sicher sagen, ob an den Geschichten, die über ihn im Umlauf waren, etwas Wahres gewesen ist – daß er Gold unterschlagen habe (woraufhin der Goldüberzug der Parthenos, den er abnehmbar gemacht hatte, gewogen wurde) oder auch Elfenbein; daß er sein eigenes Porträt und das des Perikles in die Darstellungen auf dem Schild eingeschmuggelt habe; daß er sich einem Gerichtsverfahren unterziehen mußte; daß er im Gefängnis starb, oder daß er von den

Eleern vergiftet oder sonstwie getötet wurde. Sicher ist, daß er nach seiner Arbeit in Athen in Olympia tätig sein konnte. Uns bleibt der Eindruck, daß es sich bei ihm um einen Menschen handelte, der mehr war als ein großer Künstler.

Polyklet

stammte aus Argos und war Schüler des Argivers Ageladas. Man hat für Phidias denselben Meister in Anspruch genommen, und spätere Autoren neigen begreiflicherweise dazu, die beiden bedeutendsten Bildhauer der klassischen Zeit miteinander zu vergleichen und gegeneinander abzusetzen. Er war bereits ebenso früh tätig wie Phidias – um 452 –, lebte aber länger, wenn er es war, der die Hera für Argos schuf, nachdem der Tempel 422 abgebrannt war. Er war außerdem ein Theoretiker und befaßte sich mit dem, was immer schon die griechischen Bildhauer beschäftigt hatte, auch wenn es nicht immer zum Ausdruck kam: mit den Proportionen des menschlichen Körpers, d.h. des stehenden nackten Mannes. Er schrieb ein Buch über die richtigen Proportionsverhältnisse *(symmetria)* der Teile des Körpers. Das Buch hieß der Kanon, und manche haben mit diesem Namen auch eine Statue bezeichnet, die er der Überlieferung nach anfertigte, um an ihr seine Theorien zu demonstrieren. Diese hat man leicht in dem Doryphoros (Speerträger) erkannt, der in mehreren Kopien erhalten ist [*184–5*]. Sie führt das Standmotiv der frühklassischen Männerfiguren einen Schritt weiter – das unbelastete Bein ist weiter zurückgesetzt, der Fuß ist gedreht und berührt kaum mehr den Boden, und der gerade geführte, aber entspannte Arm hängt an der Seite des gerade geführten, aber belasteten Beines herab. Die Statue vermittelt den deutlichen Eindruck einer Vorwärtsbewegung, obwohl sie im Gleichgewicht steht. Die Gestalt ist breiter, gedrungener und hat einen größeren Kopf als eine vergleichbare phidiasische, und sie läßt sich leichter datieren. Polyklets Theorien hatten im Altertum großen Einfluß, aber seine Schüler scheinen seine Richtlinien nicht immer bis ins Detail befolgt zu haben.

Ein weiteres berühmtes Werk war ein Diadumenos (ein Jüngling, der sich die Stirnbinde anlegt), der sich ebenfalls leicht in Kopien zu erkennen gibt [*186*], einmal durch die Aktion und zum anderen durch die nahe Verwandtschaft zum Doryphoros, was Anatomie, Beinhaltung und Gesichtszüge angeht. Das Haar ist hier stärker plastisch empfunden als dort (beide waren im Original aus Bronze), wahrscheinlich weil der Doryphoros etwas früher entstanden ist. Obwohl einige der erhaltenen Kopien gut sind, ist es uns nur in geringem Maß möglich, die ebenfalls von späteren Autoren gerühmte Sorgfalt bei der Behandlung der anatomischen Details zu beurteilen. Aus dem Kontext, in dem Plutarch die schwer verständliche Bemerkung Polyklets zitiert: „die Arbeit ist am schwersten, wenn der Ton am (oder auf dem) Fingernagel ist", läßt sich vielleicht schließen, daß der Bildhauer betonen wollte, wie wichtig die Beachtung des geringfügigsten Details für das vollständige Werk ist.

Viele seiner überlieferten Werke waren Athletenweihungen, zu denen vielleicht auch die beiden besprochenen Werke (die beide überlebensgroß sind) und die Originale anderer Kopien, die polykletisch wirken, gehören. Eine leichter gebaute Statue [*187*] hat man für eine Kopie seines Kyniskos gehalten, da sie auf die erhaltene Basis jener Statue in Olympia zu passen scheint, von der Pausanias sagt, sie sei von Polyklet. Das Original war, wie von ihm abgenommene Abgußfragmente zu erkennen geben, sogar noch schlanker. Zu seiner Amazone s. das nächste Kapitel.

Es gab einen jüngeren Polyklet aus Argos, der im frühen 4. Jh. arbeitete und die Eingrenzung der Tätigkeitszeit des älteren erschwert. So stellt die Zuschreibung einer Gruppe, die den Sieg der Spartaner bei Aigospotamoi im Jahr 404 feierte, ein schwer lösbares Problem dar. Einer von ihnen schuf nach 422 eine Goldelfenbeinkultstatue der Hera für ihr Heiligtum bei Argos. Sie war sitzend dargestellt, hielt Szepter und Granatapfel und war mit Figuren der Grazien und Jahreszeiten gekrönt, s. [*207*]. Ein Vergleich mit dem sitzenden Zeus des Phidias in Olympia lag nahe: Quintilian fand ihn würdiger, wenn auch weniger dekorativ.

Kresilas

stammte aus dem kretischen Kydonia, doch arbeitete er zur selben Zeit wie Phidias in Athen. Er schuf ein Porträt des athenischen Staatsmanns und Feldherrn Perikles – wahrscheinlich jenes, das Pausanias auf der Akropolis sah und von dem sich Kopien auf inschriftlich bezeichneten römischen Hermen identifizieren lassen [*188*]. Ohne Zweifel stammt es aus der Zeit nach dem Tod des Perikles und zeigte diesen als stehenden Krieger (wie das Paar aus Riace [*38–9*]). Der Kopf ist kein wirkliches Porträt, und etwaige individuell wirkende Gesichtszüge sind eher auf den Stil des Künstlers als auf das Aussehen des Dargestellten zurückzuführen. Er schuf auch die Figur eines Verwundeten, die durch ihre Todesnähe lebensecht wirkte – vielleicht den von Pfeilen durchbohrten Dieitrephes, der auf der Akropolis stand (Pausanias), wo sich die Basis eines Werkes des Kresilas gefunden hat, das der Sohn des Dieitrephes geweiht hatte. Es muß ein ungewöhnliches Denkmal gewesen sein, wenn es den Vater zeigte, wie er in der Schlacht starb. Zu seiner Amazone s. das nächste Kapitel.

Alkamenes

war Athener (oder vielleicht ein athenischer Kolonist aus Lemnos), ein Zeitgenosse und Schüler des Phidias, der mindestens bis zum Ende des 5. Jhs. tätig war, da er nach 404/3 ein großes Relief mit Athena und Herakles für Theben schuf. Pausanias berichtet, daß Alkamenes die Figuren für den Westgiebel in Olympia anfertigte, aber das muß ein anderer Alkamenes gewesen sein – wenn es überhaupt einer war. Vielleicht meinte er, daß Alkamenes und Paionios Akrotere für den Tempel machten. Hermen, die sich in Pergamon [*189*] und Ephesos fanden, nennen ihn als Schöpfer eines Hermes Propylaios („vor den Toren"). Der Stil ist eindeutig archaisierend, nur Gesichtszüge und Bart sind klassisch. Das Werk übte starken Einfluß aus und wurde oft kopiert; wahrscheinlich handelte es sich demnach um den Hermes, den Pausanias an den Propyläen der Athener Akropolis gesehen hat (obwohl er ihn dem Philosophen Sokrates zuzuweisen scheint, dessen Vater Steinmetz gewesen war). Vielleicht ersetzte dieser eine frühere Statue, was seinen Archaismus erklären könnte, da andere Hermen dieser Zeit durchaus zeitgemäßen Stil zeigen. Spätere Autoren nennen Statuen von seiner Hand in Athen: eine Aphrodite in den Gärten, die Lukian wegen ihres Gesichts und ihrer Hände bewunderte, eine dreifache Hekate (die wohl in der Nähe des Hermes stand und wohl ebenfalls archaisierend war), ein sitzender Dionysos, ein Hephaistos, der vielleicht für seinen Tempel bestimmt war (nach Cicero war er zwar lahm, aber nicht eigentlich mißgestaltet wiedergegeben). Zu der Gruppe, die vielleicht seine Prokne und Itys aus Marmor repräsentiert, s. [*135*].

Agorakritos
aus Paros war ebenfalls Schüler des Phidias und der Überlieferung nach ein Rivale des Alkamenes, mit dem er bei einer Aphroditestatue konkurrierte. Seine Statue, die unterlag, wurde dann die Nemesis von Rhamnus, die wir aus Beschreibungen, Fragmenten des Originals und Kopien einigermaßen kennen (s. zu [*122*]).

Kallimachos
erfand das korinthische Kapitell und schuf – wahrscheinlich sehr spät im 5. Jh. – eine bemerkenswerte goldene Lampe für das Erechtheion. Er soll in seinen Arbeiten die penible Beachtung des Details bis zum Exzeß getrieben haben. Die raffinierte Art der wie vom Wind bewegten Gewanddarstellungen des späten Jahrhunderts muß ihm wohl zupaß gekommen sein, und seine berühmten lakonischen Tänzerinnen (Plinius) könnten sich durchaus in der Reihe jener beliebten Tänzerinnen widerspiegeln, die wir in ebendiesem Stil aus vielen römischen Reliefs und anderen Werken kennen [*242*, vgl. *243*].

180 Athenische Münze (aus römischer Zeit). Sie zeigt die Akropolis mit der Athena Promachos (des Phidias). (London. Abguß).

181 Elische Münze (aus römischer Zeit). Sie zeigt den Kopf des Zeus von Phidias. (Berlin).

182 Elische Münze (aus römischer Zeit). Sie zeigt den Zeus des Phidias. (London. Abguß).

183 Kopie der Athena Lemnia des Phidias (?). Die schräggeführte Ägis nimmt die Gestaltung der Athena des Parthenon-Westgiebels Abb. 79.4 vorweg. Die Verbindung von Kopf und Körper ist nicht ohne Widerspruch geblieben, und auch die Ergänzung mit Helm ist hypothetisch (es wurde auch eine Eule vorgeschlagen). Original um 440. (Dresden und Bologna (Kopf). H. 2,0. Abguß der gesamten Figur in Oxford).

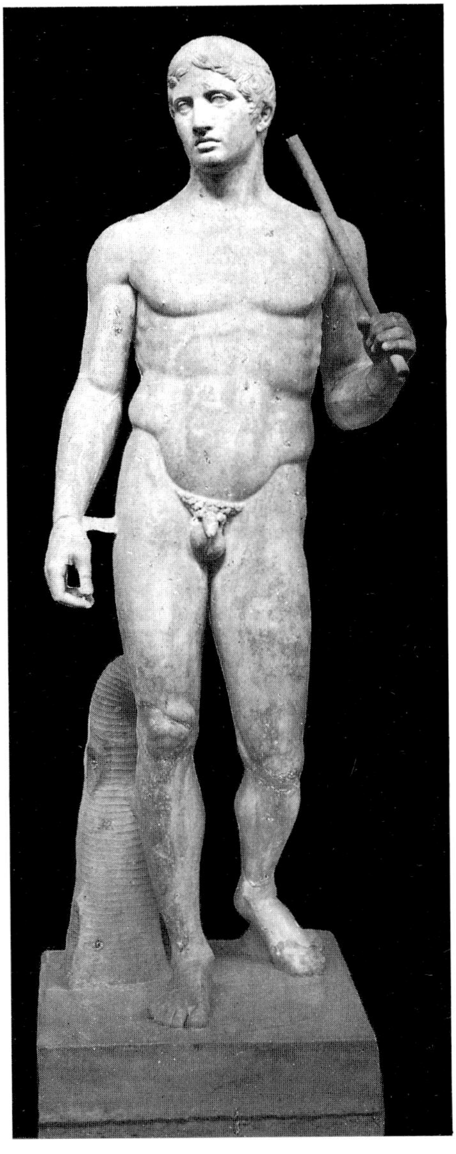

184 Kopie des Doryphoros von Polyklet: der „Kanon". Aus Pompeji. Original um 440. (Neapel. H. 2,12).

185 Relief aus Argos. Ein Mann, der stark dem Doryphoros des Polyklet Abb. 184 ähnelt, mit Pferd. Frühes 4. Jh. (Athen 3153. H. 0,51. Abguß in Oxford).

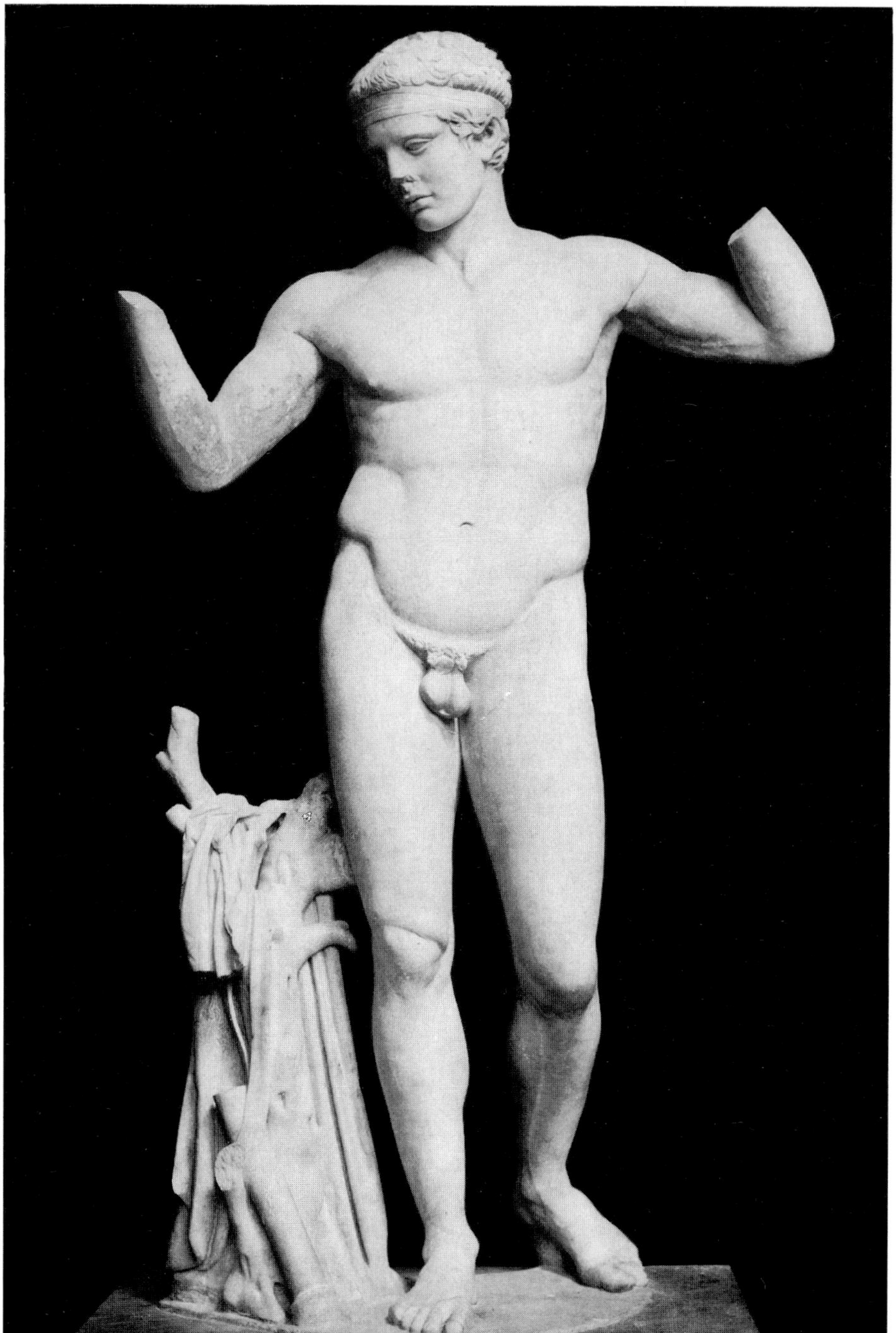

186a Kopie des Diadumenos von Polyklet. Aus Delos. Original um 430.
(Athen 1826. H. 1,95).

186b Kopf einer Kopie vom selben Vorbild wie 186a. (Dresden).

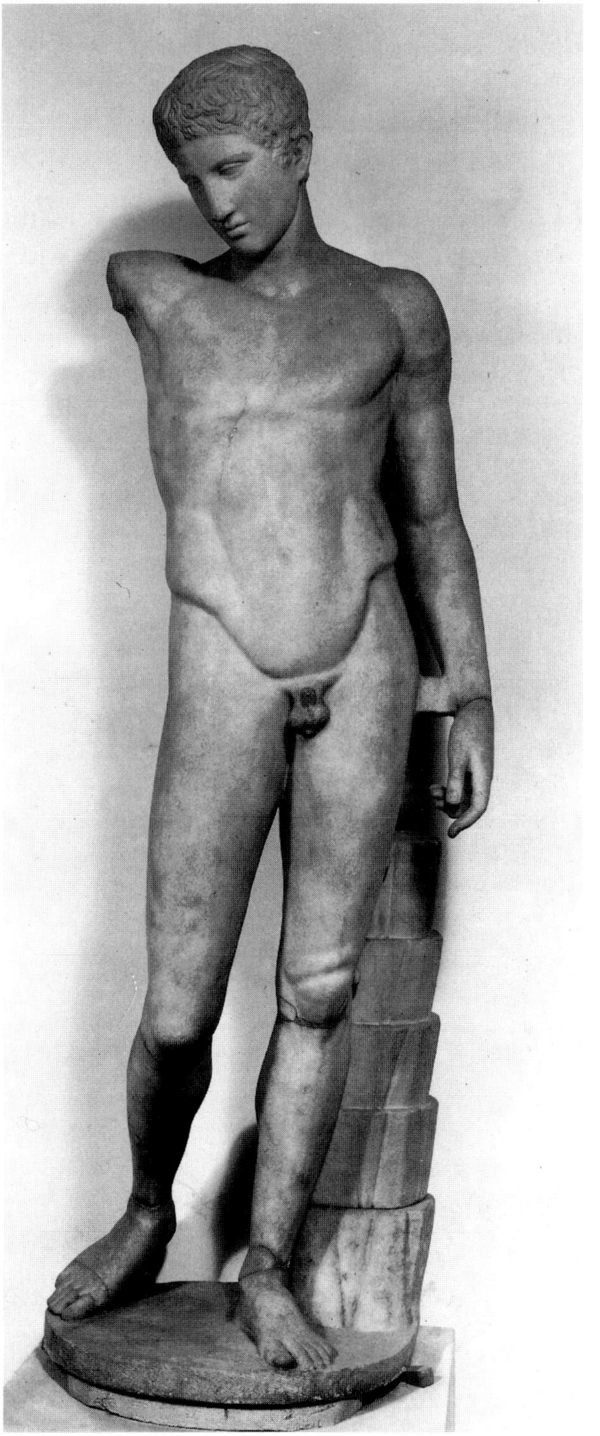

187 Der „Athlet Westmacott". Kopie des „Kyniskos" von Polyklet (?), einer Siegerstatue in Olympia: ein sich bekränzender Jüngling. Original um 440. (London 1754. H. 1,49).

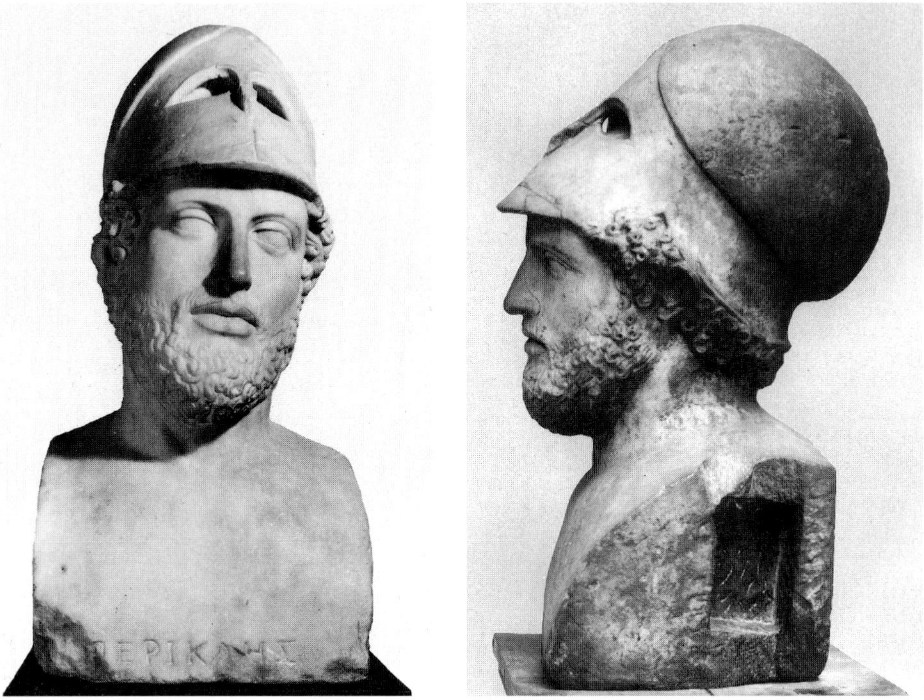

188 Kopie (in Gestalt einer Herme) des Kopfes einer Statue des Perikles von Kresilas. Original um 425. (London 549. H. 0,48).

189 Hermes Propylaios aus Pergamon, Kopie eines Werkes des Alkamenes. Die Inschrift lautet: „Du wirst die herrliche Statue des Alkamenes erkennen, den Hermes vor den Toren. Pergamios hat sie aufgestellt. Erkenne dich selbst." (Istanbul 527. H. 1,195. Kopf Abguß in Oxford).

Lykios
war ein Sohn des Bildhauers Myron; wir kennen ihn aus einigen wenigen Hinweisen bei antiken Autoren und durch die Teile dreier Basen in Athen und Olympia. Hier sah Pausanias eine große Gruppe auf einer halbkreisförmigen Basis, die eine trojanische Szene zeigte: in der Mitte Thetis und Eos als Bittflehende vor Zeus, an den Ecken Achilleus und Memnon, die sich zum Zweikampf vorbereiten, und dazwischen vier andere heroische Zweikämpfe. Für eine freistehende Komposition aus der Zeit um 440 oder später war das eine ungewöhnlich figurenreiche Gruppe; sie muß einer Giebelgruppe ähnlich gewesen sein, wobei allerdings die Dimension der Raumtiefe miteinbezogen war.

Strongylion
schuf eine Amazone mit schönen Beinen und einen hübschen Knaben, der die Begehrlichkeit des Nero bzw. Brutus erregte. Auf der Akropolis von Athen stand ein Trojanisches Pferd von seiner Hand, aus dem sich griechische Helden herausbeugten. Eine Beschreibung eines solchen Werkes und auch der Gruppe des Lykios erinnert uns unvermittelt daran, wie wenig wir von manchen der wesentlichen Denkmäler der klassischen Antike wissen und wie sehr wir da unsere Phantasie zu Hilfe nehmen müssen. Die uns meist in Kopien bekannten Einzelfiguren oder der Marmorschmuck der Tempel können uns keine Vorstellung von der möglicherweise sehr komplexen Gestaltung mancher Denkmäler vermitteln.

Paionios
s. S. 230 und [*139*].

Kapitel 16

ANDERE KOPIEN KLASSISCHER WERKE

Sehr viele Statuen und andere Kunstwerke aus römischer Zeit kopieren offenbar Originale der klassischen Zeit. Einige haben wir bereits betrachtet, soweit sie sich eindeutig mit dem Namen eines bestimmten Bildhauers in Verbindung bringen lassen; wir haben sie herangezogen, um an ihnen die Stilentwicklung der frühklassischen Zeit deutlich zu machen. Es gibt Grund zur Annahme, daß auch viele andere Werke mit bekannten Bildhauern oder bekannten Bildwerken (z.B. der Kultstatue des Hephaisteions in Athen, s. [*226*] zu verbinden sind, doch herrscht hier in der Regel keine Übereinstimmung; es scheint mir nicht angebracht, ein Handbuch wie das vorliegende durch eine Auswahl der von den verschiedenen Forschern vorgeschlagenen Zuweisungen zu belasten, zumal ich, was die Gültigkeit nicht weniger solcher Versuche angeht, nach wie vor skeptisch bin. Ich lege deshalb die meisten Kopien nur mit einem Kommentar in den Bildunterschriften vor, in dem ich lediglich die am weitesten verbreiteten Mutmaßungen über ihre Originale verzeichne; einige weitere Zuweisungen finden sich in den Anmerkungen. Dem Leser sei versichert, daß es gewöhnlich sehr viele andere gibt. Die Vorlage erfolgt einfach nach dem Typus – zuerst kommen Männer, dann die Frauen: stehend, sitzend, in anderer Haltung; in alphabetischer Reihenfolge in jenen Fällen, wo eine Identifikation durch Konvention oder mit Sicherheit erfolgt ist; Ähnliches bei Ähnlichem. Reliefs kommen am Schluß. Die Entstehungszeit der angenommenen Originale bleibt zwangsläufig vage.

Zwei oder drei Komplexe verdienen jedoch ausführlicher erörtert zu werden, als es in den Bildlegenden möglich ist.

Drei Statuen verwundeter Amazonen wurden in römischer Zeit

häufig kopiert [*195*]. Sie waren gleich groß und ähnlich gekleidet, und wenn auch stilistische Unterschiede anzeigen, daß sie wohl von verschiedenen Händen stammen, so sind diese offensichtlich doch nicht größer als beispielsweise die Unterschiede zwischen den beiden Bronzen von Riace, die aus einer Gruppe und einer Werkstatt zu stammen scheinen, auch wenn sie nicht vom selben Meister gearbeitet sind. Man hat für sie jedoch nicht nur verschiedene Meisterhände, sondern auch verschiedene Entstehungszeiten vorgeschlagen – im extremsten Fall die Zeit des Augustus für [*190*]. Alle drei (und, wie es scheint, keine weiteren) sind unter den Abgüssen von Baiae vertreten.

Es gab eine berühmte Amazonengruppe in Ephesos, und sicherlich handelt es sich hier um Kopien dieser Statuen. Nach Plinius war ein Wettbewerb für sie ausgeschrieben worden, bei dem die Künstler die Jury bildeten; sie alle setzten ihr Werk jeweils an die erste und das des Polyklet (von dessen Zweitstimme wir nichts erfahren) an die zweite Stelle: damit wurde Polyklet Sieger. Plinius nennt Polyklet, Phidias, Kresilas, Kydon und Phradmon als Teilnehmer am Wettbewerb. Bei Kydon handelt es sich sicher um einen Irrtum – es muß „Kresilas aus Kydonia" heißen –, und Phradmon ist ein wenig bekannter Bildhauer aus Argos. Es gibt mehrere Kopistenvarianten der Grundtypen, aber wir begegnen auch einem Typus, der nur durch eine Kopie in Ephesos belegt ist, bei der die Amazone die Brüste bedeckt hatte. Wir können nicht sagen, ob es sich dabei wirklich um einen vierten Typus handelt, oder ob man diese Variante nur ad hoc schuf, um eine Amazonenserie zu vervollständigen, die die Pfeiler des Theaters schmücken sollte (darunter befanden sich auch Kopien der Typen [*190–1*] und wahrscheinlich noch weiterer). Der Bericht des Plinius vom Wettbewerb braucht nicht wahr zu sein, aber er erwähnt an anderer Stelle eine verwundete Amazone des Kresilas, und bei Lukian hören wir von einer Amazone des Phidias, die sich auf ihren Speer stützt und einen schönen Hals und Mund besitzt. Es ist zu lebhaften Diskussionen über die Zuweisung der verschiedenen Typen an die großen Bildhauernamen gekommen – was nicht überraschen kann –, aber man ist zu wenig Übereinstimmung gelangt. Von den Amazonen hieß es, sie hätten Ephesos gegründet; und einem Interesse Athens an den Amazonen waren wir bereits begegnet. So hat eine These viel für sich, nach der die Gruppe eine Weihung Athens gewesen sei, die auf irgendeine Weise den Frieden mit Persien feierte; oder vielleicht noch besser das Zurückdrängen der Perser vom griechischen Küstengebiet Kleinasiens, das noch nicht lange zurücklag.

Eine besondere Gruppe verkleinerter Kopien von Kultstatuen hat in letzter Zeit die Aufmerksamkeit der Gelehrten auf sich gezogen, da bei manchen die Möglichkeit zu bestehen scheint, daß sie noch in klassischer Zeit oder kurz danach entstanden sein könnten. Sie gehören deshalb in eine andere Kategorie als die Kopien in gleichem Maßstab oder die verkleinerten Wiedergaben aus römischer Zeit. Hier gibt es Datierungsprobleme, aber es ist doch höchst einleuchtend, daß dies eine häufig praktizierte Vorgangsweise war. Große Statuen konnten schon kurz nach ihrer Aufstellung in Reliefs oder anderen Medien ihren Niederschlag finden – wir haben also allen Grund anzunehmen, daß sie auch zu verkleinerten Fassungen anregen konnten. Diese sind jedoch – ebenso wie die Nachklänge großer Statuen in Reliefs oder Vasenbildern – kaum verkleinerte Repliken; ihr Quellenwert für das Erscheinungsbild großer Originale ist demnach in vielen Hinsichten zweifelhafter als der der römerzeitlichen Kopien, die ihre Vorbilder nahezu mechanisch reproduzieren. Ein paar dieser klassischen oder hellenistischen verkleinerten Fassungen sind in diesem Kapitel abgebildet. Eine wichtige Gruppe befindet sich in Venedig und stammt vielleicht ursprünglich aus Kreta; zu ihr gehören Statuetten der Demeter, der Kore und der Athena, alle offenbar nach großplastischen Originalen des späteren 5. und frühen 4. Jahrhunderts gestaltet [*196*].

Ein weiterer interessanter Kopienkomplex umfaßt vier Dreifigurenreliefs, von denen jeweils mehrere Kopien erhalten sind (außer von [*239.4*], das nur verhältnismäßig schlecht belegt ist). Sie sind gleich groß und stammen wahrscheinlich von ein und demselben athenischen Monument, das eher auf einem öffentlichen Platz gestanden haben muß – man hat die Balustrade des

Zwölf-Götter-Altars auf der Athener Agora vorgeschlagen – als auf einem Friedhof – man hat auch an ein Monument für einen Bühnenschriftsteller gedacht (Grabmäler waren weder für die Kopisten noch für den Markt, für den sie arbeiteten, attraktiv).

190a Amazone (Typus Berlin/Lansdowne/Sciarra). Kopie eines Originals aus der Zeit um 440–30. Sie ist unter der linken Brust verwundet, trägt einen zerrissenen Zügel anstelle eines Gürtels und einen Sporn an der Ferse. Die Beine sind nach der Kopie in Berlin ergänzt. Bei der Variante Doria-Pamphili (in Rom) sind beide Brüste bedeckt. (New York 32.11.4 (ehem. Lansdowne). H. 2,04).

190b Reliefkopie desselben Typus, von einem Pfeiler im Theater von Ephesos. (Wien 811. H. 0,65).

191 Amazone (Typus Sosikles/Kapitol). Kopie eines Originals aus der Zeit um 440–30. Sie ist unterhalb der rechten Achsel neben der Brust verwundet und stützt sich leicht auf ihren Speer. Ergänzt sind rechter Arm und Brust, linker Unterarm, Beine. (Vatikan 2272. H. 2,045).

192 Amazone (Typus Mattei). Kopie eines Originals aus der Zeit um 440–30. Sie ist am linken Oberschenkel verwundet, trägt an der Seite einen Köcher und an der Ferse einen Sporn. Sie scheint sich auf ihren Speer zu lehnen (was ihre Zuweisung an Phidias stützt); es wurde jedoch auch – ohne überzeugende Argumente – vorgeschlagen, sie besteige ihr Pferd, beschäftige sich mit ihrem Bogen, oder sogar, sie stake in einem Boot. Der Kopf ist nach Abb. 194 ergänzt, auch die Arme sind ergänzt. (Vatikan. H. 2,11).

193 Kopf einer Amazone. Eine Kopie, die wohl mit dem Typus Mattei Abb. 192 zu verbinden ist, der jedoch gewöhnlich mit dem Kopf Abb. 194 ergänzt wird. (Petworth. H. des Kopfes 0,28. Abguß in Bonn).

194 Kopf einer Amazone auf einer Bronzeherme aus Herculaneum, s. zu Abb. 192. Harrison bringt diesen Kopf mit einem „fünften" Amazonentypus in Verbindung, den sie dem Phidias zuweist. (Neapel 4899. H. 0,53).

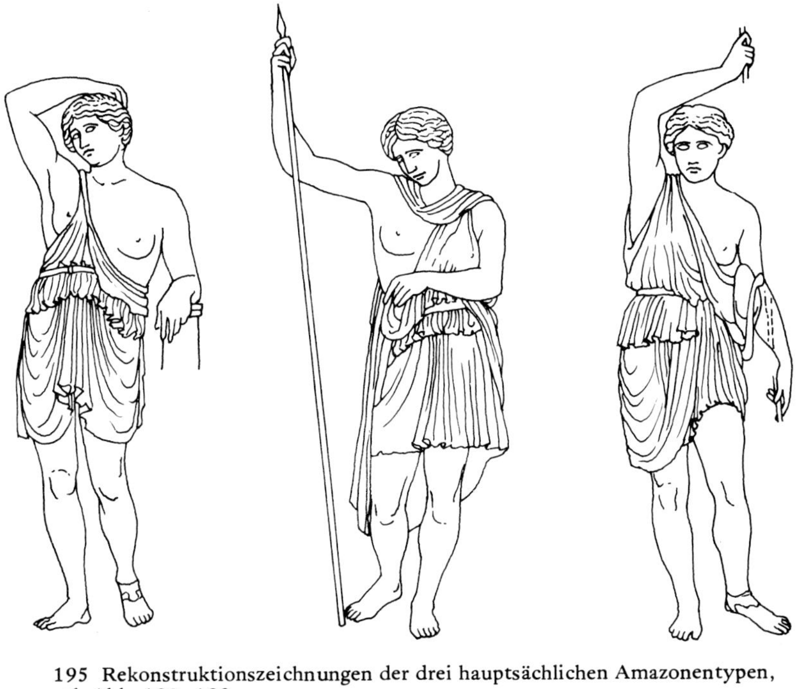

195 Rekonstruktionszeichnungen der drei hauptsächlichen Amazonentypen, vgl. Abb. 190–192.

196.1

196.2

196.3

196.4

196 Die „Grimani-Statuetten" aus Kreta. Verkleinerte klassische Kopien nach monumentalen Originalen aus der Zeit um 420 (sechs weitere Statuetten dieser Gruppe scheinen Vorbildern des 4. Jhs. zu folgen). Vielleicht stellen sie alle Kore (Persephone) dar. 1. „Abbondanza". Wahrscheinlich Kore. Sie ähnelt der Kore Albani Abb. 210; zum Himation vgl. Abb. 202. (Venedig 106. H. 1,08). 2. erinnert an die kapitolinische Demeter Abb. 212. (Venedig 15. H. 0,92). 3. erinnert an die Karyatiden des Erechtheions Abb. 125 (Venedig 116 A. H. 1,14). 4. (Venedig 71. H. 0,88).

197 ,,Aphrodite Fréjus''. Kopie eines Originals aus der Zeit um 410. Das Original hielt wahrscheinlich einen Apfel (den Preis des Parisurteils). Die entblößte Brust und das Hochziehen des Gewandes (eine Andeutung des Verschleierns, wie man es bei sittenstrengeren Gestalten antrifft) geben einen reizvollen Kontrast für die Göttin der Liebe ab. Ein frühes Beispiel für die Verwendung des enganliegenden Gewandes, vor allem um die erotische Wirkung zu steigern. In römischer Zeit häufig als Vorbild für die Darstellung der Venus Genetrix (Ahnherrin des iulischen Kaiserhauses) kopiert; diente auch später häufig als schmeichelhafte Grundlage für Porträtstatuen römischer Damen (wobei dann manchmal die linke Brust bedeckt wurde). Man hat einst Fréjus für den Fundort der Statue gehalten, in Wirklichkeit aber stammt sie aus der Nähe von Neapel. (Paris 525. H. 1,65).

198 ,,Artemis von Ariccia''. Kopie eines Originals aus der Zeit um 440. Vielleicht eine Artemis – in einer anderen Version trägt sie einen Köcher; diese Figur hielt wohl einen Bogen und eine Phiale. Der lange Überfall des Peplos ist nach attischer Art gegürtet. Von manchen wird die Statue mit dem Tempel der Artemis Eukleia in Athen in Verbindung gebracht, der zur Feier des Sieges von Marathon errichtet wurde. (Rom, Thermenmus. 80941. H. 2,86).

199 Athena aus Pergamon. Kopie eines Originals aus der Zeit um 450–30. Eine ungewöhnliche Figur – der Kopf zeigt Reminiszenzen des strengen Stils, während das Gewand so unruhig gestaltet ist, daß man die Statue für ein klassizistisches Werk hellenistischer Zeit gehalten hat, das im Auftrag der pergamenischen Herrscher entstanden sei. Ganz ungewöhnlich ist die streifenförmige Ägis, die als Kreuzband getragen wird. Manche halten sie für die Athena des Myron in Samos (s. zu Abb. 72), doch ist sie sicher später entstanden. In der Nähe von Abb. 209 gefunden. (Berlin (O). H. 1,87).

200 „Athena Medici". Kopie eines Originals aus der Zeit um 440–30. Sie trägt einen Chiton unter dem Peplos mit gegürtetem Überfall, die Ägis und einen Mantel, der am Rücken herabhängt; einst hielt sie Schild und Speer. Da einige weitere Kopien als Akrolithe gearbeitet sind, hat man geschlossen, es handle sich um die Kopie einer im Original ebenfalls als Akrolith gebildeten Statue (von Phidias für den Sieg von Plataiai, oder von Kolotes für Elis); man hat sie aber auch mit der Athena Promachos oder der Athena des Parthenon-Ostgiebels in Verbindung gebracht. Im Stil steht sie den Giebelfiguren des Parthenon nahe. (Paris 3070. H. 2,45).

201 „Athena Albani". Kopie eines Originals aus der Zeit um 430–20. Sie ist mit einem Speer in der rechten Hand und einem Schild (?) am linken Arm zu ergänzen. Der getrennt gearbeitete Kopf ist nicht mit Sicherheit zugehörig. Sie trägt eine Kopfbedeckung in Form eines Wolfskopfes – eine „Hadeskappe" – und wird deshalb von manchen mit der Athena Itonia des Agorakritos, die in Koroneia neben Hades (so Strabon; nach Pausanias: Zeus) aufgestellt war, in Zusammenhang gebracht. Gewandbildung und Gesicht sind parthenonisch (man achte auf die Kante des Himations). (Rom, Villa Albani 1012. H. 1,96).

202 „Athena Velletri". Kopie eines Originals aus der Zeit um 420–10. Es ist eine Reihe weiterer gleich großer, aber auch verkleinerter Kopien bekannt. Sie hielt Speer und Phiale (die Hände sind ergänzt), trug eine kurze Ägis (von der der größte Teil im Rücken herabhängt), einen aus Schlangen gebildeten Gürtel, ein Himation über dem Peplos mit langem Überfall, und einen korinthischen Helm. Heute wird sie von vielen für die Kultstatue gehalten, die neben Hephaistos in dessen Tempel stand, und demzufolge mit Alkamenes in Verbindung gebracht. Andere haben sie Kresilas zugewiesen wegen der Ähnlichkeit ihres Gesichtes mit jenem des Perikles Abb. 188. (Paris 464. H. 3,05).

203 „Athena Giustiniani". Kopie eines Originals aus der Zeit um 400. Sie ist mit der früheren Statue Abb. 202 verwandt, zeigt aber eine etwas veränderte Himationdrapierung. Die Sphinx auf dem Helm und die Unterarme sind ergänzt. (Vatikan 2223. H. 2,25).

204 „Athena Ince". Kopie eines Originals aus der Zeit um 400. Eine freie Variante der Athena Parthenos. Die Sphinx auf dem Helm, der rechte Unterarm und die Eule sind ergänzt. (Liverpool. H. 1,67).

205 ,,Athena Cherchel/Ostia“. Kopie eines Originals aus der Zeit um 400. Sie wird gelegentlich als ,,Hephaisteia“ bezeichnet, weil man sie einst für die Kultstatue im Hephaisteion hielt. Hier mit einem Kästchen, in dem sich die Erichthonios-Schlange befindet. (Louvre 847. H. 1,40).

206 ,,Athena Hope/Farnese“. Kopie eines Originals aus dem frühen 4. Jh. Der reichverzierte Helm ist von der Athena Parthenos angeregt. Vielleicht hängt sie von Abb. 201 ab. Die Arme, die Tiere auf dem Helm und den Wangenklappen, und einige der Schlangen an der Ägis sind ergänzt. (Neapel 6024. H. 2,24).

207b

207 ,,Hera“-Kopf. Kopie eines Originals aus der Zeit um 430. Die Nase ist ergänzt. Von manchen mit der chryselephantinen Hera des Polyklet im Heraion von Argos in Verbindung gebracht, wo der Neubau des Tempels allerdings später anzusetzen ist, als dieser Kopf stilistisch datiert werden muß; er zeigt auch nicht jene reichverzierte Krone, die Pausanias beschreibt. Der Kopf weist einige Ähnlichkeit mit Heraköpfen auf etwa gleichzeitigen Münzen auf, auf denen vielleicht der figürliche Schmuck auf der Krone der Kultstatue zu einem floralen Band reduziert wurde (b). (London 1792. H. 0,265. Münze: London, Abguß).

208 „Demeter Cherchel". Kopie eines Originals aus der Zeit um 450–40. Eine klassische Peplophoros mit Schleier über dem Haupt. Die recht matronal gestaltete Figur läßt vermuten, daß die Benennung „Demeter" das Richtige trifft. Im Stil parthenonisch. Cherchel liegt in Algerien, das eine große Zahl guter Kopien geliefert hat. (Cherchel. H. 2,10).

209 Frau aus Pergamon. Kopie eines Originals aus der Zeit um 450–40. Wahrscheinlich eine Göttin mit Szepter und Phiale (?) – Hera (?). Aus der Bibliothek von Pergamon, gefunden in der Nähe der Athena Abb. 199. Vgl. die Prokne des Alkamenes Abb. 135. (Berlin (O). H. 1,76).

210 Kore („Sappho") Albani. Kopie eines Originals aus der Zeit um 430. Die monumentale Version eines ähnlichen Statuentypus, wie er der Grimani-Statuette Abb. 196.1 zugrundeliegt. (Rom, Villa Albani 749. H. 1,85).

211 Kore. Kopie eines Originals aus der Zeit um 450–40. Die Größe läßt auf eine Kultstatue schließen, vielleicht Kore. Manche Züge des Gewandes erinnern noch an die frühe Klassik, aber das über die Vorderseite zusammengezogene Himation und die Haltung weisen darüber hinaus. Das Standmotiv ist „polykletisch“. (Rom, Mus. Nuovo Cap. 905. H. 2,26).

212 „Capitolinische Demeter“. Kopie eines Originals aus der Zeit um 420. Sie hält Szepter und Phiale. Vgl. die Grimani-Statuette 196.2. Rechter Unterarm, linker Arm, linke Brust, Partie unterhalb der Knie sind ergänzt. (Rom, Kapitol. Mus. 642. H. 2,13).

213 Aphrodite aus Smyrna. Kopie eines Originals aus der Zeit um 400. Körper und Gewandgestaltung sind parthenonisch (vgl. Abb. 80.3), doch handelt es sich vielleicht um eine viel spätere klassizistische Figur, auch wenn man sie einst für ein klassisches Original gehalten hat. Bei der Schildkröte, auf die sie ihren Fuß aufstellt, mag es sich um eine zutreffende Rekonstruktion handeln. Phidias schuf eine chryselephantine Aphrodite Urania, die ihren Fuß auf eine Schildkröte setzte, für Elis (Pausanias). (Berlin (O) 1459. H. 1,58).

214 „Hera Borghese“. Kopie eines Originals aus der Zeit um 410. Wahrscheinlich nicht Hera. Zum Gewand vgl. die Aphrodite von der Agora Abb. 136. Sie hält Szepter und Phiale. Die Füße und große Teile des Gewandes an der Vorderseite sind ergänzt. Der Kopf und die entblößten Schultern waren getrennt gearbeitet und in den Torso eingesetzt. Die „Hera Barberini“ im Vatikan stellt eine Variante dar. In Baiae haben sich Fragmente eines Abgusses vom Original gefunden. (Kopenhagen, Ny Carlsberg 473. H. 2,13).

215 „Aphrodite Valentini“. Kopie eines Originals aus der Zeit um 420–10. Der Kopf ist nicht zugehörig, Arme und linkes Bein sind ergänzt. Wahrscheinlich eine Aphrodite, doch wurde auch eine Deutung als Ariadne vorgeschlagen. Zur Behandlung und Unterscheidung des Gewandes vgl. Abb. 214 und den eng verwandten Statuentypus, der unter dem Namen „Aphrodite Doria“ bekannt ist. (Rom, Pal. delle Provincie. H. 1,82).

216 „Aphrodite“ („aus Daphni“, oder „die angelehnte“). Kopie eines Originals aus der Zeit um 420. Sie trägt Chiton und Himation und lehnt sich an einen Pfeiler. Die Stellung des linken Beines, das schräg geführt ist und das rechte Bein überkreuzt, muß bei einer rundplastischen Frauenstatue der Zeit, in die die Figur stilistisch einzuordnen ist, überraschen. Einst war man der Meinung, sie verkörpere den Statuentypus des Kultbildes im Heiligtum von Daphni an der Straße von Athen nach Eleusis (von dem ein Fragment erhalten ist), und verglich sie mit den Göttinnen des Parthenon-Ostfrieses. Vgl. Abb. 213. (Neapel G 136. H. 1,44).

217 Bewaffnete Aphrodite. Kopie aus Epidauros nach einem Original aus der Zeit um 400. Sie trägt ein Wehrgehenk über dem eng anliegenden und die Körperformen erkennen lassenden Chiton, dessen eigentlich entblößende Wirkung durch die scharfen, tiefen Falten des von der linken Schulter herabhängenden Himations verstärkt wird. In ihrer rechten Hand hielt sie wohl einst das Schwert. (Athen 262. H. 1,15).

218 Alte Frau. Kopie eines Originals aus der Zeit um 430. Das Datum wird durch die Gewandbehandlung nahegelegt – die gebückte, mit gebeugten Knien stehende Gestalt trägt ein schweres Himation über einem Peplos. Alter und Schwäche scheinen nur durch die Pose charakterisiert zu werden – in späterer Zeit hätte man sicher nicht versäumt, auch die physischen Details vor Augen zu führen. Der Körper wurde mit der Kopie eines Kopfes in London in Verbindung gebracht, der jedoch jünger aussieht. Aus dem Bereich des Mythos läßt sich für die Benennung an Aithra (die Mutter des Theseus, die aus Troja gerettet wird, vgl. RVAAZ Abb. 172.2) oder Eurykleia, die alte Amme des Odysseus, denken. Demetrios von Alopeke (athenischer Vorstadtdemos) schuf eine Statue der Lysimache, die 64 Jahre lang Athenapriesterin gewesen war, für die Akropolis; doch lassen sich der klare zeitliche Ansatz der Statue und die Schaffenszeit des Demetrios (4. Jh.) nicht in Einklang bringen. (Basel BS 202. H. 1,26).

219 „Aphrodite/Olympias". Kopie eines Originals aus der Zeit um 440–30. Als zugehörigen Kopf sehen manche den Kopf Abb. 220 an. Die Göttin sitzt mit ungewöhnlicher Lässigkeit (eine Ausnahme bildet nur Aphrodite, vgl. Abb. 80.3) auf einem Stuhl, unter dem ein Hund liegt (der wohl als Stütze diente, wenn es sich um ein Marmororiginal handelte). Ein Marmorfragment auf der Akropolis ist dem Original zugeschrieben worden, das demzufolge als die Aphrodite in den Gärten von Alkamenes identifiziert wurde; diese Statue stand einst am Abhang der Akropolis. Der Statuentypus ist häufig für Porträtstatuen römischer Damen verwendet worden. (Rom, Mus. Torlonia 77. H. 1,16).

220 Kopf der Aphrodite („Sappho") aus Herculaneum. Kopie eines Originals aus der Zeit um 430–20. Mit der Sitzenden Abb. 219 in Verbindung gebracht. (Neapel 6369. H. 0,47).

221 „Schutzflehende Barberini". Kopie eines Originals aus der Zeit um 430–10. Ein Mädchen sitzt auf einer niedrigen Basis, vielleicht einem Altar; ihre Haltung läßt eher auf Erschöpfung als auf Trauer schließen. Die Figur wird unterschiedlich als Alkmene, Iphigeneia, Penelope oder als Danae, die den goldenen Regen des Zeus empfängt, gedeutet, wovon letzteres auf Grund der Haltung wie des erotischen Anklanges durch die entblößte Brust, nicht aber in Stimmung und Ausdruck passend scheint. Vielleicht handelt es sich in der Tat um eine Bittflehende aus irgendeinem mythologischen Zusammenhang, die aus Dankbarkeit für Asylgewährung gestiftet wurde. Sie trägt nur eine Sandale (hielt sie die andere in der Hand?) – ein Motiv, dessen Symbolgehalt nicht klar ist. (Louvre. H. 0,78).

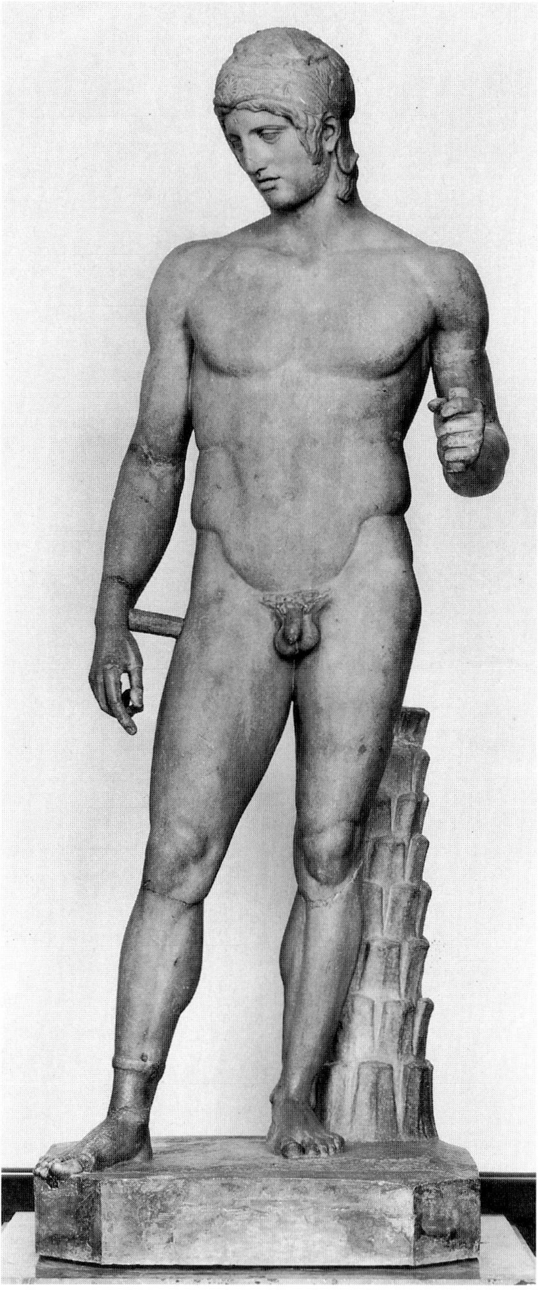

222 Hekataion. Etwa gleichzeitige Kopie eines Originals aus der Zeit um 430–20. Sie wird als verkleinerte Version einer größeren Gruppe angesehen, vielleicht der Hekate Epipyrgidia des Alkamenes (Pausanias) auf der Akropolis, von der es hieß, sie stelle das erste Beispiel der Gottheit in dreifacher Gestalt dar. Sie war eine eher finstere Göttin, die an Wegkreuzungen verehrt wurde und deshalb in alle Richtungen blickt; in den Händen hält sie Fackeln. Die Figuren sind stark archaisierend wiedergegeben, wie das auch beim Hermes des Alkamenes Abb. 189 der Fall war. Der Typus ist häufig kopiert worde. (Athen, British School S 21. H. 0,33).

223 „Ares Borghese". Kopie eines Originals aus der Zeit um 430. Zu ergänzen mit Schild und Speer in der linken und Schwert in der rechten Hand. Er trägt an einem Knöchel einen Reifen. Ein recht verinnerlichtes Bild eines – wenn die Identifikation richtig ist – eher unpopulären Olympiers. Häufig wird er mit dem Ares des Alkamenes (Pausanias) in jenem Tempel gleichgesetzt, der schließlich in der Athener Agora seinen endgültigen Platz fand. Vgl. die Haltung von Abb. 233. Der Typus war in römischer Zeit beliebt als Vorbild für Porträtstatuen. (Louvre 866. H. 2,12).

224 „Diomedes". Kopie eines Originals aus der Zeit um 440–30. In der Regel wird die Statue mit der Palladion-Statuette in der linken Armbeuge ergänzt, die Diomedes aus Troja geraubt hatte, doch ist die Identifizierung nicht unbestritten. Eine schlechtere, vollständig erhaltene Kopie in Neapel stammt aus Cumae. (München 304. H. 1,02).

226a

226b

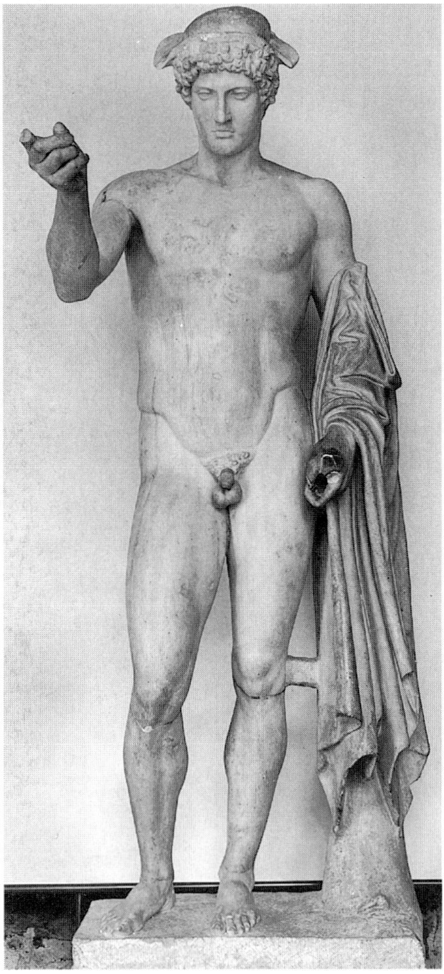

225 Dionysos. Kopie eines Originals aus der Zeit um 440–30. Eine Kopie in Salerno zeigt, daß er einen kurzen dünnen Chiton und Stiefel trug; sein Gürtel ist mit Auflagen geschmückt und wahrscheinlich hielt er Thyrsos und Schale. (Berlin (O) 526. H. 1,13).

226 Hephaistos. Kopie eines Originals aus der Zeit um 420–10. Bei dem Kopf (a) handelt es sich um eine Hermenreplik. Er trägt eine Handwerkermütze. Andere Kopien zeigen die ganze Figur, die mit dem kurzen Arbeitsgewand (Exomis) bekleidet ist, das die rechte Schulter frei läßt, und Hammer und Stab hielt, wie es die römische Lampe (b) erkennen läßt. In der Regel als Werk des Alkamenes identifiziert, der einen Hephaistos geschaffen hat, der vielleicht im Tempel des Gottes in Athen stand (s. auch Abb. 202). (a: Vatikan, Chiaramonti 1211. H. 0,55. b: Athen).

227 „Hermes Ludovisi". Kopie eines Originals aus der Zeit um 450–40. Er trug das Kerykeion in der linken Armbeuge. Die Geste der rechten Hand (die nach anderen Kopien ergänzt ist) ist als Heranwinken zu verstehen. Man hat in der Statue den Hermes Psychopompos, den Seelengeleiter, erkannt (Karouzou), und sie einem Monument zugewiesen, das in Athen für die Gefallenen von Koroneia (477) errichtet wurde und dem eine metrische Inschrift zugehört. Sonst auch als „Hermes Logios" bekannt. Der Statuentypus wurde zur Zeit des Augustus für ein Porträt des „Germanicus" wiederverwendet. (Rom, Thermenmus. 8624. H. 1,83).

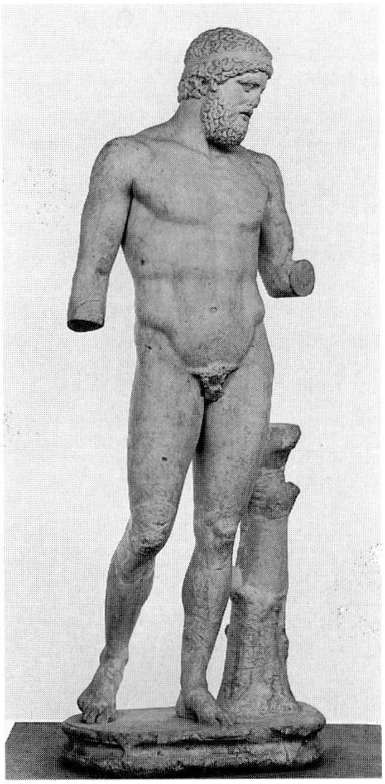

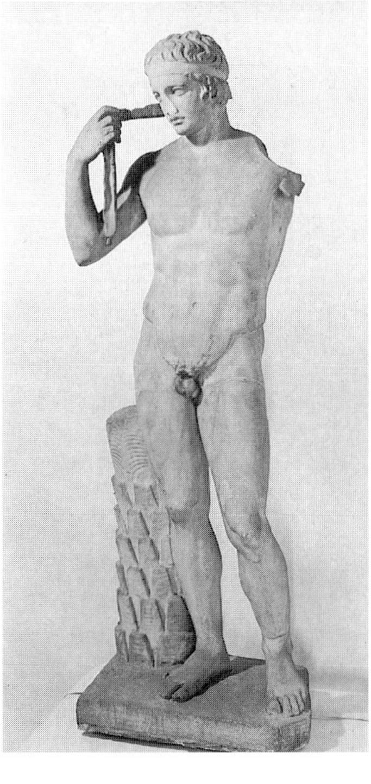

228 „Dresdner Zeus". Kopie eines Originals aus der Zeit um 450–40. In der Regel dem Phidias zugeschrieben, wobei man der Meinung ist, der Kopf ähnele jenem des Zeus in Olympia; manche aber halten die Statue für ein Werk des Agorakritos. Vgl. die Heroen vom Parthenonfries Abb. 96.16. Auch als Hades oder Asklepios identifiziert. (Dresden 68. H. 1,95).

229 Gott oder Heros („Münchner König"). Kopie eines Originals aus der Zeit um 440. Die Statue wurde mit Schwert und Scheide in den Händen rekonstruiert, das Original mag einen Schild gehalten haben (wie Riace Abb. 38–9) oder eine Keule (in der Rechten, auf den Boden aufgesetzt), was eine Benennung als Herakles nach sich zöge. (München 295. H. 2,39).

230 „Diadumenos Farnese". Kopie eines Originals aus der Zeit um 450–40. Die Statue zeigt das Thema des polykletischen Diadumenos Abb. 186 in dem älteren, frühklassischen Standmotiv. Unterschiedlich mit Phidias oder Polyklet in Verbindung gebracht. (London 501. H. 1,48).

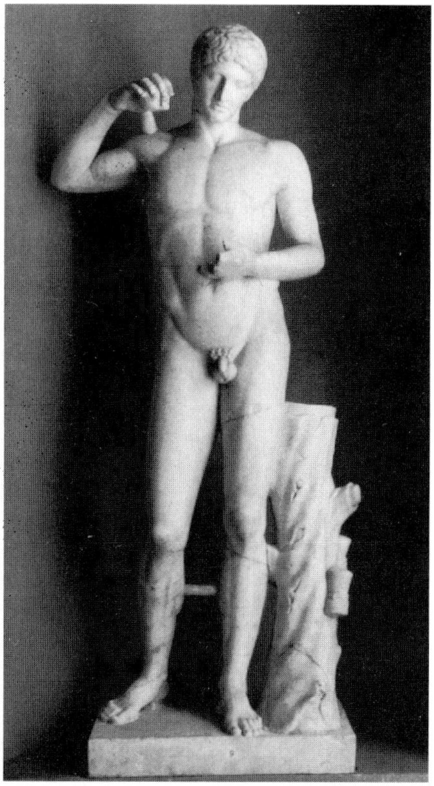

231 Athlet, der sich einölt („Öleingießer"). Kopie eines Originals aus der Zeit um 450–40. Er gießt Öl in seine linke Hand. Das Standmotiv kommt dem des Polyklet nahe, doch bleibt die Ferse des zurückgesetzten Fußes tief, und der Kopf wirkt noch ziemlich streng. Partie unterhalb der Knie ergänzt. (Petworth 9. H. 1,67).

232 „Diskobol". Kopie eines Originals aus der Zeit um 450–40. Stil und Haltung scheinen polykletisch. Man hat vorgeschlagen, die Statue eher mit einem Schwert in der Rechten als mit einem Diskus in der Linken zu ergänzen; damit würde es sich vielleicht um einen Theseus mit dem Wahrzeichen seiner Herkunft oder um einen Achilleus beim Empfang seiner neuen Waffen handeln. (Vatikan 767. Abguß in Basel. Erg. H. 1,73).

233 Diskobol. Kopie eines Originals aus der Zeit um 410. Er steht mit dem Diskus in der gesenkten linken Hand und ist bereit, mit dem Vorsetzen des rechten Fußes die erste Bewegung des Wurfvorganges vorzunehmen. Das Werk zeigt einen eher plumpen polykletischen Stil und wird mit einem Diskuswerfer, den dessen Bruder Naukydes (nach Plinius) geschaffen hat, in Verbindung gebracht. (Rom, Mus. Nuovo Cap. 1865. H. 1,30).

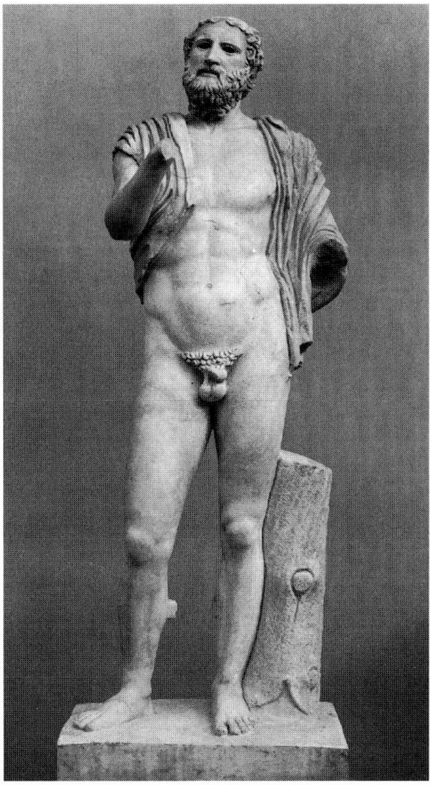

234 Jugendlicher Athlet („Narkissos"). Kopie eines Originals aus der Zeit um 410. Das Gewicht wird weitgehend auf einen Pfeiler verlagert (der Kopist bringt auch den gewohnten Baumstamm), die Beine zeigen das polykletische Standmotiv. Gewöhnlich der Schule des Polyklet zugeschrieben. Die Erschöpfung des Knaben ist gut wiedergegeben; sie hat seinen modernen Spitznamen „Narkissos" angeregt. (Louvre 457. H. 1,07. Abguß in Oxford).

235 „Anakreon Borghese". Kopie eines Originals aus der Zeit um 440. Die Identifikation beruht auf einer mit Inschrift versehenen Büste mit demselben Kopftypus im Konservatorenpalast. Der Dichter aus Teos in Ionien verbrachte einen Teil seines späteren Lebens in Athen und starb dort in den achtziger Jahren des 5. Jhs. Er hielt seine Lyra als Vortragender beim Symposion – deswegen ist er fast nackt und trägt eine Haarbinde. Er wendet den Kopf, als stimme er gerade die Leier oder als mache er eine Pause, bevor er mit dem Gesang einsetzt. (Kopenhagen, Ny Carlsberg 491. H. 1,90).

236 Bronzestatuette eines Kriegers. Verkleinerte Variante (wohl kaum eine reguläre Kopie) einer Statue aus der Zeit um 430–20. Der Stand ist polykletisch, bei dem Kopf (der an Riace Abb. 39 erinnert) handelt es sich nicht um ein Porträt; trotzdem könnte die Statuette eine athenische Strategen(Generals)-Statue widerspiegeln, und der Perikles des Kresilas Abb. 188 wird etwa so ausgesehen haben. (Hartford, Wadsworth Atheneum 1917.820. H. 0,29).

237 Verwundeter Krieger. Kopie eines Originals aus der Zeit um 440–30. Er ist unterhalb der rechten Achsel verwundet, dennoch ist sein rechter Arm erhoben – eher im Begriff zuzustoßen als um sich auf einen Speer aufzustützen. Die Haltung läßt an einen vorsichtigen Schritt nach unten denken und die Basis ahmt einen Schiffsbug nach. Man hat die Statue einleuchtend mit Protesilaos identifiziert, dem ersten Griechen vor Troja, der dort seinen Fuß auf den Boden setzte, und dem ersten, der dort den Tod fand; andere erkennen in ihr den „Verwundeten" des Kresilas (nach Plinius). (New York 25.116. H. 1,97).

238 Verwundeter aus Bavai, Bronzestatuette. Verkleinerte Kopie eines Originals aus der Zeit um 440. Eine freier bewegte männliche Variante des Typus der verwundeten Amazone Abb. 192. Er stützt sich auf einen senkrecht geführten Speer, wobei sein rechter Unterarm auf dem Helmbusch aufliegt. Oft mit dem „Verwundeten" des Kresilas (nach Plinius) in Verbindung gebracht, aber auch als Pasticcio bezeichnet. (Saint-Germain-en-Laye. H. 0,35).

239 (gegenüber) Dreifigurenreliefs. Kopien nach Originalen aus der Zeit um 420–10. H. etwa 1,20. 1: Orpheus, rechts, im thrakischen Gewand und mit der Leier, verabschiedet sich von seiner Frau Eurydike, die von Hermes, links, in den Hades zurückgeführt wird. Sie muß in den Hades zurückkehren, weil Orpheus, der ihre Entlassung aus der Unterwelt bewirkt hatte, sich auf dem Weg hinauf zur Oberwelt nicht enthalten konnte, umzublicken. Die Nameninschriften sind falsch (Louvre). 2: Medea, links, in orientalischer Tracht, mit langärmeliger persischer Jacke über der Schulter und einer Arzneidose in den Händen, berät in betrügerischer Absicht die Töchter des Pelias, von denen die eine einen Kessel, die andere nachdenklich ein Schwert hält (das Schwert wurde nachträglich zu einem Zweig umgearbeitet, die Scheide wurde ganz getilgt): Sie sollen ihrem Vater Unsterblichkeit verschaffen, indem sie ihn in Stücke schneiden und kochen. (Berlin (O) 925). 3: Herakles, links, befreit Theseus, rechts, aus dem Hades; der enge Freund des Theseus Peirithoos, in der Mitte, der nach der versuchten Entführung der Persephone aus dem Hades mit Theseus zusammen dort gefangengehalten wurde, muß dabei zurückbleiben. Der linke Unterarm des Herakles, der Kopf des Peirithoos und Kopf und rechte Hand des Theseus sind nach anderen Kopien ergänzt. (Rom, Torlonia. H. 1,20). 4: Herakles sitzt zwischen zwei Hesperiden vor deren

239.1

239.2

239.3

239.4

Baum, der von einer Schlange bewacht wird. Das Gesicht des Herakles und die linke Figur sind nach anderen fragmentarischen Kopien ergänzt. Eine der Aufgaben des Herakles war es, die Unsterblichkeit verleihenden Äpfel der Hesperiden zu gewinnen. In dieser Version des Mythos überredet er die Mädchen, sie ihm zu geben; sonst nimmt er die Dienste des Atlas in Anspruch (vgl. Olympia Abb. 22.10) oder kämpft mit der Schlange (vgl. SVA Abb. 233?). (Rom, Villa Albani 100).

241

240 Geburt des Erichthonios. Kopie eines Originals aus der Zeit um 420. Die Göttin Ge (Erde) steigt empor, um Athena das Kind zu übergeben. In Verbindung mit anderen, weniger guten Kopien verbindet sich das Relief zu einer Friesdarstellung mit weiteren Gestalten aus der mythischen Geschichte Athens. Angesichts der Beliebtheit von Geburtsszenen auf Basen von Kultstatuen haben viele das Original für die Basis der Athena- und Hephaistosstatue (die eigentlich die Eltern des Kindes hätten sein sollen) im Hephaisteion in Anspruch genommen; demnach ist es vielleicht mit Alkamenes zu verbinden. Vgl. die in das Himation gehüllten Beine der Athena Abb. 202, die von manchen ebendieser Gruppe zugerechnet wird. (Vatikan, Chiaramonti 1285. Erg. H. des Originals etwa 0,70).

241 „Medusa Rondanini". Kopie eines Originals aus der Zeit um 440 (?). Kopf der Gorgo Medusa, die hier zum erstenmal als schöne Frau, mit Flügeln in den Haaren und Schlangen um das Gesicht, gezeigt wird (s. dagegen GPAZ Abb. 187–8, 205.3). Der Stil ist klassisch oder klassizistisch. Trifft ersteres zu, so mag sie mit der Ägis oder dem Schildemblem einer der großen Athenastatuen zu verbinden sein,

242a

243a

242b Tänzerin. Kopie eines Originals aus der Zeit um 410. (Berlin 1456. H. 0,95. Abguß in Oxford).

243b Tanzende Mänade. Kopie eines Originals aus der Zeit um 400. (Rom, Konservatorenpalast 1094. H. 1,43).

wenn auch andere Kopien dieser Gorgoneia noch die alte halb groteske Form bringen – vgl. Abb. 107, 108, 110; trifft letzteres zu, so mag sie von einer vergoldeten Ägis stammen, die um 200 auf die Akropolis geweiht wurde – allerdings wird der Typus immer als isolierter Kopf und nicht als Teil einer Ägis wiedergegeben. Vertreter der Stilanalyse neigen mittlerweile zu einer Datierung in das 4. Jh. (München 252. H. 0,39).

242a (gegenüber) Eine Gruppe von Tänzerinnen mit niedrigen Kronen und kurzen Gewändern; offenbar eine Schöpfung des späten 5. Jhs., die in mehreren Reliefs kopiert wurde. Oft mit den „lakonischen Tänzerinnen" des Kallimachos gleichgesetzt, für die auch die Tracht passen könnte.

243a (gegenüber) Eine Gruppe von tanzenden Mänaden mit ausgreifenden Bewegungen und dicht sich an den Körper anlegenden Gewändern; offenbar wie Abb. 242 eine Schöpfung des späten 5. Jhs., die in mehreren Reliefs kopiert wurde. Ebenfalls häufig mit Kallimachos in Verbindung gebracht.

Die Qualität sowohl der Ausführung wie der Komposition muß außergewöhnlich gewesen sein. Die düstere Atmosphäre der Grabreliefs ist hier in mythologische Szenen hineingetragen worden, die nicht durch die auftretenden Personen, sondern durch die allgemeine, allerdings nicht einfach zu bestimmende Thematik zusammengeschlossen werden. In jedem der Reliefs geht es um die Erlangung der Unsterblichkeit durch Heroen oder Sterbliche. Jedes spricht von intimen persönlichen Beziehungen – zwischen Mann und Frau [*239.1*], zwischen Waffenbrüdern [*239.3*], zwischen Vater und Kindern [*239.2*] und zwischen Heros und bewundernden Nymphen [*239.4*]. Hermes, als dritte Person auf zwei der Reliefs, vermittelt eine sepulkrale Atmosphäre: er ist der übliche Mittelsmann zwischen den beiden Welten; dennoch lassen sich die Reliefs unmöglich einem klassischen Grabmonument zuordnen, sie könnten aber ein Monument oder einen Preis getragen haben, der mit dem Theater in Verbindung stand. Die Originale müssen aus der Zeit um 410 stammen, als Sophokles und Euripides am Ende ihres Wirkens standen. Sie bieten keine Illustrationen zu deren Stücken, aber sie spiegeln deutlich die Stimmung vieler Werke der Tragödiendichter wider.

Kapitel 17

SCHLUSSBETRACHTUNG

Zwei allgemeine Probleme – die der Nacktheit und des Porträts – müssen hier kurz erörtert werden, bevor wir im Rahmen unserer Möglichkeiten eine Beurteilung dessen wagen, was die Leistung der griechischen Plastik im 5. Jh. gewesen ist.

Die heutige westliche Welt akzeptiert die künstlerische Qualität der Nacktheit – sei es bei Mann oder Frau –, da sie durch die erhaltenen Denkmäler der klassischen Antike sowie durch deren Wiederbelebung in Renaissance und Klassizismus darauf eingestellt ist. Die Nacktheit ist durchaus respektabel, kann sogar „heroisch" sein – ein Begriff, der fälschlicherweise manchmal auch auf ihre Verwendung im klassischen Griechenland angewandt wird. Im Leben ist sie keineswegs akzeptabel – wir verfolgen „Blitzer" oder erotisches Zurschaustellen und dulden sie nur auf der Bühne oder Leinwand, wenn die Handlung ihren Einsatz glaubwürdig erfordert (wieder „Kunst"). Im klassischen Griechenland war die Nacktheit (nur für Männer) im täglichen Leben in der Tat akzeptabel. Sportler traten beim Training oder im Wettkampf nackt auf, und auch zur Schlacht konnte man fast nackt antreten. Junge und auch reifere Männer machten sich nicht die Mühe, ihre intimeren Körperteile bei Festlichkeiten und zweifellos auch bei gewöhnlicheren öffentlichen Anlässen zu verbergen; im Namen der Religion waren realistische Schaustellungen phallischen Charakters an der Tagesordnung – man sah sie an jeder Straßenecke (vgl. GPAZ Abb. 169; RVAAZ Abb. 330, 340, 364; und oben S. 230). Ausländer gaben ihre Kommentare zu diesem seltsamen Verhalten ab, und den Griechen war klar, daß dies einer von den Punkten war, in denen sie sich von den „Barbaren" unterschieden. In der griechischen Kunst konnte demnach die Nacktheit keinen besonderen „künstlerischen“ Assoziationsgehalt vermitteln, auch konnte sie nicht ausschließlich eine spezifische Klasse bezeichnen, wie etwa den Heros oder den Gott. Es handelt sich um ein sehr komplexes Problem, und die hier geäußerte Ansicht wird noch nicht in weiteren Kreisen geteilt, doch muß klar sein, daß man über die Nacktheit in der Kunst im 5. Jh. ganz anders dachte, als wir es heute tun. Der männliche Akt empfahl sich den Künstlern, da die Modelle leicht verfügbar waren, da die tektonische Struktur des männlichen – nicht des weiblichen – Körpers sich zum Studium anatomischer Muster und Proportionen anbot, und da er ständig in der bildlichen Wiedergabe der mythischen Geschichte verwendet wurde. Der weibliche Akt wird vor dem 4. Jh. nur als religiöses Motiv (der Fruchtbarkeit) (vgl. GPAZ Abb. 19, 23, 26–7; SVA Abb. 317), als Mittel, das Mitgefühl zu erwecken, oder auf Vasen als magisches bzw. erotisches Moment, oder bei der Schilderung des Kurtisanenlebens verwendet (wie RVAAZ Abb. 27, 38, 71, 122, 176, 224–5, 321). Er dient nicht als „Kunstform“ oder als Mittel, die sinnlichen Charakteristika des weiblichen Körpers zu verdeutlichen, so wie die Charakteristika der Kraft bei der Darstellung des männlichen Körpers betont wurden. Aus dieser Situation heraus wird auch klar, daß sich die klassischen Künstler viel mehr mit dem nackten männlichen Körper beschäftigten, als es eine plausible oder realistische Schilderung des Lebens (einschließlich des Lebens, das in das Gewand des Mythos gekleidet war) je verlangt hätte. Ein starker oder schöner Gott, Heros oder Mensch kann nackt gezeigt werden, muß es aber nicht. Das hing nur davon ab, was Thema und Szenerie verlangten, und manchmal auch davon, ob der Gegensatz zwischen nacktem und bekleidetem Körper hervorgehoben werden sollte wie bei [*152*].

Die idealisierende Tendenz der attischen Plastik vor allem in Athen wird durch den männlichen Akt begünstigt. Es ist eine Tendenz, die der individuellen Charakterisierung von Körper oder Gesichtszügen entgegensteht. Erst als sich die Waagschale entschieden zugunsten des Realismus in der Kunst senkte und die (in Griechenland nie ganz vergessene) idealisierende Schau in den Hintergrund trat, konnte die echte Porträtkunst ohne Widerstand konzipiert oder realisiert werden. Vorher hatte man eine Figur – sei es nun Gott oder Mensch – durch ihr Alter, Gewand und Attribute, oder durch eine Inschrift gekennzeichnet. Doch es gibt Ansätze zu einer Porträtkunst im 5. Jahrhundert, und die Karikatur war mit Sicherheit bereits wohlbekannt, so daß man eine Figur durch die Übertreibung unregelmäßiger Gesichtszüge kenntlich machen konnte. Auch bei der Wiedergabe ethnischer Unterschiede waren die Künstler schon einigermaßen erfolgreich (wie RVAAZ Abb. 23, 126, 336; vgl. 258, 377 (Zwerge); 222). In der Welt Ostgriechenlands finden sich auf Münzen und Gemmen [*244*] spezifische Charakterisierungen – bezeichnenderweise nur bei männlichen Köpfen –, und, zumal wenn ethnische Charakteristika hinzutreten wie bei Persern, auch ein benennbarer Kopf, der schon fast ein Porträt sein muß [*245*]. In der Literatur werden Porträts erwähnt, aber im 5. Jh. handelt es sich dann – zumindest bis kurz vor dem Jahrhundertende – ausschließlich um solche von Verstorbenen, mögen sie auch erst seit kurzem tot sein. Harmodios und Aristogeiton [*3*], der Perikles des Kresilas [*188*] und Anakreon [*235*] waren keine Porträts; und sie zeigten, wie das in der Plastik der klassischen Zeit üblich war, die ganze Figur und nicht nur den Kopf oder die Büste. Wieder aber hören wir aus der ostgriechischen Welt von anderen Porträts aus dem 5. Jh. – so des Themistokles in Magnesia, nachdem er aus Athen geflohen war. Es ist wahrscheinlich, daß dieser Teil der Welt bei der Entwicklung einer Darstellungsweise, die sich dem echten Porträt näherte, führend war – anfangs vielleicht eher in Studien von Köpfen als von ganzen Figuren. Eine inschriftlich bezeichnete Hermenkopie eines Themistoklesporträts in Ostia [*246*] zeigt einige unbezweifelbare Züge des strengen Stils; sollten diese anachronistisch sein (er starb 460), so wäre das eine bemerkenswerte Leistung, und deswegen hält man das Werk häufig für eine Kopie nach einem Original des 5. Jhs. Andere Köpfe des 5. Jhs., in denen manche Gelehrte Porträts erkannt haben, sind der Kopf von Porticello [*37*] und ein weiterer aus Kyrene (es sei bemerkt: beide sind Bronzeoriginale).

Anfänge der Porträtkunst und Ausdruck der Gemütsverfassung in den Gesichtszügen; die Wahl des männlichen Aktes als Hauptthema der figürlichen Kunst; die erste Darstellung der menschlichen Gestalt in der Kunst der Welt, die ein volles Verständnis

244 Abdruck von einer Gemme aus blauem Chalzedon, von Dexamenos aus Chios signiert. Der charakteristische Kopftypus erscheint auf zwei weiteren Gemmen, die demselben Künstler zuzuschreiben sind, dort jedoch ohne Bart. Um 440. (Boston 23.580. H. 20 mm).

245 Münze des Tissaphernes, eines persischen Satrapen (Gouverneurs) im westlichen Kleinasien. Münzstempel und „graeco-persische" Gemmen, die für die westlichen persischen Satrapien (Provinzen) und Klientelkönigreiche angefertigt wurden, sind stark von der griechischen Kunst beeinflußt und viele sind wohl, wie auch diese Münze, von Griechen gearbeitet. Spätes 5. Jh. (London. H. 28 mm. Abguß).

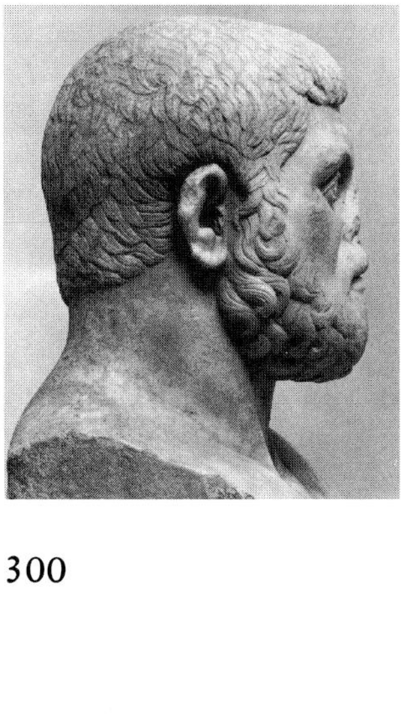

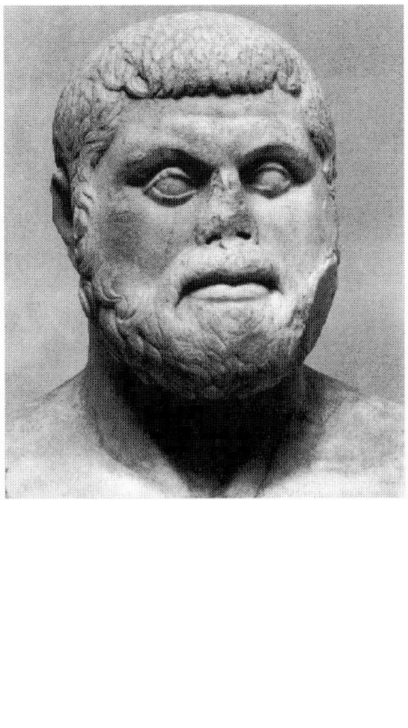

246 Kopie eines Porträts des Themistokles, auf einer Herme aus Ostia. Das Original stammt aus der Zeit um 460 (?). Eine Statue von ihm stand auf dem Marktplatz von Magnesia (belegt bei Thukydides) und eine weitere in Athen (Pausanias). (Ostia. H. des Kopfes 0,26).

des menschlichen Körpers erkennen läßt; die Anwendung von Proportionstheorien bei der Abbildung der Natur; subtiles Erzählen im Dienst des Kults oder (und) der Politik; der kolossale Maßstab in Elfenbein, Gold und kostbaren Steinen; die Miniatur (Münzen und Gemmen gebührt ein Platz in diesem Zusammenhang). Die vielen Aspekte der Plastik des 5. Jahrhunderts, die in diesem Buch im Text und vor allem in den Abbildungen vor Augen geführt wurden, scheinen schon fast nichts Besonderes mehr zu sein, da sie uns so vertraut sind. Das oberflächliche Anschauen dieser Werke, sei es im Bild, im Abguß oder im Original, bringt uns keine Erklärung für sie; ja, ihre Vertrautheit lähmt sogar bis zu einem gewissen Grad das Wahrnehmungsvermögen. Wir erfassen ihre Qualität manchmal in der Detailbetrachtung, manchmal indem wir sie als Ganzes sehen oder sie uns in ihrer Umgebung vorstellen, aber wir müssen dabei Phantasie und genaues Sehen gleichermaßen üben. Ein Verständnis dessen, was vorausgegangen war, was andere alte Kulturen geleistet hatten, was nachher kommen und die kontinuierliche Entwicklung der abendländischen Kunst prägen sollte, ist notwendiger Bestandteil eines jeden Versuches der Würdigung. Und gleichermaßen gehört dazu ein Verständnis auch des Lebens, der Politik und der sonstigen Künste eines Volkes, das sich auf so bemerkenswerte Weise dafür entschied, sich in derartig reichem Maße in Abbildern des Menschen auszudrücken – in einer Kunst, der es gelingt, menschlich zu sein und gleichzeitig übermenschlichen Idealen zu dienen. Eine volle Würdigung liegt außerhalb unseres geistigen Bereiches, aber der Versuch ist vielleicht schon Lohn genug.

ABKÜRZUNGEN

AA	Archäologischer Anzeiger
AAA	Athens Annals of Archaeology
A Delt	Archaiologikon Deltion
AE	Archaiologike Ephemeris
AJA	American Journal of Archaeology
AK	Antike Kunst
AM	Athenische Mitteilungen
Ann	Annuario della Scuola Archeologica di Atene
AntPl	Antike Plastik
AvP	Altertümer von Pergamon
BABesch	Bulletin van de Vereeniging tot Bevordering der Kennis van de Antieke Beschaving
Basel	Parthenon-Kongreß Basel. Referate und Berichte (1984)
BCH	Bulletin de Correspondance Hellénique
Bieber	M. Bieber, Ancient Copies (1977)
BSA	Annual of the British School at Athens
GPAZ	J. Boardman, Griechische Plastik. Die archaische Zeit (1981; deutsche Ausgabe von: Greek Sculpture: The Archaic Period [1978])
Helbig	W. Helbig, Führer durch die öffentlichen Sammlungen klassischer Altertümer in Rom I–IV (4. Aufl., 1966–72)
JdI	Jahrbuch des Deutschen Archäologischen Instituts
JHS	Journal of Hellenic Studies
Kat. Berlin	C. Blümel, Katalog der Sammlung antiker Skulpturen III (1928) K 1–115; IV (1931) K 121–189. Hier werden die K-Nummern zitiert.
Kat. Boston	M.B. Comstock/C.C. Vermeule, Sculpture in Stone, Boston (1976)
Kat. München	B. Vierneisel-Schlörb, Katalog der Skulpturen II (1970)
Kat. New York	G.M.A. Richter, Catalogue of the Greek Sculptures (1954)
Kat. Terme	A. Giuliano (Hrsg.), Museo Nazionale Romano, Le sculture I,1 (1979)
LIMC	Lexicon Iconographicum Mythologiae Classicae
Lullies/Hirmer	R. Lullies/M. Hirmer, Griechische Plastik (1960)
RA	Revue Archéologique

Richter, PG	G.M.A. Richter, Portraits of the Greeks (1965)
Richter, SS	G.M.A. Richter, Sculptures and Sculptors of the Greeks (1970)
Ridgway, FC	B.S. Ridgway, Fifth-Century Styles in Greek Sculpture (1981)
Ridgway, SS	B.S. Ridgway, The Severe Style in Greek Sculpture (1970)
RM	Römische Mitteilungen
Robertson	M. Robertson, History of Greek Art (1975)
RVAAZ	J. Boardman, Rotfigurige Vasen aus Athen. Die archaische Zeit (1981; deutsche Ausgabe von: Athenian Red Figure Vases: The Archaic Period [1975])
SVA	J. Boardman, Schwarzfigurige Vasen aus Athen. Ein Handbuch (1977; deutsche Ausgabe von: Athenian Black Figure Vases. A Handbook [1974])

ANMERKUNGEN UND BIBLIOGRAPHIE

ALLGEMEINE WERKE

M. Robertson, *History of Greek Art* (1975) gibt einen guten Überblick über die Plastik des 5. Jhs. im Zusammenhang mit der übrigen griechischen Kunst mit wertvollen Anmerkungen. C. Picard, *La sculpture antique* II (1939) ist veraltet, aber sehr umfassend. W. Fuchs, *Die Skulptur der Griechen* (1983) legt die Plastik geordnet nach Typen vor; dasselbe gilt für G.M.A. Richter, *Sculptures and Sculptors of the Greeks* (1970), wo die literarischen Quellen zu den Bildhauern gut zusammengefaßt werden. Die beiden Monographien von B.S. Ridgway *(SS* und *FC)* behandeln viele Probleme ausführlich, wenn auch gelegentlich auf sehr eigenwillige Weise. G. Lippold, *Die griechische Plastik* (1950) ist ein das gesamte Material einbeziehendes Handbuch; es ist jedoch veraltet und wird durch W. Fuchs ersetzt. C. Houser, *Greek Monumental Bronze Sculpture* (1983) bringt Großphotos von Originalbronzen.
Zu den Themen: K. Schefold, *Die Göttersage in der klassischen und hellenistischen Kunst* (1981) und *LIMC.*
Zu verwandten Medien: R.A. Higgins, *Greek Terracottas* (1967); J. Boardman, *Greek Gems and Finger Rings* (1970); W. Lamb, *Greek and Roman Bronzes* (1929).

Die Anmerkungen sind selektiv; sie führen den Leser zu weiteren Abbildungen oder Meinungsäußerungen (mit denen der Autor nicht immer unbedingt übereinstimmt).

1 TECHNIKEN UND QUELLEN

Techniken
Allgemein und zur Steinplastik: S. Adam, *The Technique of Greek Sculpture* (1966); C. Blümel, *Griechische Bildhauer an der Arbeit* (1941^2); *The Muses at Work* (hrsg. v. C. Roebuck, 1969) 96 ff. (Ridgway); A. Stewart, *BSA* 70, 199 ff. – laufender Bohrer; D. Haynes in *Wandlungen* (Fs. Homann-Wedeking, 1975) 131 – Politur.
Punktiermethode: G. Richter, *Ancient Italy* (1955) 105 ff.; *RM* 67, 52 ff.; B. Ridgway, *Cat. Class. Coll. Rhode Island* (1972) Nr. 8.
Farbe: P. Reutersward, *Studien zur Polychromie der Plastik* (1960); S. Karousou, *ADelt* 31, 9 ff. – Hintergründe.
Material: R.E. Wycherley, *BSA* 68, 349 ff. – zur Identifikation von pentelischem Marmor; J. Frel, *AAA* 5, 73 ff. – Reparaturen; A. Dworakowska, *Quarries in Ancient Greece* (1975); D.R.C. Kempe in *Petrology of Arch. Artefacts* (hrsg. v. Kempe, 1983) 80 ff.
Akrolithe aus Stein und Holz: Athena Areia des Phidias (Pausanias); C. Blinkenberg, *Die lindische Tempelchronik* (1915) C 29 ff. – Gorgo; R. Meiggs, *Trees and Timber* (1982) Kap. 11.

Bronze: D. Mitten/S. Doeringer, *Master Bronzes* (1968) 7 ff.; D. Haynes (vor allem zum indirekten Guß) *AA* 1962, 803 ff.; 1970, 450 ff.; *RA* 1968, 101 ff. – zu [*12*]; *JHS* 101, 136 ff. J. Hemelrijk (zum direkten Guß in Teilstücken) – *BABesch* 57, 6 ff.; C. Mattusch, *Casting Techniques* (Diss. 1975) und *AJA* 84, 435 ff.; P.C. Bol, *Olymp. Forsch.* IX (1978) 71 ff.; J. Frel, *The Getty Bronze* (1978) – zum Inneren einer Statue des 4. Jhs. Zum Wachs: J. Noble, *AJA* 79, 368 ff.; R. Raven-Hart, *JHS* 78, 87 ff.

Quellen

Originale: J.J. Pollitt, *Trans. Amer. Phil. Ass.* 108, 155 ff. – griechische Statuen in Rom; E. Paribeni, *8. Convegno Magn. Grec.* 1968 (1969) 83 ff. – griechische Originale in Rom; M. Pape, *Griechische Kunstwerke aus Kriegsbeute* (1975).
Kopien: Bieber, *Copies*; A.W. Lawrence, *Greek and Roman Sculpture* (1972) 242 ff. – Griechische Stile in Rom: H. Lauter, *Chron. röm. Kopien nach Orig.* (1969). Gipsabgüsse: C. v. Hees-Landwehr, *Der Fund von Baia* (1982). Kopien in Bronzeabgüssen: C. Mattusch, *AJA* 82, 101 ff. Werkstätten in Athen: *Agora* XIV 187 f. Lukian, *Iupp. trag.* 33.
Münzen: F. Imhoof-Blumer/P. Gardner, *Num. Comm. on Paus.* (1877; Nachdr. 1964). L. Lacroix, *Les réproductions des statues sur les monnaies gr.* (1949). G. Horster, *Statuen auf Gemmen* (1970).
Literarische Quellen: G. Richter, *SS* – Zusammenfassungen zu jedem Bildhauer. J. Overbeck, *Die antiken Schriftquellen* (1868; Nachdr. 1971) – die kompletten Schriftquellen im Original. H. Stuart-Jones, *Select Passages . . . Gr. Sc.* (1895) – Originaltexte und Übers. K. Jex-Blake/E. Sellers, *The Elder Pliny's Chs. on the History of Art* (1896) – Text, Übers. und Kommentar. J.J. Pollitt, *The Art of Greece 1100–31 BC* (1985) – ausgewählte Übers., und *The Ancient View of Greek Art* (1974). *Pausanias* – Penguin Classics (Übers. P. Levi, 1971) und Bibl. der alten Welt (Übers. E. Meyer, 1967).

3 FRÜHKLASSISCHE MÄNNER UND FRAUEN: I

[*3–9*] Robertson, 185 f.; Ridgway, *SS* 79 ff., 90 f.; B. Shefton, *BSA* 64, 173 ff. – er vertauscht die Plätze; S. Brunnsåker, *The Tyrant-Slayers*² (1971); M. Weber, *AA* 1983, 198 f. – Kopien der späteren Gruppe: J. Frel, *AM* 91, 185 ff. – Elgin-Thron [*9*]; v. Hees-Landwehr, a.O. 24 ff. – Baiae [*4*].
[*10*] Ridgway, *SS* 41. [*11*] von Hees-Landwehr, a.O. 21; O. Palagia ist der Meinung, der Abguß stamme von einem Original, das in der Kopie einer Zeusstatue in Olympia überliefert sei, *AAA* 6, 61. [*12*] A. Wace, *JHS* 58, 90 ff. (vgl. 255); D. Haynes, *RA* 1968, 101 ff. – Technik; *LIMC* Apollon 561. [*13*] Mitten/Doeringer, a.O. Nr. 83. [*14*] A. Neugebauer, *Kat. Bronzen Berlin* II Nr. 6.
R. Tölle-Kastenbein, *Frühkl. Peplosfiguren* (1980) – Originale (die Kopien werden in *AntPl* XX erscheinen; Rez. Ridgway, *Bonner Jb.* 182, 626 ff.): Nr. 13 c [*15*], 19 b [*16*], 28 a [*17*]. L.K. Congdon, *Caryatid Mirrors of Ancient Greece* (1981) Nr. 31 [*16*].
H.G. Niemeyer, *AntPl* III 7 ff. – Bronzen, Männer, Frauen, Athena; R. Thomas, *Athletenstatuetten* (1981).

4 OLYMPIA

B. Ashmole/N. Yalouris, *Olympia* (1967); Ashmole, *Architect and Sculptor* (1972) Kap. 1–3; Robertson, 271 ff.; Ridgway, *SS*. Kap 2; *Olympia* III (1897) 95 ff. und *JdI* 4, 266 – Fundorte; S. Stucchi, *Ann.* 30/32, 75 ff. – Reparaturen, Umgruppierung der Metopen; H.V. Herrmann, *Olympia* (1972) 128 ff., Anm. 519 – Reparaturen, Anm. 513 – Fundorte; M.L. Säflund, *East Ped. Olympia* (1970); P. Grunauer, *JdI* 89, 1 ff. (W-Giebel) und *Ol. Bericht* X 281 ff. (O-Giebel); H. Gertman, *BABesch* 57, 20 ff. (Metopen); L.H. Jeffery in *Philias Charin* (Misc. E. Manni, 1979) 1233 ff. – Akrotere, Bildhauer. Ebenfalls zur Identifizierung der Figuren: C. Kardara, *AE* 1965, 168 ff. – Sterope und Hippodameia; *ADelt* 25, 12 ff. und *Rel. and Pol. Sign. of the Ol. Ped.* (1978) – jugendlicher Zeus; K. Schefold in *Class. et Prov.* (Fests. E. Diez, 1978) 177 ff. – Ost E = Chrysippos; E. Simon, *AM* 83, 160 ff. – Ost L = Amythaon; R.M. Gais, *AJA* 82, 355 ff. – Flußgötter?

5 FRÜHKLASSISCHE MÄNNER UND FRAUEN: II

[*24–6*] Ridgway, *SS* 101 ff.; H. Hiller, *AA* 1972, 47 ff.; R. Fleischer, *AA* 1983, 33 ff.; Helbig, 123, vgl. 341, 1502. [*27*] Ridgway, *SS* 36 f. [*28*] ibid. 35 f., 64. [*29*] Tölle-Kastenbein, a.O. Nr. 8 c. [*30*] Ridgway, *SS* 39. [*31*] A.M. Woodward, *BSA* 26, 253 f.; Ridgway, *SS* 39. [*32*] *Hesperia* 39, 117 ff. [*33*] *Ol. Bericht* V 103 ff.; Lullies/Hirmer, Tf. 105, V. [*34*] F. Chamoux, *L'Aurige* (1955); Robertson, 188 ff. [*35*] C. Karousos, *ADelt* 13, 41 ff.; Ridgway, *SS* 62 f., 111 f. (Römische Platte mit dem Typus als Poseidon); Robertson, 196 f.; R. Wünsche, *JdI* 94, 77 ff. – Zeus. [*36*] *AE* 1899, 57 ff. [*37*] Ridgway, *FC* 120 ff.; *Antike Welt* 4, Frontisp. [*38–9*] Ridgway, *FC* 237 ff. – spät; W. Fuchs in *Praestant Interna* (Fests. Hausmann, 1982) 34 ff. und *Boreas* 4, 25 ff.; A. Giuliano, *Xenia* 2, 55 ff. und 3, 41 ff.; C.O. Pavese, *Stud. Class. e Or.* 32, 1 ff. – B nach A; A. Busignani, *Gli Eroi di Riace* (1981).

6 FRÜHKLASSISCHE RELIEFPLASTIK

Ridgway, *SS* 48 ff. [*40–1*], 106 [*43*], 46 [*44*], 53 [*45*], 50, 55 [*46*], 46 ff. [*51–2*], und *FC* 65 [*48*], und *AJA* 71, 307 ff. [*44*]. E. Berger, *Das Basler Arztrelief* (1970) Abb. 22 [*57*], 23 [*58*], 37 [*49*], 40 [*50*], 51–3 [*43*], 54 [*44*], 138 f. [*54*], 144 (Leukothea s. zu [*53*]), 159 [*56*]. G. Neumann, *Probleme des gr. Weihreliefs* (1979) Tf. 17 b [*53*], 20 a [*41*], 20 b [*40*], 21 [*44*].

[*41*] F. Chamoux, *BCH* 81, 141 ff. – mit terma, Robertson, 178 – trauernd; H. Kenner, *Anz. Öst. Akad.* 114, 379 ff. – Psychopompos, politisch. [*43–4*] *Guide de Thasos* (1968) 37–9, 126, 168. [*45*] C. Karousos, *JHS* 71, 96 ff.; *LIMC* Aphrodite 1112. [*46–7*] Robertson, 203 ff.; *Kat. Terme* Nr. 48; G. Gruben, *Münch. Jb. bild. Kunst* 23, 25 ff. – Ecken; *Kat. Boston* Nr. 30; W.J. Young/ B. Ashmole, *Bull. Boston MFA* 66, 124 ff. – antik; M. Guarducci, *Mem. Lincei* 24, 506 – modern. [*48*] Ridgway, *FC* 65. K.F. Johansen, *Attic Grave Reliefs* (1951) Abb. 6 [*56*], 62 [*49*], 66 [*51*], 71 [*42*], 73 [*54*], 74 (Leukothea). H. Hiller, *Ion.*

Grabreliefs (1975) O 11 [*50*], O 16 [*49*], K 6 [*53*], K 7 [*58*], K 8 [*51*], 12 (Leukothea). E. Pfuhl/H. Möbius, *Die ostgr. Grabreliefs* (1977) Nr. 12 [*50*], 14 [*49*]. [*53*] N. Kontoleon, *Aspects* (1970) 1 ff. und *AE* 1974, 13 ff.; C. Clairmont, *Zeitschr. Pap. Epigr.* 26, 119 ff. [*54*] R. Hampe, *Die Stele aus Pharsalos* (1951). [*54–5*] H. Biesantz, *Die thessalischen Grabreliefs* (1965) K 36, K 4. [*59*] W. Schild-Xenidou, *Boiot. Grab- und Weihreliefs* (1972) Nr. 8; *Kat. Boston* Nr. 18.

7 NAMEN UND ZUWEISUNGEN

Richter, *SS* 154 ff. – Quellen; Ridgway, *SS* Kap. 6.
Kritios und Nesiotes: A. Raubitschek, *Dedications Ath. Acr.* (1949) 513 ff.
Pythagoras: Ridgway, *SS* 83 f.
Kalamis: J. Dörig, *JdI* 80, 138 ff. – Zuweisung von [*69, 208, 221, 225, 229*]; W.M. Calder, *Gr. Rom. Byz. Stud.* 15, 271 ff. – Athener; Ridgway, *SS* 87.
Myron: Robertson, 339 ff.; Ridgway, *SS* 85 f., 89; G. Daltrop, *Il gruppo mironiano* (1980); [*60*] *Kat. Terme* Nr. 120; [*62*] B. u. K. Schauenburg, *AntPl* XII 47 ff.

8 ANDERE KOPIEN FRÜHKLASSISCHER WERKE

[*65*] L.K. Congdon, *AJA* 67, 7 ff.; *LIMC* Apollon 200 a, Apollo 39. [*66–7*] Robertson, 194 f.; Ridgway, *SS* 61 ff.; G. Richter, *Kouroi* (1960) Nr. 197; *LIMC* Apollon 599, Apollo 36. [*68*] Ridgway, *FC* 184 f.; E. Schmidt, *AntPl* V; *LIMC* Apollon 295, Apollo 41. [*69*] *Kat. Terme* Nr. 130; Helbig 2253; *LIMC* Apollon 600, Apollo 38. [*70*] Ridgway, *SS* 132. [*71*] Helbig 1771. [*72*] G. Hafner, *AA* 1952, 86 ff.; G. Fuchs, *AA* 1967, 407 ff.; *Kat. Boston* Nr. 139. [*73*] Ridgway, *SS* 73; Helbig 2324, Kopf von 1085 (Vatikan); *Kat. Terme* I, 2 Nr. 89. [*74*] Helbig 3329; *LIMC* Aphrodite 139. [*75*] P. Orlandini, *Calamide* (1950) 88 ff.; Robertson, 192 f. und *J. Warburg/Courtauld* 20, 1 f.; *LIMC* Aphrodite 148. [*76*] Helbig 351; Ridgway, *SS* 114 ff.; W. Fuchs, *Die Vorbilder der neuattischen Reliefs* (1959) 59 ff.; T. Stephanidou-Tiveriou, *Neoattika* (1979) 138 ff. – Piräus.
Tänzerinnen aus Herculaneum: Ridgway, *SS* 144 f.; Robertson, 192 f.; L. Forti, *Le danzatrici di Ercolano* (1959).

10 DER PARTHENON

F. Brommer, *Die Parthenonskulpturen* (1979) bietet den bequemsten Überblick, zu den Details s. seine zwischen 1963 und 1977 erschienenen Monographien (s.u.). *Basel* berichtet über wichtige neue Theorien zum Bau und seinen Skulpturen; Berichte über die Arbeiten in Basel bringt E. Berger in *AK* 19 und später. Nützliche Werke aus jüngerer Zeit sind: Robertson, 292 ff.; B. Ashmole, *Architect and Sculptor* (1972) Kap. 4 u. 5 (bes. zur Technik); Ridgway, *FC; Parthenos and Parthenon* (Greece and Rome Suppl., 1963 mit 23 ff. zu den Bauabrechnungen); R.E. Wycherley, *Stones of Athens* (1978) Kap. 4; H. Knell, *Perikleische Baukunst* (1979); G.P. Stevens, *Hesperia* Suppl. 3 – Ansichten.
Testimonia bei A. Michaelis, *Der Parthenon* (1871). T. Bowie/D. Thimme,

The Carrey Drawings of the P. Sculpture (1971). Kult – C.J. Herington, *Athena Parthenos and Athena Polias* (1955); D.M. Lewis, *Scripta Class. Israel* 5, 28 f. – Peplos zum Parthenon? Zur mittlerweile allgemein abgelehnten Theorie, daß es einen vorperikleischen kimonischen Plan gab, s. R. Carpenter, *The Architects of the P.* (1970), als Antwort W.B. Dinsmoor jr., *AJA* 75, 339 f. F. Preisshofen in *Basel* – ein Schatzhaus; Brommer in *Basel* – Hände; N. Himmelmann in *Bonner Festg. J. Straub* (1977) 67 ff. – Rolle des Phidias; G. Despinis, *Parthenoneia* (1982).

Giebel

F. Brommer, *Die Skulpturen der P.-Giebel* (1963); *Basel.*

West: E. Harrison in *Essays Hist. Art* (Fests. R. Wittkower, 1967) 1 ff. – Benennungen; H.A. Thompson, *Hesperia* 19, 103 ff. – Triton von der Agora [*81*] und M; E. Simon in *Tainia* (Fests. R. Hampe, 1980) 239 ff. – Blitz des Zeus (Vase in Pella – Despinis a.O. 65); N. Yalouris in *Basel* – Ketos; W. Fuchs, *Boreas* 6, 79 f. – Poseidon; R. Lindner, *JdI* 97, 303 ff. – Eleusis [*82*]; R.M. Gais, *AJA* 82, 355 ff. – keine Flußgötter.

Ost: E. Berger, *Vorbemerkungen* (1958) und *Die Geburt der Athena* (1974); Despinis a.O. – „Hera" und Plazierung von H (nicht Hephaistos) rechts der Mitte, Leier für Apollon, Madrider Puteal [*83*]; E. Harrison, *AJA* 71, 27 ff. – Benennung, Anordnung der Götter entsprechend ihren Kultplätzen in Athen – und *Fests. Brommer* (1977) 155 ff. – L als Themis; E. Pochmarski in *Basel* – D als Ares; A. Delivorrias in *Praestant Interna* (Fests. Hausmann, 1982) 41 ff. – Zeus; H. Walter in *Stele* (Mnem. N. Kontoleon, 1979) 448 ff.; I. Beyer, *AM* 89, 123 ff. und 92, 101 ff.

Metopen

F. Brommer, *Die Metopen des P.* (1967); C. Praschniker, *P. Studien* (1928) – besonders für N und W.

West: B. Wesenberg, *AA* 1983, 203 ff. – Amazonen.

Nord: J. Dörig in *Basel* – Identifikationen, auch Szenen vor der Einnahme.

Ost: M. Tiverios, *AJA* 86, 227 ff.

Süd: N. Himmelmann in *Stele* (s.o.) 161 ff.; J. Dörig, *MusHelv* 35, 221 ff. – Könige/Heroen, politisch; E. Simon, *JdI* 90, 100 ff. – Ixion; M. Robertson in *Studies von Blanckenhagen* (1979) 78 ff. und *Basel* – Daidalos; B. Wesenberg in *Basel* und *JdI* 98, 57 ff. – ursprünglich geplante Anbringung über den Eingängen; B. Fehr, *Hephaistos* 4, 37 ff. – Geschichten der Phaidra und Alkestis = schlechte und gute Frauen.

Fries

F. Brommer, *Der P. Fries* (1977); M. Robertson/A. Frantz, *The P. Frieze* (1975). C. Kardara, *AE* 1961. 2, 61 ff. – erste Panathenäen; R. Holloway, *Art Bulletin* 48, 223 ff. – Ersetzen archaischer Weihungen; Boardman in *Fests. Brommer* (1977) 39 ff. und *Basel* – Marathon; U. Kron, *Die zehn att. Phylenheroen* (1975) 202 ff. und *Basel* – Heroen und Herakles für Ost 25; P. Fehl, *J. Warburg/Courtauld* 24, 1 ff. – Felsen (s. auch G. Waywell in *Basel*); E. Harrison in *Gr. Num. and Arch.* (Essays M. Thompson, 1979) 71 ff. und *Basel* – Felsen und verschiedene Zeiten für N und S; E.G. Pemberton, *AJA* 80, 112 ff. – Götter und Kulte; H. Kenner, *Anz. Öst. Akad.* 118, 273 ff. – Götter, Hekate für Ost 26, und

Basel; W. Gauer in *Basel* – Handlung in der Agora; E. Simon, *AM* 97, 127 ff. und *Festivals of Attica* (1983) Kap. 4 – verschiedene Opfer auf N und S, Hocker im Osten für die fehlenden Ge und Pandrosos.

Akrotere
Ridgway, *FC* 71; J. Binder in *Fests. Brommer* (1977) 29 ff.; A. Delivorrias in *Basel.*

Athena Parthenos
N. Leipen, *Athena Parthenos, a reconstruction* (1971) [*106*]; Bieber, Abb. 398–408; J. Prag, *JHS* 103, 151 f. und *Basel*; C.C. Vermeule in *Basel* [*100*]; Boardman, *Gymnasium* 74, 508 f. – Wasser; G. Korres in *Basel* – Fenster; E. Harrison in *Eye of Greece* (Studies M. Robertson, 1982) 53 ff. – Kopf der Nike [*105*]; Ridgway, *FC* 161 ff., 185 – Nike [*104*]; G. Hafner, *Städel Jb.* 5, 7 ff. – Sphinx auf dem Helm; W.H. Schuchhardt, *AntPl* II 31 ff. [*97*]; *LIMC* Athena 212–33, Minerva 142–3.

Schild der Parthenos
Leipen a.O. und *Basel*; V.M. Strocka, *Piräusreliefs und P. Schild* (1967) und *Basel*; T. Hölscher/E. Simon, *AM* 91, 115 ff.; E. Harrison, *AJA* 85, 281 ff. [*110*]; Stephanidou-Tiveriou a.O. – Piräus; J. Floren, *Boreas* 1, 36 ff.; A. v. Salis, *JdI* 55, 90 ff. – Inneres.

11 ANDERE ARCHITEKTURPLASTIK IN ATTIKA

Agora XIV; J.S. Boersma, *Athenian Building Policy* (1970) – Bibliographie und Überblick über alle Bauten; A. Delivorrias, *Attische Giebelskulpturen* (1974) – Giebel und anderes: Tf. 10 a [*115*], 16 [*116*], 36 [*117*], 44 [*118*], 48 [*119*]. [*117*] K. Stähler, *AA* 1976, 58 – von einem Staatsgrab.

Hephaisteion: H. Koch, *Stud. zum Theseustempel* (1955); H.A. Thompson, *Hesperia* 18, 230 ff. – Giebel, und *AJA* 66, 339 ff.; C. Morgan, *Hesperia* 31, 210 ff. – Metopen, Friese – und 32, 91 ff. – Giebel, Kultstatuen; Delivorrias a.O. Kap. 2; S. v. Bockelberg, *AntPl* XVIII 23 ff. – Friese; E. Harrison, *AJA* 81, 137 ff., 265 ff., 411 ff. – Kultstatuen und Basis, aber nicht für diesen Bau; J. Dörig, *AK* 26, 59 ff. – Ostfries zeigt Erechtheus gegen Eumolpos.

Sunion: *AM* 66, 87 ff. und 73, 88 ff.; Delivorrias a.O. Kap. 3 und *AM* 84, 127 ff.

Ares: Delivorrias a.O. Kap. 4.

Rhamnus: Delivorrias a.O. 188 f.; G. Despinis, *Symbole . . . Agorakritou* (1971) – Kultstatue – und *Ergon* 1977, 7 ff.; B. Petrakos, *BCH* 105, 227 ff. – Basis.

Demeter/Kore: E. Harrison, *Hesperia* 29, 37 ff., Tf. 81 c – Kultstatue.

Nicht lokalisierte Metope: *Stele* (s.o.) Tf. 226–7.

Metope Albani: Ridgway, *FC* 30 f.; K. Schefold in *Fests. Boehringer* (1957) 555.

Stoa des Zeus: Terrakotta-Akrotere – *Hesperia* 6, 37 ff. und 39, 120 ff.

Apollon, Delos: Delivorrias a.O. 187 f.; U. Wester, *Die Akroterfiguren* (1969); *Expl. Délos* XII 133 ff.

Erechtheion: Delivorrias a.O. 191 f.; P. Boulter, *AntPl* X 7 ff. – Fries; R.E. Wycherley, *Stones of Athens* (1978) Kap. 5. Karyatiden: H. Lauter, *AntPl* XVI; E. Schmidt, *AntPl* XIII und Ridg-

way, *FC* 105 ff. – Kopien: Bieber, Abb. 38–46; H. Drerup, *Marburger WPr* 1975/6, 11 ff. – Bedeutung.
Athena Nike: Giebel – Delivorrias a.O. 185 ff.; G. Despinis, *ADelt* 29,1 ff. Akrotere – P. Boulter, *Hesperia* 38, 138 ff. Balustrade – R. Carpenter/B. Ashmole, *Sc. of the Nike Temple Parapet* (1929). Friese – C. Blümel, *JdI* 65/6, 135 ff.; E. Harrison, *AJA* 74, 317 ff. – Anordnung der Blöcke im S; 76, 195 ff. – Thema im N; 76, 353 ff. – Thema im S; E. Pemberton, *AJA* 74, 20 ff. – Thema im N – und 76, 303 ff. – im O und W, Megara. Bieber, Abb. 47–52. Behörden zum Tempelbau – H. Mattingly, *AJA* 86, 381 ff., vgl. auch *JdI* 96, 28 ff.
Ilissos: A. Krug, *AntPl* XVIII 7 ff.; C. Picon, *AJA* 82, 47 ff.
F. Felten, *Griechische tektonische Friese archaischer und klassischer Zeit* (1984) bringt neue Interpretationen mehrerer Friese, die hier nicht mehr berücksichtigt werden konnten: zum Hephaisteion-Ostfries – Kampf des Achill am Skamander; zu Sunion – die Kalydonische Eberjagd; zum Erechtheion – die Prozession beim Fest der Skirophorien; zum Athena-Nike-Tempel – die Psychostasie um Achill und Memnon vor Zeus und Kämpfe vor Troja.

12 THEMEN IN DER ATTISCHEN PLASTIK

S. Bibliographie zum letzten Kapitel. Außerdem: T. Hölscher, *Griechische Historienbilder* (1973); E. Thomas, *Mythos und Geschichte* (1976); Boardman in *Eye of Greece* (Studies M. Robertson, 1982) 1 ff. – Amazonen.

13 ANDERE KLASSISCHE SKULPTUREN

[*133*] *Kat. Terme* Nr. 116; Ridgway, *FC*54 ff.; G. Hafner, *Ein Apollon-Kopf in Frankfurt* (1962); Lullies/Hirmer, Tf. 174–7. [*134*] E. Langlotz/M. Hirmer, *Die Kunst der Westgriechen* (1965) Tf. 115–17 („Apollon"); Helbig 1642; E. la Rocca, *Arch. Laziale* 2, 75 f.; *Apollo*, Juni 1981, 364 f. [*135*] S. Adam, *Technique* (1966) 89 ff.; H. Knell, *AntPl* XVII 9 ff. [*136*] E. Harrison, *Hesperia* 29, 373 ff.; *LIMC* Aphrodite 162. [*137*] Ridgway, *FC* 123; K. Schefold in *Fests. R. Boehringer* (1957) 563 ff. [*138*] Ridgway, *FC* 123 f.; H.A. Thompson, *Harvard Stud.* Suppl. 1, 183 ff.; *Agora* XIV 191. [*139*] Ridgway, *FC* 108 ff.; T. Hölscher, *JdI* 89, 70 ff.; A. Gulaki, *Klass. und klassizist. Nikedarstellungen* (1981). [*140*] Ridgway, *FC* 67; *Kat. Boston* Nr. 22. [*141*] Ridgway, *FC* 179 f.; Richter, *PG* Abb. 453–5. [*142*] *Hesperia* 42, 164 f.; *Agora Guide* (1970) Abb. 40. [*143*] Ridgway, *FC* 119.

14 ANDERE KLASSISCHE RELIEFS

Ridgway, *FC* 28, 30–7 – in Architekturzusammenhang, Tore in Thasos, 134 ff. – Landschaft; S. Benton, *JHS* 57, 38 ff. – Kreta, Herakles und Eber-Metope; D.I. Lazaridis, *Odegos Mus. Kavallas* (1969) Tf. 54 (Metope mit Kampfszene); *Hesperia* 29, Tf. 71 (Metope in Rom).
[*144*] Ridgway, *FC* 138 ff.; L. Schneider, *AntPl* XII 103 ff.; *Kat. New York* Nr. 34; H. Metzger, *RA* 1968, 10 ff. – nicht Triptolemos. [*145*] Ridgway, *FC* 136 f.; L. Beschi, *Ann* 45/6, 511 ff. [*146*] Ridgway, *FC* 36 f.; E. Berger, *AK* 10, 82 ff.;

R. Thomas, *JdI* 97, 47 ff.; *LIMC* Athena 250.
Attische Grabreliefs: D.C. Kurtz/J. Boardman, *Greek Burial Customs* (1971) Kap. 6 und passim; B. Schmaltz, *Griechische Grabreliefs* (1983); J. Frel, *Les sculpteurs attiques anonymes* (1969); R. Stupperich, *Staatsbegräbnis und Privatgrabmal* (1977); C. Clairmont, *Gr. Rom. Byz. Stud.* 13, 49 ff. – Krieger auf Reliefs. K.F. Johansen, *Attic Grave Reliefs* (1951) mit Abb. 4 [*150*], 5 [*151*], 12 [*149*], 13 [*156*], 15 [*152*], 17 [*155*], 21 [*157*], 82 [*154*]; Robertson, 364 ff., 368 f. [*153*]; Ridgway, *FC* 144 ff., 152 f. [*147*], 146 [*148*], 144 f. [*153*]; C. Clairmont, *Gravestone and Epigram* (1970) Nr. 22 [*149*], 23 [*150*], 15 [*158*]; *Kat. Berlin* K 29 [*155*]; *AM* 79, 93 ff. [*147*].
Grabmäler in Form von Vasen: B. Schmaltz, *Unters. zu den att. Marmorlekythen* (1970); G. Kokula, *Marmorlutrophoren* (1974) und vgl. C. Dehl, *AM* 96, 163 ff.; C. Clairmont in *Studies von Blanckenhagen* (1979) 103 ff. [*154*].
Außerattische Grabreliefs: Kurtz/Boardman a.O. 223 ff.; Ridgway, *FC* 152 [*160*], 148 f. – Böotien; Johansen a.O. Abb. 60 [*161*]; E. Pfuhl/H. Möbius, *Die ostgr. Grabreliefs* (1977) Nr. 54 [*159*], 46 [*160*]; P. Zanker, *AK* 9, 16 ff. [*159*]; J. Frel, *AAA* 3, 367 ff. und 5, 75 ff. [*160*]; G. Rodenwaldt, *JdI* 28, 309 ff. [*162*]; W. Schild-Xenidou, *Boiot. Grab- und Weihreliefs* (1972); P.M. Fraser/T. Rönne, *Boeot. and W. Greek Tombstones* (1957); U. Heimberg, *AntPl* XII 15 ff. – Böotien; H. Biesantz, *Die thessalischen Grabreliefs* (1965) Nr. 19 [*165*], 7 [*166*]; *AAA* 14, 48 und Biesantz Nr. 10 – Stillen; G. Bakalakis, *AM* 77, 197 ff. – Thrakien; *Kat. Berlin* K 18 [*167*], K 21 [*161*], K 26 [*163*].
Weihreliefs: U. Hausmann, *Gr. Weihreliefs* (1960); Neumann a.O. (Kap. 6) 34, 67 [*168*], 49 [*169*], 49, 74 [*170*], 43 [*171–2*], 61 [*174*], 62 [*175*]; Ridgway, *FC* 131 ff. [*168–9*], 141 f. [*172*], 135 f., 156 [*173*]; H. Möbius, *Studia Varia* (1967) 33 ff. [*172*]; L. Beschi, *AJA* 47/8, 85 ff.; G. Waywell, *BSA* 62, 19 ff. – Wagenreliefs; R.B. Thönges-Stringaris, *AM* 80, 1 ff. – Totenmahl; E. Mitropoulou, *Corpus of Attic Votive Reliefs* I (1977); *Kat. Berlin* K 95 [*176*], K 81 [*174*].
Urkundenreliefs: Robertson, 373; H. Speier, *RM* 47, 90 ff. – Liste, Tf. 8, 9.1 [*178*]; R. Meiggs/D.M. Lewis, *Sel. Gr. Hist. Ins.* Nr. 84 [*179*], 94 [*177*].

15 NAMEN UND ZUWEISUNGEN

Richter, *SS* Kap. 3 – Quellen.
Phidias: G. Becatti, *Problemi Fidiaci* (1951). Promachos: Ridgway, *FC* 169; A. Linfert, *AM* 97, 57 ff. Zeus: Robertson, 316 ff.; Ridgway, *FC* 167 f.; Becatti a.O. Tf. 71–3 – Kopf; J. Liegle, *Der Zeus des Ph.* (1952) Tf. 1, 17 – Kopf auf Münze. Thron des Zeus: J. Fink, *Der Thron des Zeus* (1967); Becatti a.O. Tf. 74–6 – Niobiden; C. Vogelpohl, *JdI* 95, 197 ff. – Niobiden; G.V. Gentili, *Boll. d'Arte* 59, 101 ff. – Niobiden; B. Shefton in *Eye of Greece* (Studies M. Robertson, 1982) 162 ff. – Niobiden in Vasenmalerei; F. Eichler, *Öst. Jahreshefte* 30, 75 ff. und 45,5 ff. – Sphingen. Lemnia – Linfert a.O.; Bieber, Abb. 395–7; K.J. Hartswick, *AJA* 87, 335 ff. – Zweifel an Rekonstruktion und Identifizierung; *LIMC* Minerva 141.
Polyklet: Robertson, 328 ff.; Ridgway, *FC* 201 ff.; D. Arnold, *Die Polykletnachfolge* (1969); A. Stewart, *JHS* 98, 122 ff.

– Kanon; E. Berger, *AK* 21, 55 ff. [*187*]; *LIMC* Apollon 468 [*186*]; *Kat. New York* Nr. 38.
Kresilas: Richter, *PG* 102 ff.; A. Raubitschek, *Dedications Ath. Acr.* (1949) 510 ff.; vgl. D. Pandermalis, *Untersuch. klass. Strategenköpfe* (1969).
Alkamenes: Robertson, 284 ff.; Ridgway, *FC* 174 ff.; W.H. Schuchhardt, *Alkamenes* (1977). Hermen – D. Willers, *JdI* 82, 37 ff.; A. Hermary, *BCH* 103, 137 ff.
Agorakritos: s. Anm. zu Kap. 11 (Rhamnus).
Kallimachos, Tänzerinnen: Ridgway, *FC* 210 ff.; Fuchs, *Vorbilder* 72 ff.; Bieber, Abb. 495–507.
Lykios: L.H. Jeffery in *Stele* (Mnem. N. Kontoleon, 1980) 51 ff.
Strongylion: A. Raubitschek, *Dedications Ath. Acr.* (1949) 524 f.

16 ANDERE KOPIEN KLASSISCHER WERKE

[*190–5*] M. Weber, *JdI* 91, 28 ff.; Ridgway, *AJA* 78, 1 ff., *FC* 244 f. und E. Harrison in *Eye of Greece* (Studies M. Robertson, 1982) 79 ff. – Datum; W. Gauer in *Tainia* (Fests. R. Hampe, 1980) 201 ff. – Zweck und Aufstellung; T. Dohrn, *JdI* 94, 112 ff. – Besprechung; Bieber, Abb. 1–12; *LIMC* Amazones 602–7. [*190*] *Kat. New York* Nr. 37; Boardman, *AJA* 84, 181 f. – Gürtel. [*191*] Helbig 423. [*192*] Helbig 126; M. Weber, *JdI* 93, 175 ff. – Kopf.
[*196*] R. Kabus-Jahn, *AntPl* XI; Ridgway, *FC* 192 ff.; S. Karousou, *JHS* 92, 68 ff. und *AM* 82, 158 ff.; vgl. *Kat. München* Nr. 15. [197] W. Fuchs in *Fests. Schweitzer* (1954) 206 ff.; S. Karousou, *AM* 89, 151; Bieber, Abb. 124–59; *LIMC* Aphrodite 225–40. [*198*] Helbig 2130; *Kat. Terme* I.2 Nr. 108; Ridgway, *FC* 243 f.; Bieber, Abb. 389 f. [*199*] *AvP* VII Nr. 22; H. Bulle in *Fests. Arndt* (1925) 62 ff. – Gruppe in Samos. [*200*] Ridgway, *FC* 169 f.; G. Despinis, *Akrolitha* (1975) 23 ff.; *LIMC* Athena 172, Minerva 144. [*201*] Helbig 3243; G. Despinis, *Symbole* (1971) 146 ff. – Ath. Itonia; *LIMC* Minerva 147. [*202*] Ridgway, *FC* 176 f.; E. Harrison, *AJA* 81, 150 ff.; vgl. *Kat. München* Nr. 12; Bieber, Abb. 551–3; *LIMC* Athena 247, Minerva 146. G. Waywell, *BSA* 66, 376 ff. – Athenen mit korinthischen Helmen. [*203*] Helbig 449; Bieber, Abb. 554–60; *LIMC* Minerva 154. [*204*] Waywell a.O. 376 f.; *LIMC* Minerva 145. [*205*] ebda. 377; Bieber, Abb. 372–85; *LIMC* Athena 251–2, Minerva 149. [*206*] A. Preyss, *JdI* 27, 88 ff. und 28, 244 ff.; *LIMC* Minerva 148. [*207*] Ridgway; *FC* 234. [*208*] Ridgway, *FC* 186; J. Dörig, *JdI* 80, 24 ff. – als Aphrodite des Kalamis; *LIMC* Aphrodite 140. [*209*] *AvP* VII Nr. 23; Ridgway, *FC* 186 f.; *LIMC* Aphrodite 141. [*210*] Helbig 3342; Ridgway, *FC* 195 f.; *LIMC* Aphrodite 149. [*211*] Helbig 1758. [*212*] Helbig 1387; Ridgway, *FC* 197 f. [*213*] *Kat. Berlin* K 5: Ridgway, *FC* 217; Bieber, Abb. 435–7; *LIMC* Aphrodite 174–81. [*214*] F. Poulsen, *Kat. NyC* Nr. 247; vgl. *Kat. Terme* Nr. 139; Bieber, Abb. 160–71. [*215*] E. Bielefeld, *AntPl* XVII 57 ff. – Ariadne; Ridgway, *FC* 217 f.; *LIMC* Aphrodite 157 – Doria. [*216*] Ridgway, *FC* 116; E. Harrison, *AJA* 81, 276 ff. – Alkamenes; S. Hiller, *AK* 19, 32 ff.; Bieber, Abb. 438–40; *LIMC* Aphrodite 185, vgl. 200 (Daphni: *AntPl* VIII 19 ff.). [*217*] E. Bielefeld, *RM* 76, 96 ff.; *LIMC* Aphrodite 243–5. [*218*] Ridgway, *FC* 230 f.; E. Berger, *AK* 11,

67 ff. [*219*] Helbig 3229; Ridgway, *FC* 234 ff.; A. Delivorrias, *AM* 93, 1 ff. – Alkamenes; *LIMC* Aphrodite 819 f. [*220*] V.M. Strocka, *JdI* 82, 110 ff.; vgl. *Kat. München* Nr. 10; *LIMC* Aphrodite 822. [*221*] Ridgway, *FC* 112 ff.; J. Dörig, *JdI* 80, 143 ff. – Alkmene; S. Karousou, *AK* 13, 34 ff. – Danae; Bieber, Abb. 33–5. [*222*] F. Eckstein, *AntPl* IV 27 ff.; T. Kraus, *Hekate* (1960). [*223*] J. Inan, *AntPl* XII 69 ff.; B. Freyer-Schauenburg, *JdI* 77, 212 ff.; vgl. *Kat. München* Nr. 16; P. Bruneau in *Rayonnement grec* (Homm. C. Delvoye, 1982) 177 ff. – skeptisch. [*224*] *Kat. München* Nr. 9; Ridgway, *FC* 183 f.; W.H. Schuchhardt, *AntPl* I 35 ff.; J. Dörig, *Helvetia Arch.* 14, 25 ff.; H. v. Heintze, *RM* 72, 213 ff. [*225*] *Kat. Berlin* Nr. 4; Ridgway, *FC* 237 – klassizistisch; J. Dörig, *JdI* 80, 177 ff. – Kalamis. [*226*] Helbig 293; S. Karousou, *AM* 69/70, 67 ff. und *RA* 1968, 131 ff.; E. Harrison, *AJA* 81, 146 ff.; N. Pharaklas, *ADelt* 21. A, 122 ff. [*227*] Helbig 2326; *Kat. Terme* I.2, Nr. 28; Ridgway, *FC* 216 ff.; S. Karousou, *AM* 76, 91 ff. – Psychopompos. [*228*] L. Curtius, *Zeus und Hermes* (1931) 20 ff.; G. Despinis, *Symbole* 133 ff.; vgl. *Kat. München* Nr. 13. [*229*] *Kat. München* Nr. 11; E. Berger, *AK* 13, 89 ff. – Myron, Samos. [*230*] P. Zanker, *Klassizist. Stat.* (1974) 13 ff. und Ridgway, *FC* 189 – klassizistisch. [*231*] D. Arnold, *Die Polykletnachfolge* (1969) 53, 169 f. [*232*] Helbig 117; E. Berger, *Quaderni ticinesi* 11, 59 ff. [*233*] Helbig 1759; Arnold a.O. 262 f. [*234*] *Monuments Piot* i, 115 ff.; Zanker a.O. 26; S. Hiller, *AK* 19, 38 ff.; vgl. *Kat. München* Nr. 18. [*235*] Richter, *PG* 75 ff. [*236*] E. Bielefeld, *AntPl* I, 39 ff. [*237*] *Kat. New York* Nr. 27; J. Frel, *Bull. Met. Mus.* 39, 170 ff.; E. Langlotz, *AA* 1977, 84 ff. – Wunde als Kopistenvariante. [*238*] M. Weber, *JdI* 91, 89 ff. [*239*] H. Götze, *RM* 53, 189 ff.; Ridgway, *FC* 206 ff.; H.A. Thompson, *Hesperia* 21, 47 ff. – Altar; E. Langlotz in *Festgabe J. Straub* (1977) – Grab?; *Kat. Berlin* K 186 [*239.2*] und vgl. Helbig 1060; [*239.3*] Helbig² 1908 und E. Langlotz, *AM* 12, 91 ff.; [*239.4*] Helbig 3247. [*240*] Helbig 304. S. Karousou, *AM* 69/70, 84 ff.; E. Harrison, *AJA* 81, 265 ff. [*241*] *Kat. München* Nr. 7; E. Buschor, *Medusa Rondanini* (1958); J.D. Belson, *AJA* 84, 373 ff. und P. Callaghan, *BSA* 76, 59 ff. – hellenistisch; F. Floren, *Stud. zur Typ. des Gorgoneions* (1977) – 4. Jh.; Harrison, *AJA* 81, 162 f. – für die Athena im Hephaisteion. [*242*] *Kat. Berlin* K 184–5; W. Fuchs, *Vorbilder* (1959) 91 ff.; M. Tiverios, *AE* 1981, 25 ff. [*243*] Fuchs a.O. 72 ff.

17 SCHLUSSBETRACHTUNG

Richter, *PG* 33 f., 40 [*245*], 97 ff. [*246*]; Ridgway, *FC* 178 ff., 190 f. J. Boardman, *Greek Gems and Finger Rings* (1970) Tf. 466 und *Burl. Mag.* 1969, 591 ff. [*244*]. [*246*] Robertson, 187 f.; Ridgway, *SS* 99 f., *FC* 179; A. Linfert, *AntPl* VII 87 ff.; Helbig 3019.

PHOTONACHWEIS

Verlag und Verfasser danken den in vielen Bildlegenden genannten Museen und Sammlungen für Photographien und Publikationserlaubnis. Weiterhin haben folgende Institutionen und Personen großzügig Photographien zur Verfügung gestellt:

Schwarzweiß-Abbildungen

Deutsches Archäologisches Institut, Athen 10, 27, 56, 58, 79 (2, 4), 80.4, 82.2, 86, 91.1, 107, 109 (1, 2), 119, 121, 137, 147, 150, 154, 156, 159, 162, 164–6, 168, 170, 178; Deutsches Archäologisches Institut, Rom 145, 196, 212, 219, 239.3, 246; American School of Classical Studies, Athen: Agora-Grabung 32, 81, 105, 114.2–7, 115, 116, 118, 136, 138, 142; Französische Schule, Athen 17; Basel, Abguß-Sammlung 79.3, 232; Bonn, Universität 193; Chicago Oriental Institute 24; Alinari 34b, 38a, 42, 46, 57, 73, 97b, 109.3, 130.4, 143, 186a, 239.4; A. Frantz 20.5–6, 21 (1, 5), 23.6, 96.7; Hirmer-Verlag 1, 20 (1, 7), 21 (2, 3, 7, 8), 23.3, 44–5, 50, 69, 71, 75–6, 80.2–3, 84, 91 (2, 5, 6, 8), 96 (1, 10, 14, 19), 134, 151–2, 157, 160, 179, 191, 194, 197–8, 202, 206, 211, 216, 221, 223, 226a, 227; L. Perugi 37, 38b, 39; Tombazi 175; M.L. Vollenweider 103; R.L. Wilkins 4, 8, 11, 31b, 47, 70, 74, 82.1, 97 (3, 18), 98, 101.2, 180, 182–3a, 185, 201, 207b, 208, 242b, 244–5; G.M. Young 35; Arts of Mankind Titelbild, 2, 20.4, 21.4, 23 (2, 4, 5), 28–9, 33–4a, 36, 40–1, 43.3, 54, 60, 79 (1, 5), 80 (1, 5), 91 (7, 9, 10), 96 (9, 17), 114.1, 115, 118, 124–5, 128.1, 130.1–2, 133, 135, 139a, 141, 144a, 163, 169, 181, 213, 243b; Autor 5, 6, 20 (2, 3), 21.6, 26, 52, 62a, 67b, 88, 96 (2, 4–6, 12–3), 126, 132, 139b, 144b, 155, 161, 167, 174, 176, 186b, 189b, 190a, 225, 228, 231, 234, 237, 239.2

Farbtafeln

Hannibal, Athen 2, 6
OMD, Hamburg 4, 5
Tsavdaroglu, Sp., Athen 1, 3, 7, 8

MUSEUMSINDEX

Kursive Zahlen beziehen sich auf die Abbildungen

INDEX DER KÜNSTLER

Kursiv gedruckte Zahlen beziehen sich auf Abbildungen und Bildlegenden

GESAMTINDEX

Kursiv gedruckte Zahlen beziehen sich auf Abbildungen und Bildlegenden